文春文庫

決定版

日本のいちばん長い日

半藤一利

文藝春秋

序

今日の日本および日本人にとって、いちばん大切なものは〝平衡感覚〟によって復元力を身につけることではないかと思う。内外情勢の変化によって、右に左に、大きくゆれるということは、やむをえない。ただ、適当な時期に平衡をとり戻すことができるか、できないかによって、民族の、あるいは個人の運命がきまるのではあるまいか。

わたくしは、拙著『炎は流れる』のなかで、日本民族の精神構造——その中核をなしている〝忠誠心〟の源流と本質をさぐることに重点をおいたが、いろいろな資料で幕末前後からの日本人のあゆんできたあとをふりかえってみると、左右のゆれ方が実にはげしかったけれど、平衡をとり戻す能力が、世界のどの国の民族と比べてみても、決して劣っていないことを知った。それがこの一世紀間に、今日の日本をして、アジア・アフリカを通じて唯一の近代国家、〝先進国〟たらしめたのではなかろうか。

同じことが敗戦後の日本についてもいえそうである。いまから二十年前の八月十五日、幕末と同じような〝激震〟が日本を襲った。これが近世日本における何度目かの民族的〝平衡感覚〟のテスト・ケースとなった。

敗戦という形で、建国以来初めてといっていい大きな変化に直面したとき、全日本がいかに大きくゆれたかを、当時日本の中枢にあった人々の動きを中心に調べたら、幕末期のそれと比較しておもしろい結果がでるのではないか。

文藝春秋の〈戦史研究会〉の人々が『日本のいちばん長い日』を企画し、手に入る限りの事実を収集し、これを構成した。いわばこれは〝二十四時間の維新〟である。しかもそれは主として国民大衆の目のとどかないところでおこなわれた。

したがって、本書は単に「終戦の日」の思い出ばなしを羅列したものではない。いままで埋もれていた資料をもとに、日本人の精神構造を主題にして構成した、二十四幕の〝長篇ドラマ〟なのである。

ここに登場する人物は、それぞれ自分のもっている〝日本的忠誠心〟にしたがって行動し、ぶつかりあっている。だが、ぜんたいをマクロ的に観察し、冷静な判断をくだすという大政治家、大監督がいなかった。そのため、同様の事態におちいった他の国々の場合にはみられない独自の喜劇と悲劇が、出演者の意思にかかわりなく、いたるところでおこった。それだけに、このドラマはスリルとサスペンスにみちた場面を展開した。

むろん、ここに描かれたドラマは、完全なものではない。あれから二十年たった今日でも、当事者のなかには、ありのままの真実は話せない、書かないでくれという人が多々あったという。「もはや戦後ではない」といわれるが、この敗戦という大激震ののち、現在もなおお目にみえないところで〝余震〟がつづいているのである。

こうしてできた本書は、『炎は流れる』のなかで、わたくしが追い求めてきた日本的特性に対するひとつの回答をあたえてくれ、それと同時に、敗戦を契機として大きく変りつつある日本民族の新しい歴史の最初の一ページを描き出した、といえないまでも、そのいとぐちになったと思っている。

大宅壮一

昭和四十年七月

日本のいちばん長い日／目次

序　大宅壮一　3
プロローグ　14
十四日正午―午後一時　〝わが屍を越えてゆけ〟阿南陸相はいった　55
午後一時――二時　〝録音放送にきまった〟下村総裁はいった　76
午後二時――三時　〝軍は自分が責任をもってまとめる〟米内海相はいった　90
午後三時――四時　〝永田鉄山の二の舞いだぞ〟田中軍司令官はいった　99
午後四時――五時　〝どうせ明日は死ぬ身だ〟井田中佐はいった　110

午後五時——六時 〝近衛師団に不穏の計画があるが〟 近衛公爵はいった 121
午後六時——七時 〝時が時だから自重せねばいかん〟 蓮沼武官長はいった 132
午後七時——八時 〝軍の決定になんら裏はない〟 荒尾軍事課長はいった 139
午後八時——九時 〝小官は断固抗戦を継続する〟 小園司令はいった 150
午後九時——十時 〝師団命令を書いてくれ〟 芳賀連隊長はいった 160
午後十時——十一時 〝斬る覚悟でなければ成功しない〟 畑中少佐はいった 170
午後十一時——十二時 〝とにかく無事にすべては終った〟 東郷外相はいった 182
十五日零時——午前一時 〝それでも貴様たちは男か〟 佐々木大尉はいった 195

午前一時――二時　〝東部軍になにをせよというのか〞　高嶋参謀長はいった　208
午前二時――三時　〝二・二六のときと同じだね〞　石渡宮相はいった　222
午前三時――四時　〝いまになって騒いでなんになる〞　木戸内府はいった　237
午前四時――五時　〝斬ってもなにもならんだろう〞　徳川侍従はいった　263
午前五時――六時　〝御文庫に兵隊が入ってくる〞　戸田侍従はいった　283
午前六時――七時　〝兵に私の心をいってきかせよう〞　天皇はいわれた　298
午前七時――八時　〝謹んで玉音を拝しますよう〞　館野放送員はいった　307
午前八時――九時　〝これからは老人のでる幕ではないな〞　鈴木首相はいった　316

午前九時――十時　〝その二人を至急とりおさえろ！〟塚本憲兵中佐はいった　323
午前十時――十一時　〝これから放送局へゆきます〟加藤局長はいった　328
午前十一時――正午　〝ただいまより重大な放送があります〟和田放送員はいった　335
エピローグ　349
あとがき　360
参考文献　364
主要人名索引　371

日本のいちばん長い日

プロローグ

「ただ黙殺するだけである」

ポツダム宣言が東京の中枢神経を震撼《しんかん》させた運命の日の朝、七月二十七日は、ひるの暑さを偲ばせるカラッとした晴天であった。今夜は何事もおこるまいと関係筋が見当をつけたその夜中に、海外からの電波は巨大な楔《くさび》を日本の歴史にうちこんできたのである。開戦いらい四年、戦局は日本に絶望的なものとなっていた。世界を相手に一国となって戦い、降伏するか、徹底抗戦か、日本の運命を決すべきときがせまっていた。そのときであったから、多くの関係者は突然のようでもあり、当然来たるべきものがきたと感じながら、ポツダム宣言をうけとめた。しかし混乱と緊張は隠すべくもなく、驚きと狼狽はとくに軍部においてはげしかった。省部に登庁と同時に軍人たちはいいあわせたように叫んだ。「おい、スターリンの名前は入っているか」と。日本に宣戦をしていないソ連首相が、宣言に名をつらねていないことの当然さに気づくのは、最初にうけた驚きが静まってからのことであった。

第一報をうけ気負いたったのは外務省である。外務省首脳は数か月前からひそかに戦争終結を考えてきたが、本土決戦を呼号する軍部とそれを信じる国民の熱っぽい空気のなかで、終戦を口にだすこともできないでいた。宣言を手にしたとき、かれらは自分たちが〝主役〟にならねばならない、いや、なったことを意識した。

外務次官松本俊一《まつもとしゅんいち》、条約局長渋沢信一《しぶさわしんいち》、政務局長安東義良《あんどうよしろう》たちが東郷茂徳《とうごうしげのり》外務大臣をかこむ緊急幹部会で意見を交換した。そして外務省幹部は宣言を受諾すべしとの意志でかたまった。しかし、注目すべき点が残されている。ソ連であった。中立国ソ連政府がポツダムで日本の問題につき相談をうけたことはほぼ確実であろうが、宣言には関与しなかった。それはソ連がこのままずっと中立を維持することを意味するのではないか、という情勢分析が生れたのである。宣言は受諾すべきである。しかし、すでに行なわれている和平の仲介依頼という対ソ工作を放置して即時受諾は好ましくない。しばらく様子をみることが日本にとっては賢明な策であろう、という結論にかれらは達したのである。

これだけの討議と検討を経たうえで、東郷外相は午前十一時に参内し、天皇に報告した。ポツダム宣言の仮翻訳をうやうやしく提出すると、東郷は低い、ふるえ声で説明した。ソ連首相の署名のないこと、国体あるいは天皇の地位については不明瞭のまま残されていること、しかし無条件降伏という言葉が軍にたいしてのみ用いられていること。

重い沈黙が流れた。やがて天皇がいった。

「ともかく、これで戦争をやめる見通しがついたわけだね。それだけでもよしとしなければならないと思う。いろいろ議論の余地もあろうが、原則として受諾するほかはあるまいのではないか。受諾しないとすれば戦争を継続することになる。これ以上、国民を苦しめるわけにはいかない」

こうした天皇の意志をうけて、一時半、定例の最高戦争指導会議[1]がひらかれた。東郷外相をのぞいたほかの五名もこのとき、ポツダム宣言をある一つの宣言としてうけとっただけであった。また、午後に定例閣議がひらかれたが、東郷外相の説く〝静観〟に全閣僚が賛成した。こうして政府の態度は〝静観〟にきまった。ここに大きな錯誤があった。ポツダム宣言は、そのおわりに厳然と声明している。「われらは右条件より離脱することなかるべし」。つまりは、それ以外にはいかなる交渉にも工作にも応じないというのが連合国の意志であった。にもかかわらず、最高戦争指導会議でも閣議でも、これを〝最後通牒〟とみなしたものはひとりもいなかった。[2]

翌二十八日の各朝刊紙は内閣情報局の指令のもとに、ポツダム宣言を国民に発表した。ただし、国民の戦意を低下させる条項は削除し、政府の公式見解は発表せず、新聞はできるだけ小さく調子を下げて取扱った。[3]そして、国民の戦意を低下させぬようにという配慮から、かえって紙面には戦意昂揚をはかる強気の文字があらわれた。読売報知は「笑止、対日降伏条件」と題して要旨をかかげ「戦争完遂に邁進《まいしん》、帝国政府問題とせず」とうたった。朝日新聞は「政府は黙殺」と二段見出しでかかげ、毎日新聞は「笑止！

米英蔣共同宣言、自惚れを撃砕せん、聖戦を飽くまで完遂」と壮語した。

新聞発表にあおられて、こんどは軍の中央部ががぜん強腰になった。ソ連政府の回答をみるまで公式見解の発表はさしひかえるという政府の気の弱い申しあわせに、軍統帥部は大いに不満の意を表明した。第一線からも詰問電報がひっきりなしにとどきはじめた。軍令部次長大西滝治郎《おおにしたきじろう》中将らは、このさい、逆に断固たる反発を連合軍諸国に加え、すすんで戦意の昂揚に資すべきであると首相鈴木《すずき》貫太郎《かんたろう》にせまった。陸軍中央もこれに和した。

政府は外交工作と軍の旺盛なる抗戦意識の間にはさまれて、両立しえない事態に立つことになった。たまたまその日の午後に予定されていた首相の新聞記者会見があり、その席で、鈴木首相が軽く意見をのべるということに、妥協点は落着いていった。軍もとりあえずそれで納得した。

午後四時、鈴木首相はポツダム宣言についての見解を記者団より尋ねられた。表情に深いかげりをみせながら首相は答えた。

「あの共同声明はカイロ会談の焼き直しであると考えている。政府としてはなんら重大な価値があるとは考えない。ただ黙殺するだけである。われわれは戦争完遂に邁進するのみである」

だが、対外放送網を通して全世界に放送されたとき、このロボット的発言が日本の首相談として重大視されてしまった。そしてこの〝黙殺〟が、ついには外国の新聞では

〝日本はポツダム宣言を reject（拒絶）した〟となって報ぜられた。そしてのちの原爆投下やソ連の対日参戦を正当化するための口実に使われたことはよく知られている。

日本に残された時間はなかったのに、こうして貴重な一日一日を無駄にすごしていた。ポツダム宣言を受諾するほかに日本を救う道はなかったが、政府も統帥部もそうは考えなかった。すべての眼がソ連に集中されている無活動な一刻がつづいた。ソ連へおもむく和平交渉特使の随員もほぼ決まった。元首相の近衛《このえ》文麿《ふみまろ》を中心に、松本俊一外務次官、加瀬《かせ》俊一《としかず》、宮川船夫《みやがわふなお》ハルビン総領事、高木《たかぎ》惣吉《そうきち》少将、松谷誠《まつたにまこと》大佐、そして酒井《さかい》鎬次《こうじ》、富田《とみた》健治《けんじ》、伊藤述史《いとうじゅつし》、松本重治《まつもとしげはる》、細川護貞《ほそかわもりさだ》たち近衛の知友。それにソ連通の前外相重光《しげみつ》葵《まもる》も候補に上っていた。

しかし、成功の見通しについての正しい判断もせず、ただソ連よりの回答をしびれをきらしながら待つことは、なにもしないより悪かった。一日失うことは悔《くい》を千載に残すと承知していながら、なお無為にして時間は流れた——。

ひとり東郷外相は、なんら交渉に進展をみないことにやみくもに焦慮していた。それだけに、閣議の席上などで、鈴木首相が、

「戦争終結のことを急ぐのは、第一線の将兵に叛乱を起させるようなものです。昔から〝閫外《こんがい》（王城の外）の将は君命といえども聞かず〟ということがある……」

と、逆方向にすすむような発言をしたりするのに、憤慨もし、困りぬいていた。

木戸《きど》幸一《こういち》内大臣や近衛、およびその周辺からも、鈴木不信の声がしきりにささやかれ

ていた。ソ連からのあてにもならぬ回答を待ち、荏苒《じんぜん》として時を過ごし、国内の情勢をそのままに放置しておくことにたいする焦慮と不安とが、日本の指導層のなかに渦まいていた。

鈴木首相は、しかし、待ちつづけた。

「忍び難きを忍ばねばならぬ」

八月六日、広島の朝は、むし暑い雲もほとんどない快晴であった。七時九分、三機のB29がレーダーにうつり、警報が発せられたが、敵機は姿をみせず、三十一分に解除になった。敵機は偵察のため飛来したもの、とラジオは伝えた。やれやれという気持で約四十万人の市民が日常の行動に入った。

八時十五分、烈《はげ》しい閃光とともに大爆発が起った。一発の爆弾が四十万の人間にもたらしたものは、〈死〉の一語につきる。広島市は瞬時にして地球上から消えた。

東京にある日本の中枢で、広島壊滅の報をいちばん早く知ったのは海軍省である。八時三十分、呉鎮守府よりの第一報がとどいたのである。海軍省は正午ごろには調査団の派遣を決定している。陸軍中央がこの報を知ったのはずっと遅かった。広島の通信網が完全に破壊されたため、第二総軍司令部（在広島）からの報告は、呉鎮守府経由で送られてきたのである。

陸軍省から内閣書記官長迫水久常《さこみずひさつね》をとおして、内閣に広島の第一報が知らされたのは午後も遅くなってからである。天皇もまた、同じころ蓮沼蕃《はすぬましげる》侍従武官長から広島市全滅の報告をうけた。たった一発で広島市が死の町と化したという。天皇は顔を曇らせたが、それ以上たずねようとはしなかった。

翌七日朝、アメリカからのラジオ放送はトルーマン大統領の声明として「われわれは二十億ドルを投じて歴史的な賭けをおこない、そして勝ったのである……六日、広島に投下した爆弾は戦争に革命的な変化をあたえる原子爆弾であり、日本が降伏に応じないかぎり、さらにほかの都市にも投下する」と伝えてきた。外務省筋よりこのことを知らされた藤田尚徳《ふじたひさのり》侍従長は、ただちに御文庫へといそいだ。報告を聞いた天皇は侍従長をとおし、政府と陸軍にもっと詳細を報告するように命じた。

しかし、陸軍はその可能性をみとめつつも、なお連合軍側の宣伝か謀略かもしれないとして、興奮と混乱のうちにも強気と冷静さをよそおわんとした。あらゆるところに箝《かん》口令《こうれい》がしかれ、国民に発表する方法と内容をきめる会議が、情報局と科学技術院および軍の関係者とのあいだに頻繁にひらかれ、激論が戦わされたが、公式の調査によって事実が確認されるまで〝原子爆弾〟という言葉は使わないことに落着いた。こうして、地球の上に忽然《こつぜん》と出現した全能の支配者に、日本帝国はあえて背を向けようとするが、これがとどめの一撃であったことは隠しおおせない。

午後三時三十分、大本営はラジオをとおし、無気味な、しかし簡単な文字をつらねて、これを国民に報じた。

「一、昨八月六日広島市は敵B29少数機の攻撃により相当の被害を生じたり
一、敵は右攻撃に新型爆弾を使用せるものの如きも詳細目下調査中なり」

この放送をきっかけにしたように首相官邸にさまざまな立場の、さまざまな意見の人たちが陸続としておとずれた。即時終戦をいうもの、徹底抗戦を揚言するもの、国体護持を絶叫するもの、皇国の使命を説くもの。しかし政府はなおも動きをみせようとはしなかった。

翌八日の朝の新聞は、昨日ラジオで報ぜられた「新型爆弾」の大本営発表をかかげた。しかし日本の政官界および言論界をかけめぐったのはトルーマン声明のほうであった。誰も大本営のいう「謀略」説を信ずるものとてなかった。その日の午後、東郷外相が決意の色をうかべて参内してきた。御文庫地下壕で天皇に拝謁した外相は、原子爆弾にかんする昨日からの米英の放送をくわしく報告し、短波は狂ったように原子爆弾《アトミック・ボム》をくり返していると上奏した。天皇はすべてを承知し、すでに重大な決意をかためた。天皇は低い声で外相にいった。

「このような武器がつかわれるようになっては、もうこれ以上、戦争をつづけることはできない。不可能である。有利な条件をえようとして大切な時期を失してはならぬ。なるべくすみやかに戦争を終結するよう努力せよ。このことを木戸内大臣、鈴木首相にも伝えよ」

鈴木貫太郎

鈴木首相は天皇の降伏決意の言葉を聞き、その日のうちに最高戦争指導会議をひらこうとあせったが、二、三の構成員の都合がわるく翌朝に延期せざるをえなかった。

折から決定的な報告が鈴木首相にもたらされた。広島に飛んだ調査団からの正式な「原子爆弾である」とする現地報告である。この知らせをもって、迫水書記官長は総理の室をたたいた。

「明九日の朝、閣議をひらいて今後の方針をきめねばなりません」

首相は「そうしましょう」といい、さらにあっさりとつづけた。

「明日の閣議では、私がはっきりいいます。戦争はやめるべきだ……官長、発言の原稿を書いておいて下さい」

こうして首相の意志が強固にきまったものの、なお終戦の方策は未定のまま、またしても無意味な一日が終ろうとした。いや、無意味などではなかった。それは決定的な一日の終りになった。

八月九日午前三時、首相官邸の卓上電話が鳴った。迫水書記官長の半ば眠っている耳に投げこまれたのは、同盟通信外信部長の声であった。

「たいへんです！　サンフランシスコが、ソ連が日本に宣戦布告をした、と放送しましたぞ」

夜が明けると、さまざまな情報と閣議での発言草稿をたずさえ、書記官長は首相私邸に飛んだ。鈴木首相は冷然として、「来るものが来ましたね」といった。

午前五時、私邸には東郷外相も駆けつけてきた。首相はぽつんといった。

「この戦さは、この内閣で結末をつけることにしましょう」

内閣がすすめてきたソ連を仲介とする和平工作が完全に失敗したのであるから、鈴木内閣はこのさい総辞職するのが、それまでの政治常識であった。書記官長は首相と会うなり、そのことをいった。首相のこの言葉は、そんな常識を無視し、みずから火中の栗を拾うことを決意したものであった。

午前十時三十分より、急迫した情勢下で最高戦争指導会議が宮中でひらかれた。鈴木首相がいきなりこういった。

「広島の原爆といいソ連の参戦といい、これ以上の戦争継続は不可能であると思います。ポツダム宣言を受諾し、戦争を終結させるほかはない。ついては各員のご意見をうけたまわりたい」

迫水久常書記官

数分間、重苦しい沈黙が議場を押しつつんだ。阿南《あなみ》惟幾《これちか》陸軍大臣や梅津《うめづ》美治郎《よしじろう》参謀総長らは、あくまで戦争をつづけるか否か、その根本問題を協議すると考えていたのである。
米内《よない》光政《みつまさ》海軍大臣が口火をきった。
「黙っていてはわからないではないか。どしどし意見をのべたらどうだ。もしポツダム宣言受諾ということになれば、これを無条件で鵜呑《うの》みにするか、それともこちらから希望条件を提示するか、それを論議しなければならぬと思う」

この発言で、会議はなんとなくポツダム宣言を受諾するという前提のもとに、つけ加える希望条件の問題に入ってしまった。しかし、その過程で会議は暗礁にのりあげた。

米内海相、東郷外相は(一)天皇の国法上の地位を変更しないことだけを条件として、ポツダム宣言受諾説をとった。阿南陸相、梅津参謀総長、豊田副武《とよだそえむ》軍令部総長は、天皇制を守りぬくためにも(一)の条件のほかに、(二)占領は小範囲、小兵力で、短期間であること、(三)武装解除と(四)戦犯処置は日本人の手にまかせること、以上の四条件をつけることを主張したのである。鈴木の意見は海相・外相説に近かった。

これらの四条件は国体護持のためのギリギリのものである。それもなく、ひたすら無条件に頭をさげるのでは、天皇にたいして、国にたいして、無責任という以外の何ものでもないと、阿南陸相は説いた。

「臣子の情として、わが皇帝を敵手に渡して、しかも国体を護持しえたと考えることは、なんとしてもできない。……ソ連は不信の国である。米国は非人道の国である。こういう国に、保証なく皇室をまかすことは絶対に反対である」

(一)以外の条件をだして決裂した場合はどうするのか、と外相は質問し、陸相は最後の一戦を交えるのみと答えた。勝つ自信はあるのか、勝利は確実であると断言するわけにはいかぬが、敗北必至ともいえないのである、という応酬がつづいた。

会議は紛糾した。しかし、それは静かに沈んだ調子で語られていた。雄弁をふるうものは一人もなく、暗澹たる空気のうちにすすめられた。長崎に第二の原爆が投下されたのは、この会議中のことであった。

第二の原子爆弾の報に暗然としながら、最高戦争指導会議は予定時間を一時間も超えたが、ついに結論がでず、つぎに閣議が予定されているため一時すぎ休憩に入った。その閣議も、夕食をはさんで、第一回が午後二時半から三時間、さらに第二回が午後六時半から十時までひらかれたが、ポツダム宣言を受諾すべきか否か、ここでも閣僚の意見はまとまらなかった。

しかし、日本に戦う余力はほとんどない、というのが共通した意見となった。阿南陸相は憤然としていった。

「かかる事態は十分承知のことである。この実情のもとで、これにたえて戦うことが今日の決心であると思う」

議論に疲れたとき、文部大臣太田《おおた》耕造《こうぞう》が突然に思いついたように、首相にいった。

「対ソ交渉が失敗したことの責任、そしてただいまの内閣の意見不統一という点からみましても、筋道からいえば内閣は総辞職すべきではなかろうか。総理はいかがお考えになりますか」

米内光政海相

これは重大発言であった。事実、ソ連仲介の和平工作は天皇に上奏済《ず》みである。その見通しを誤って大失敗したこと、この一点をもってしても総辞職は当然であったからである。

鈴木首相はつむっていた眼をあけると、無造作にいった。

「総辞職をするつもりはありません。直面するこの重大問題を、私の内閣で解決する決心です」

閣僚の何人かは阿南陸相をこのとき注視した。陸相がここで太田文相に同調すれば、内閣を総辞職に追いこむこともできるのである。陸相はこうしたやりとりを聞かなかったかのように、背筋をのばして端然たる姿を崩さなかった。

そうした阿南陸相に、陸軍部内からの突き上げは時々刻々と激しさをました。閣議中に呼びだされた陸相は、参謀次長河辺《かわべ》虎四郎《とらしろう》中将から、全国に戒厳令を布《し》き、内閣を倒して軍政権の樹立をめざすクーデター案をひそかに提示されていた。

しかし、阿南は動かなかった。そして、かりに戦争を終結するにしても、四条件を連合国に承知させることが絶対に必要なことを、静かに、だが力強く閣僚たちにいいつづけた。日本は国家の命運と民族の名誉をかけ、自存自衛のために戦いつづけてきた。それであるのに、相手のいうなりに、国体の存続も不確実のままに無条件降伏するのでは、あまりに無責任、かつみじめではないか。手足をもぎとられて、どうして国体を守ることができようか。

「このまま終戦とならば、大和民族は精神的に死したるも同然なり」

陸相はそう主張して不動であった。

午後十時、第一回からひきつづいてえんえん七時間に及んだ第二回閣議を、鈴木首相はいったん休憩することとした。もう一度、最高戦争指導会議をひらき、政戦略の統一をはかり、再度閣議をひらくことにする、と首相はいった。この最高戦争指導会議を御前会議とし、一挙に聖断によって事を決するというのが、首相の肚《はら》であった。

御前での最高戦争指導会議開催の知らせに、より大きな危惧を感じたのが大本営であった。

「何のための御前会議なんだ。結論はどうするんだ」

電話口の向うで怒声が書記官長の耳にがんがんと響いた。

「結論はない。結論の出ないままの議論を、陛下に申しあげるのだ」

「そんな馬鹿な……それにしても陸海両総長の花押《かおう》はもらってあるのかッ」

御前会議開催には、法的に首相と参謀総長、軍令部総長の承認〈花押〉が必要であった。その花押をこの日の午前中に迫水書記官長はすでにもらってあった。

「急な場合に、いちいち両総長を追いかけまわして花押をいただくのは、大変ですし、緊急に間にあわなくてもいけ

梅津美治郎参謀総長

ません。この書類に花押をください。もちろん会議をひらくときは、これまでの手続きを守り、あらかじめの了解をえますから」

と、そういわれて、両総長は深い魂胆が隠されているとも思わず、花押をした。御前会議の正規の手続きはそろっている。

こうして八月九日午後十一時五十分、ポツダム宣言受諾をめぐる御前会議が、御文庫付属の地下防空壕でひらかれた。出席者は、六人の最高戦争指導会議構成員のほかに平《ひら》沼《ぬま》騏《き》一郎《いちろう》枢密院議長、そして陸海両軍務局長と書記官長が陪席した。十五坪の狭い部屋は、換気装置はあったが、息詰まるように暑くるしかった。しかし、誰も暑さなどを気にとめていなかった。にじみでる額の汗をぬぐうハンケチが、ときおり白く揺れた。

天皇を前にしての、台本のない議論は、低い声ではあったが、真剣そのものにつづいた。一カ条件案と四カ条件案をめぐって、会議は三対三にわかれた。東郷、米内、平沼と阿南、梅津、豊田の対立となったのである。

時刻は十日午前二時をすぎた。いぜんとして議論はまとまらなかった。結論のでないままにこの会議は終るのであろう、まさかに票決という強硬手段を首相がとるとも思えぬ。首相がどうしたものか、もてあましているように誰もが考えた。人びとの注意が自然と首相に集った。

そのときである。首相がそろそろと身を起して立ちあがった。

「議をつくすこと、すでに二時間におよびましたが、遺憾ながら三対三のまま、なお議

八月九日の御前会議（画・白川一郎）

決することができませぬ。しかも事態は一刻の遷延も許さないのであります。この上は、まことに異例で畏《おそ》れ多いことでございまするが、ご聖断を拝しまして、聖慮をもって本会議の結論といたしたいと存じます」

一瞬、緊張のざわめきが起った。陸海軍首脳には不意打ちであった。

首相に乞われて、天皇は身体を前に乗りだすような格好で、静かに語りだした。

「それならば私の意見をいおう。私は外務大臣の意見に同意である」

一瞬、死のような沈黙がきた。天皇は腹の底からしぼり出すような声でつづけた。

「空襲は激化しており、これ以上国民を塗炭の苦しみに陥れ、文化を破壊し、世界人類の不幸を招くのは、私の欲していないところである。私の任務は祖先からうけついだ日本という国を子孫につたえることである。いまとなっては、ひとりでも多くの国民に生き残っていてもらって、その人たちに将来ふたたび起ちあがってもらうほか道はない。

もちろん、忠勇なる軍隊を武装解除し、また、昨日まで忠勤をはげんでくれたものを戦争犯罪人として処罰するのは、情において忍び難いものがある。しかし、今日は忍び難きを忍ばねばならぬときと思う。明治天皇の三国干渉の際のお心持をしのび奉り、私は涙をのんで外相案に賛成する」

降伏は決定された。八月十日午前二時三十分をすぎていた。その夜はかがやかしい月が中天にかかり、宮城の庭の老松の葉影が一本ずつ数えうるほど明るかった。そして夜明けを告げる鶏鳴が聞かれた。この夜は空襲がまったくなかった。

地下道を出て、玄関の車寄せまで首相がきたとき、うしろから階段を昇ってきた陸軍軍務局長吉積正雄《よしづみまさお》中将が、つかつかとその前に立ちふさがると、

「総理、約束が違うではありませんか。今日の結論でよろしいですかッ」

と嚙みつくようにいって、詰めよった。首相は温顔でにこにこしていたが、何も応えなかった。ふっと阿南陸相のしまった体軀があいだに入った。陸相は自分の身体を張って、吉積の強烈な意志を防いだ。

「吉積、もういい」

と、陸相は軍務局長の肩を何度もたたいた。

軍務局長の痛憤には理由がないわけではなかった。御前会議をひらくときは事前に了解をとる、また、本日は結論はださぬと、迫水書記官長にいわせておきながら、首相みずからぬけぬけと聖断を仰ぐという畏れ多いことをしたのである。陸軍をこけにしたともいえるのである。

御前会議ののち、ただちに閣議が再開された。細かい議論はあったが、閣議は御前会議の決定をそのまま採択した。席上、阿南陸相は鈴木首相にたいし、「敵が天皇の大権をハッキリみとめることを確認しえないときは、戦争を継続するか」とたずねた。首相は「もちろん」と答えた。陸相は米内海相にもおなじ質問をしたが、海相もまた戦争継続に同意した。午前四時近く、全閣僚は必要な文書に花押して閣議は散会した。阿南陸相も躊躇なく花押した。東郷外相の頭は心労のため、真ッ白に変じていた。

陸軍出身の安井《やすい》藤治《とうじ》国務相が、士官学校同期の陸相の心情と立場を思いやって、人影のないところで、ざっくばらんに聞いた。

「阿南、ずいぶん苦しかろう。陸軍大臣として君みたいに苦労する人はほかにないな」

「けれども安井、オレはこの内閣で辞職なんかせんよ。どうも国を救うのは鈴木内閣だと思う。だからオレは、最後の最後まで、鈴木総理と事を共にしていく」

と阿南陸相はしっかりといった。

「秩父宮という弟がいるね」

八月十日午前七時、国民がようやく寝床をはなれはじめるころ、一条件ともいえる「天皇の大権に変更を加うるがごとき要求は、これを包含しおらざる了解のもとに」ポツダム宣言を受諾する旨の電報が、中立国のスイスとスウェーデンの日本公使に送られていった。スイス公使の加瀬俊一《かせしゆんいち》がアメリカと中国へ、スウェーデン公使の岡本季正《おかもとすえまさ》がソ連とイギリスへの通告をうけもっている。

陸軍中央は聖断下るを聞いて驚愕した。まったく予期しないではなかったが、いちばん恐れていたものが現実となって、幕僚は猛り狂ったのである。午前九時、陸軍省各課の高級部員を集め、阿南陸相は「厳粛な軍紀のもとに一糸紊《みだ》れず団結せよ」と訴えた。悲壮な面持《おももち》であった。

「この上はただただ、大御心《おおみこころ》のままに進むほかはない。和するも戦うも、敵方の回答のいかんによる」

このとき、一人の課員が質問した。「大臣は進むも退くも阿南についてこいといわれた。それでは大臣は退くことも考えておられるのか」

地下壕に一瞬冷たいものが流れた。徹底抗戦の大方針はどこへいったのか。

大臣は声をはげましていった。

「不服なものは、まず阿南を斬れ」

しかし、大臣がとどめようと、時の経過とともに、陸軍部内の抗戦派の動きは露骨になっていく。公然と、また秘密裡に、国家の決定に叛《そむ》くべく険悪になった。

午後一時から重臣会議がひらかれた。ほとんどの重臣は、天皇制の存続さえ保証されるならポツダム宣言受諾に異議はない、と政府の方針に賛同したが、陸軍出身の元首相の小磯国昭《こいそくにあき》と東条英機《とうじょうひでき》はそれを不可と反対した。小磯は怒りをみなぎらせていった。

「しかも本日の集りは会議というものではなく、決定通告のように思われる。一体、誰の考えによるものであるか」

首相は知らん顔をしてすましていた。視線を移された東郷外相がしぶしぶ答えた。

「大命に基づいたものであります」

「それならば何も申し上げる必要はない」

と憮然たる小磯の発言に押っかぶせるように東条が大声を出した。

「小官も小磯大将と同意見である」

日本帝国は降伏へ向って歩みはじめた。同盟通信は短波で午後七時（ワシントン時間午前五時）すぎポツダム宣言受諾の報を流した。いち早く受けとったAPは、さらに同盟の報道として全世界にばらまいた。ワシントン時間で朝の七時すぎにはトルーマン大統領が同盟の報道を手にした。折からホワイトハウスにはペンキ屋が入り、改装中だったが、半分白塗りの終った建物をかこみ、情報を知った群衆が集っていた。

「ハリーに逢いたい、ハリーに逢いたい」

群衆は口々に叫んだ。ハリーとは大統領のファースト・ネームである。午前九時からトルーマンは日本への回答を審議するため緊急会議をひらいた。スチムソン陸軍長官、バーンズ国務長官、それにフォレスタル海軍長官とリーヒ大統領付幕僚長の四人が参集した。

スチムソンはグルー国務次官以上の知日派であり、「日本がこのような苦境に陥っても、なお天皇制の保証を求めている」と、しばしいいしれぬ感動に浸った。それだけに硫黄島や沖縄におけるものすごい流血を日本本土上陸作戦で再現しないために、日本の申入れを受け入れようと主張した。リーヒも同調した。

「戦争が長びくことにくらべれば、天皇制は小さな問題だ。承知してやればいい」と勧告した。フォレスタルもほぼ同意見であった。

だが、バーンズは強硬であった。

「日本の申し込みは無条件ではない。われわれはいままで何度も無条件降伏を宣言している。なぜに日本に譲歩する必要があるか」

そして対日回答案を作成してみたいからと、一時間の猶予《ゆうよ》を請うた。トルーマンは承認した。

起草は国務省極東課の課員によって進められ、正午前には完成した。それは、日本の提案に対して明確に答える形をとらず、天皇制は否定しないが、はっきり保証はせず、ポツダム宣言に変更がないことを改めて主張したものとなった。午後になって五人は再び参集し、この案を承認した。

天皇制について、もう少し明瞭な表現で約束した方がよいのではないかと感じたフォレスタルは、退出するとき、バーンズをひきとめて真意をさぐってみた。国務長官はニヤリと意味深長な笑いをうかべて、小声でいった。

「秩父宮という弟がいるね。誰が天皇になっても、天皇制さえ残ればいいんだろう[4]」

この回答案は連合国の承認を得るためにロンドン、モスクワ、重慶に送られた。重慶からはすぐ承認の返事がきた。ロンドンは慎重に検討しこの案を承認した。

モスクワは返答を翌日にのばすと強硬な態度をとった。しかし、これは急を要するもので、今夜のうちワシントンに返事を送らねばならないと、駐ソ米国大使ハリマンは必死の形相で催促した。やがてソ連の返答がきた。ソビエト政府としては日本占領は、米国から一名、ソ連から一名のふたりの最高司令官による、それを条件に承認するという。

阿南惟幾陸相

早くもドイツ同様に、戦後の日本分割の意図を明らかにした。ハリマンは「まったく受け入れる余地はない」と突っぱねた。

こうした複雑なやりとりがいくつかあって、結局ソビエト政府は折れて、条件なしでバーンズ回答書を承認したが、これがモスクワ時間午前二時。そしてワシントンが連合諸国の返事をすべてそろえたときには、八月十一日になっていた。

こうした事情を知らない日本にとって、八月十一日は、九日から十五日までの激震の一週間のなかで、中休みに似た空白の一日になった。しかもこの日は終日、日本全国のどこにも空襲警報がなく、連合国側からの回答を待つほかのない鈴木首相は、午前は読書と瞑想で終え、午後からは書記官長や側近と細かい打ち合わせなどで費した。

「連合軍最高司令官に隷属する」

八月十二日は日曜日であった。その午前零時半すぎ、迫水《さこみず》書記官長は同盟通信外信部長から、サンフランシスコ放送が回答を流しはじめたことを知らされた。

「まだ全文がわからないが、どうもあまりいい返事ではなさそうだ」

迫水は暗澹たる想いに捉われた。

陸軍中央もサンフランシスコ放送を傍受し、前轍《ぜんてつ》を踏まないようにと、こんどはみずからの手で翻訳を開始した。

外務省幹部は連合国の回答は不満足ながら、国体は護持されるとし、受諾する方針をきめた。全文を読むと天皇制に対する確たる保証はない。しかし「最終的の日本国の政府の形態は……日本国国民の自由に表明する意志により決定せらるべきものとす……」というのであるから半ば保証されたも同様だと判断したのである。

行動を起したのは大本営の方が早かった。午前八時すぎには早くも梅津参謀総長と豊田軍令部総長とが参内、軍は回答文に絶対に反対である旨を奏上した。回答文中にある subject to を軍はずばり「隷属する」と訳した。こう訳せば「天皇および日本国政府の国家統治の権限は……連合軍最高司令官に隷属するものとす」となるのである。これを受諾するということは、

「国体の根基たる天皇の尊厳を冒瀆《ぼうとく》しあるは明らかでありまして、わが国体の破滅、皇国の滅亡を招来するものです」

と両総長は力をこめて説くのである。

外務省幹部は、この subject to を「どうせ軍人は訳文だけをみて判断するだろうから」ときめてかかり、傑出した名訳を案出していた。「制限の下におかる」である。陸軍はこんどは乗せられなかった。かれらの訳出した「隷属する」でいかにして国体を護持できようかと硬化したのである。大臣室におしかけた少壮将校十数人はみな興奮し血気にはやっていた。陸相の義弟竹下正彦《たけしたまさひこ》中佐が一同を代表して阿南陸相につめよった。「ポツダム宣言の受諾を阻止すべきです。もし阻止できなければ、大臣は切腹すべきです」。阿南陸相は唇をかたく結んだまま、何もいわなかった。

豊田副武軍令部総長

外相が鈴木首相に会い、首相の意見も受諾案であることを確認し、参内したのは午前十時半をやや回っている。軍

に遅れること二時間である。しかし、天皇の意志はもう一つに固まっていた。

「議論するとなれば際限はない。それが気に入らないからとて戦争を継続することはもうできないではないか。自分はこれで満足であるから、すぐ所要の外交手続きをとるがよい。なお、鈴木総理にも自分の意志をよく伝えてくれ」

午後三時から宮中では皇族会議が、首相官邸では閣議が、それぞれひらかれた。

御文庫防空壕に参集した十三名の各宮は皇族の順位にしたがって、左から高松宮、三笠宮、閑院宮、賀陽宮《かやのみや》……そして最後が竹田宮、李王垠、李鍵公の順に天皇を囲むようにして、弧形の長い机を前にして坐った。誰もが天皇と会うのは久し振りであった。

高松宮も三笠宮も、バーンズ回答受諾に賛成する旨をいったが、閑院宮はちょっと考える風で、

「陛下のご決心がかくある以上、意見はございませんが、はたしてわが国の存立が維持できるものかどうか、まことに心配でございます」

とだけいった。久邇宮《くにのみや》が、同じように国体護持について懸念をもらしたが、この二人をのぞけばすべて無条件賛成である。李王垠と李鍵公は「うけたまわりました」とだけいったのが各皇族には印象的であった。会議が終ってアイスティと洋菓子がでると、天皇を囲んでしばらく談笑がつづいた。それぞれの近況や見聞が語られ、天皇もときには微笑むことさえあった。

こうした和《なご》やかな会議とは異なり、閣議のほうは重苦しい雰囲気につつまれている。

即時受諾の東郷外相案、全面反対の阿南陸相案、それと国体護持確認のための再照会論とが入りみだれたのである。東郷外相が躍起になった。

「再照会などすれば、すべては御破算になる。とんでもない話だ」

阿南陸相が厳然としていい放った。

「このままこれをみとめれば日本は亡国となり、国体護持も結局不可能になる」

閣議の流れはいつか再照会説に傾こうとした。東郷外相はついに堪忍袋の緒を切った。

「われわれはサンフランシスコ放送による回答にたいして議論をしている。つまり正式でもない回答を前にいろいろ議しても、それはナンセンスというものではないか。総理、この閣議を正式の回答がくるまで休憩にすることを提議いたします」

誰もがホッとした。責任をもって答えることのできない議論を重ねれば重ねるほど、自分の本心や真意とはかかわりのないことを、口に出して主張しかねない不安を感じていたからである。

東郷茂徳外相

しかし、追いつめられた日本帝国に〝休憩〟の余裕などあるわけがない。ソ連軍の侵攻は樺太、満州でつづき、関東軍総司令部は通化に移動した。「ポツダム宣言受諾するやもしれず」の電報に激昂した外地の軍からは、つぎつぎと徹底抗戦を訴える意見具申電が大本営に打ちこまれてきた。陸軍中央の抗戦派幕僚らによるクーデター計画は詳細に練りあげられている。かりにそこまでいかぬとしても、変転する情勢に対処するため戒厳令を布くべきである、との意見は圧倒的多数に支持されていた。

「阿南さんは死にますね」

十三日の朝が明けた。早くも警戒警報のサイレンが東京の空をかき乱した。そのなかで、この朝の阿南陸相はなお、虎のように屈しなかった。天皇に謁見を願い、広島にある第二総軍司令官の畑俊六《はたしゅんろく》元帥の招致の上奏を行なったさい、天皇その人に天皇の地位存続にたいする心配を訴えたのである。

だが、天皇ははっきりといった。

「阿南よ、もうよい」

なぜか天皇は、侍従武官時代から阿南をアナンと呼ぶのを常としていた。

「心配してくれるのは嬉しいが、もう心配しなくともよい。私には確証がある」

陸相の闘志はやや萎《な》えた。この上なお反対論をとなえることは、天皇に反逆することになるのではないか。国体護持を考えるからこそ、そして天皇の地位を憂慮するからこそ、迷い悩んできたのではなかったか。しかし、天皇がそのことに確証があるという……。

こうした明快な天皇の決意をよそに、午前九時よりひらかれた最高戦争指導会議は、再三再四にわたって紛糾した。このまま回答をのんで降伏し和平するか、かなわぬまでも死中に活を求めて一戦し条件を少しでも有利にして和するか。あらためて外交ルートをへた正式の回答を前に、六人の男たちは最後の闘志を燃やして論じ合った。

陸相、参謀総長、軍令部総長の三人は、回答にたいし再照会し、神聖な天皇の地位は交渉の対象になるようなものではなく、確実に保証されねばならない、そのために武装解除は自主的であるべきだ、と論じた。

外相は再照会は交渉の決裂を意味する、と突っぱね、「陛下が皇位におとどまりになれることが保証されている、というよい面をもっと考慮すべきである」といった。

海相はいら立たしげに珍しく大声をだして論じた。

「もう決定ずみではないか。それをいまさらむし返すのは、陛下のご意志に逆らうことになる」

梅津参謀総長がきっとなった。

「われわれは陛下のご意志に反対しているのではない。はっきりさせねばならぬことについて議論しているのである」

長い時間、じっと黙って議論に耳を傾けていた鈴木首相が、このとき坐り直すようにして、口をさしはさんだ。

「軍部はどうも、回答の言語解釈を際限なく議論することで、政府のせっかくの和平への努力をひっくり返そうとしているように、私には思えます。なぜ回答を、外務省の専門家の考えているように解釈できないのですか」

外相が愁眉をひらき、陸相がすっかり気落ちしたことは、誰の眼にも明らかであった。

会議は、途中昼食休憩をはさんで、実に三対三のまま五時間におよんだ。行きづまりが打開されるきざしはまったくなく、鈴木首相はついに会議の散会を宣した。

陸軍省にもどった阿南陸相は、顔をかがやかす少壮幕僚たちに迎えられることになった。彼らはやっと一つの成案をえていた。その計画の要旨を説明するため、彼らはまず陸軍次官若松只一《わかまつただかず》中将をおとずれた。若松次官は黙ってきいていたが、不同意のようであった。ついで陸軍大臣室をたずねたが、阿南陸相はまたしても呼ばれて閣議にでようとするところであった。すでに帯刀している陸相にたいし、しばらくの猶予《ゆうよ》を請い、計画の必要性をといた。大臣室には、若松次官のほか、人事局長額田《ぬかだ》坦《ひろし》中将、戦備課長佐藤裕雄《さとうひろお》大佐が同席していた。

気負いたつようにしてのべる少壮幕僚に、佐藤課長はさえぎるようにしていった。

「現状において、このような計画を実行することには不同意である」

このとき入室していた少壮幕僚の一人、軍務課員畑中健二《はたなかけんじ》少佐は真ッ青な顔をして戦備課長を指していった。

「軍内にすでに裏切り者がいる。かかるものにはただちに人事的処理を加えられたい」

室内は異常に緊張した。阿南陸相はこのとき静かに、

「いまのような時期には、おたがいが信頼しあってゆくことがいちばん大切なのである」

とたしなめて席をたとうとした。少壮幕僚の代表は、

「省部内将校は右するも左するも、一に大臣を中心にして、一糸乱れず行動する決意であります。その点は重々御安堵《あんど》下さい」

と申しのべた。一同の顔は、大事にむかう一種の感激に紅潮していた。

午後三時、閣議がひらかれた。朝から延々たる会議につぐ会議。老首相はまったく疲労の色をみせぬ。予想されたように甲論乙駁《こうろんおつばく》ははてしなくつづいた。

ここでも陸相はなお条件をつけることを主張しつづけてやまなかった。

「武装解除を自主的にする、それこそ国体護持のための最小の必要条件なのである。これを条件としてこのさい提示することは少しもおかしいことではない。この回答をこのまま受諾して降伏する場合は、天皇制の護持は期し難い。ならば、むしろ死中に活を求める決心で、抗戦をつづけるべきであります」

悲痛な抗議をつづける陸相の顔を、もはや多くの閣僚はまともに見ようとはしなかった。

議をつくし閣僚たちが疲れきって黙りこんでしまったとき、首相は立上るといつになく力強い声で、自分の意見をのべはじめた。

「私は先方の回答に受諾しがたい条件もあるように思い、背水の陣の決心をしましたが、再三再四この回答を読むうちに、米国は悪意あって書いたものではない、国情はたがいに違う、思想も違う、実質において天皇の地位を変更するものではない、と感じたので

ありまして、文句の上について異議をいうべきでないと思う。このさい、辞句を直せというても、先方にはわかりますまい」

首相の言葉は諄々《じゅんじゅん》としていた。

「問題は国体護持であります。もちろん危険を感じておりますが、さればとていまどこまでも戦争を継続するかといえば、畏れ多いが、大御心はこのさい和平停戦せよとのご諚《じょう》であります。もしこのまま戦えば、背水の陣を張っても、原子爆弾のできた今日、あまりに手遅れであるし、それでは国体護持は絶対にできませぬ。死中に活もあるでしょう、まったく絶望ではなかろうが、国体護持の上から、それはあまりにも危険なりといわなければなりませぬ」

阿南陸相はきっと顔をあげ、胸を張って首相の言葉を追っていた。

「われわれ万民のために、赤子《せきし》をいたわる広大な思召《おぼしめ》しを拝察いたさなければなりませぬ。また臣下の忠誠を致す側からみれば、戦いぬくということも考えられるが、自分たちの心持だけは満足できても、日本の国はどうなるのか、まことに危険千万であります。かかる危険をもご承知にて聖断を下されたからは、われらはその下にご奉公するほかなしと信ずるのであります」

この長い発言には八月六日いらい、首相として鈴木貫太郎が考えに考えてきたすべてのことがある。政治性ゼロの宰相の真情だけがあった。

「したがって、私はこの意味において、本日の閣議のありのままを申し上げ、明日午後に重ねて聖断を仰ぎ奉る所存であります」

これが閣議の結論となった。六時半をすぎていた。

阿南陸相の想いは複雑であった。すでにクーデター計画が秘密裡に策定されつつあるのは承知している。一触即発の状況にあった。かれは大きな楕円形のテーブルに広げてあった書類をとりまとめて、それを副官に渡した。そして思い決したように総理室に向った。

鈴木首相はこころよく陸相を迎えた。

「総理、御前会議をひらくまで、もう二日だけ待っていただくわけにはいきますまいか」

首相は、陸相がいんぎんに少しも脅迫的でないのに、心から好感をもった。しかし、この申し出を毅然としてことわった。

「時機はいまです。この機会をはずしてはなりません。どうかあしからず」

阿南陸相はもう一言なにかいおうとしたが、思い諦めたという表情で、丁寧に敬礼をすると邪魔したことを詫び、部屋を出ていった。同席していた小林堯太《こばやしぎようた》軍医大尉が、首相にいった。

「総理、待てるものなら待ってあげたらどうですか」

鈴木首相は答えた。

「小林君、それはいかん。今日をはずしたら、ソ連が満州、朝鮮、樺太ばかりでなく、北海道にもくるだろう。ドイツ同様に分割される。そうなれば日本の土台を壊してしまう。相手がアメリカであるうちに始末をつけねばならんのです」

小林軍医はいった。「阿南さんは死にますね」

「ウム、気の毒だが」

鈴木首相は眼を伏せるようにしていった。

陸相官邸に帰った阿南陸相を待っていたのは、さきほどいちど見せられた兵力動員計画[5]であった。それはまさにクーデター計画なのである。

(1)使用兵力—東部軍及び近衛師団

(2)使用方針—宮城と和平派要人とを遮断す。その他、木戸、鈴木、東郷、米内等の和平派要人を兵力を以て隔離す。ついで戒厳に移る

(3)目的—国体護持に関する我方条件に対する確証を取付けるまでは降伏せず、交渉を継続する

(4)方法—陸軍大臣の行なう警備上の応急局地出兵権を以て発動す

ただし「右の実行には、大臣、総長、東部軍司令官、近衛師団長の四者が一致することを条件とする」とあった。

ついに来たるべきものが来た、という思いで陸相はこれをあらためて何度も読み直した。

「あらゆることを考えぬいた上の結論なのか。それにしては根本が漠然としているでは

ないか」

と陸相はいい、この計画を支持するとも、しないともいわなかった。

報告に列したのは、軍事課長荒尾興功《あらおおきかつ》大佐、同課員稲葉正夫《いなばまさお》中佐、同課員井田正孝《いだまさたか》中佐、軍務課員竹下正彦中佐、同椎崎二郎《しいざきじろう》中佐、同畑中健二少佐の六名である。彼らはいずれも阿南陸相の信頼していた人びとであった。そのなかでもっとも血気にはやった青年将校は、畑中、椎崎の両名で、荒尾大佐は、この一派の長として陸相との連絡に任じ、計画の実施には「四将軍の一致を要す」という条件をつけて、ひそかに暴発を警戒したのである。

荒尾課長を先頭に彼らは必死に訴え、説明した。具体的には明十四日午前十時に予定されている閣議の席に乱入し、主要な和平派を監禁、天皇に聖慮の変更を迫ろうというのである。たとえ逆賊の汚名を着ようとも、それを覚悟で、こうした行動にでる。なぜなら、万世一系の天皇を戴く君主制こそ日本の国体であり、それを護らねばならぬからである。かれらにあっては、その天皇の一人にすぎぬ裕仁天皇より、国体が優先するのである。

彼らは、十四日午前中に決行したいと訴えて容易に退かず、論議は二時間におよんでもつきなかった。阿南陸相は天皇の意志に反してはならぬ、と信頼する部下に我慢のかぎり論議をくり返した。そして最後に、午前零時陸軍省において、荒尾大佐に決心を内示するといい、それを承知した青年将校たちは三々五々邸外の闇のなかへ消えていった。

真夜中の十二時、阿南陸相は市ケ谷台の陸軍省に登庁した。待ちうける荒尾大佐に、確答は十四日早朝、梅津参謀総長と会談し、その席で行なうことを了解させた。しかし、このとき陸相は信頼する荒尾大佐に、

「クーデターに訴えては、国民の協力はえられない。本土決戦など至難のこととなろう」

と、その真情をぽつんともらした。


「ここまできたら一挙に終戦へ」


八月十四日午前五時にいつものように目覚めた鈴木首相は、窓外のまばゆいばかりの朝陽をいっぱいに浴びながら、とつおいつ考えていた。昨日の閣議で「重ねて聖断を仰ぐ」ことを結論としたが、その御前会議をどうやってひらくことができるか、その方法に苦慮していたのである。こんどは、陸海の両統帥部長は事前に連絡のない御前会議にはかたく反対している。といって、通常の手続きによれば、奏請書類に署名、花押をするすることを拒むのは容易に予想された。

「水雷を撃つようなわけにはいかんわい」

老首相のつぶやきに、たか夫人はいぶかしげに眉をあげた。皺の多い顔をくしゃくしゃにして、首相は照れた。

その直後に、陸軍にクーデター計画ありの情報をえた迫水書記官長は、あたふたと私

邸の門をくぐってきて、首相の顔をみるなりいった。

「情勢は緊迫以上です。予定どおりに閣議を十時にひらき、もうこれ以上議論を重ねてみても、埒《らち》があきません。総理、もはや決断あるのみです」

「まあ、な」はっきりものを言わないのが首相の流儀であった。書記官長はおっかぶせた。

「陛下にお願いして、もう一度……」

とたんに、首相が大声で「そうですッ」と叫ぶと、びっくりする迫水に眼もくれず、いった。

「陛下のお召しによる御前会議という方法がありました。これが最後の、とっておきの術《て》です[6]」

そして、たか夫人に「すぐ参内するから」と首相はいってすっくと立った。

杉山元元帥

十四日七時、阿南陸相、梅津参謀総長は相前後して登庁した。阿南陸相は前夜の約束どおり荒尾大佐とともに梅津参謀総長と会見し、兵力動員計画について意見をもとめた。そのころ、神経を痛めて、優柔不断とかくの評判があったにもかかわらず、梅津参謀総長は、この計画にたいして反対を表明して、その軽挙をいましめた。陸相はその意見に深くうなずいた。陸相と参謀総長が反対とあっては問題

となら ず、「〇七〇〇（午前七時）大臣・総長会談、〇七三〇大臣・東部軍司令官・近衛師団長の会談、〇八〇〇高級課員以上の集合、一〇〇〇クーデター発動」の計画は、あっというまに空中の楼閣と帰していった。

　間一髪で危機を脱したことなど思いもかけず、八時四十分、天皇は鈴木首相および木戸内大臣と謁見し、「お召しによる御前会議開催」の奏上を聞くと、即座に、明快に同意した。この結果、昭和十六年十二月一日の開戦決定の御前会議いらい、たえて行なわれなかった最高戦争指導会議の構成員と閣僚全員の合同の御前会議がひらかれることとなった。しかも、正式の御前会議ではなく、天皇のお召しによる、という……。

　合同を策案したのも首相であった。

「もうここまできたら一挙に終戦へと決しましょう」

「そう」と木戸が和した。「私とあなたと、ほかに二、三名が生命を捨てればすむことですからね」

　ただちに計画は実行に移された。「平服にてさしつかえなし、午前十時半までに吹上御苑に参集せよ」のお召しに、閣議のつもりで総理官邸に集っていた全閣僚はもちろん、梅津、豊田両総長、平沼騏一郎枢相、迫水書記官長、池田《いけだ》純久《すみひさ》綜合計画局長官、吉積正雄陸軍、保科《ほしな》善四郎《ぜんしろう》海軍両軍務局長までが招《よ》ばれて合計二十三名は、平服のままあわただしく参内した。

　これよりさき、午前十時、天皇は永野《ながの》修身《おさみ》、杉山《すぎやま》元《はじめ》、畑俊六の三元帥を呼びよせ、その意見を聞いた。永野は、軍の士気は旺盛にして余力なおあるゆえに、上陸する米軍を断固撃攘すべきであると、徹底抗戦論をのべた。杉山はこれに同意し、畑はたとえポツダム宣言を受諾するにしても「十師団を親衛隊として残置するよう努力するの要ありと存じます」と奉答した。天皇はそれらを聞いた上ではっきりと、戦争を終結することに決意したゆえ軍はこれに服従すべしという大元帥命令をくだしている。

　まさかと思うお召しによる御前会議開催をしらなかった少壮幕僚たちは、夢と化した兵力動員計画にかわるつぎの案を急遽ねっていた。速成であっても実行できねばならないのである。ところが、この「兵力使用第二案[7]」を作成していた竹下、畑中両軍務課員のところへ、どこからか、梅津参謀総長が考えを変えた、という情報が入ってきた。こおどりした竹下中佐はこの第二案を手にし首相官邸へのりこんでいった。参謀総長が終戦の決意を変えた以上、陸相の同意をえれば兵力使用案をおしすすめることが可能ではないか。しかし、竹下中佐が知らされたのは、閣議にあらず宮中での御前会議、そこには陸相のみならず参謀総長も出席しているという事実であった。何としたことか、万事は休した、と中佐は思わざるをえなかった。

　十時五十分、御前会議はひらかれた。天皇を前にして、出席者は横に二列にならんでいた。あくまで天皇のお召しという形式に合わせていた。会議の劈頭《へきとう》、鈴木首相は、天皇に十三日の最高戦争指導会議の模様を詳細に申しのべ、意見はついに不一致に終ったので、この上は、反対意見を聴取のうえ、御聖断をくださるように、とお願いした。

鈴木首相が着席すると、梅津、豊田、阿南がこもごも立って、「このままの条件で受諾するならば、国体の護持はおぼつかなく、よって是非とも敵方に再照会をこころみ、もし聴かれなければ、一戦をこころみて死中に活を求めるほかはない」旨を切論した。字義どおり声涙ともにくだる言上であった。

無気味なる静寂がしばし流れた。

やがて、天皇が静かに立ちあがった。

注(1) 最高戦争指導会議の構成員はつぎの六名である。首相、外相、陸相、海相(以上政府側)、参謀総長、軍令部総長(以上統帥部側)。

右のほか、正規構成員は必要に応じて、他の閣僚を構成員に加える権限をもっていた。この会議において、国務と統帥、すなわち政略と戦略との統合、調節など、いわゆる戦争指導が律せられた。

(2) その日の出来事を克明にしるしていることで知られた徳川夢声日記の七月二十八日の項には、ポツダム宣言のポの字もみあたらぬ程である。また、高見順日記の二十八日の項には「ローソクの光で新聞を読む。イギリスの政変、ポツダムの放送。米英蔣の対日降伏条件の放送について、読売も毎日も〝笑止〟という形容詞をつけている」と書かれ、つづいてその新聞記事が引用されているのみである。

(3) 削除された字句は連合国が「日本人を民族として奴隷化しまたは国民として滅亡

させようとしているものではない」「日本国軍隊は、武装解除の後、家庭に帰ることを許され、平和的生産的な生活を営む機会を与えられる」の部分などである。

（4）『フォレスタル日記』による。

（5）「稲葉正夫手記」による。

（6）これよりさき昭和二十年六月二十二日に、天皇のお召しによる最高戦争指導会議がひらかれたことがある。正規の手続きをふんだものではなく、そのためにこのときは天皇を中心にしてU字型に用意された椅子に坐った。御前会議ではなく、親しく懇談という意味をふくませ、憲法の責任内閣制に抵触しないように配慮されたのである。鈴木首相はこの方法を思いついたのである。

（7）「兵力使用第二案」はつぎの要旨のものであった。

一　近衛師団ヲ以テ宮城ヲ其ノ外周ニ対シ警戒シ外部トノ交通通信ヲ遮断ス
二　東部軍ヲ以テ都内各要点ニ兵力ヲ配置シ要人ヲ保護シ放送局等ヲ抑ヘ
三　仮令　聖断下ルモ右態勢ヲ堅持シテ謹ミテ　聖慮ノ御翻意ヲ待チ奉ル
四　右実現ノ為ニハ大臣、総長、東部軍司令官、近衛師団長ノ積極的意見ノ一致ヲ前提トス

また竹下中佐の記録する「大本営機密戦争日誌」にはこんな記載もみえる。

「予ハ此ノ時兵力使用第二案ヲ出シ詔書発布迄ニ断行センコトヲ希ム、之ニ対シ大臣ハ意少カラズ動カレシ様ナリ、又閣議迄ノ間一度本省ニ帰ル旨言ハレシニヨリ次

官、総長ト御相談ノ上決意セラレ度旨述ベタリ
之ヨリ先、総長ガアレヨリ朝ノ案ニ同意セラレタリト述ベタルニ対シ『サウカホントカ』トテ、兵力使用第二案ニ意動カレシヲ察セリ」
しかしこれは竹下中佐の希望的観測に左右されすぎた判断であったと思われる。

〝わが屍を越えてゆけ〟——阿南陸相はいった

十四日正午——午後一時

八月十四日正午、歴史は涙によって新たに書きはじめられていった。日中戦争開始よりこの日まで戦死者は陸軍百四十八万二千、海軍四十五万八千。一般国民の死者百万。何百万戸もの家屋の崩壊。〝日本帝国の破壊〟をもって古い歴史は終ろうとする。人、機械、軍需、資源すべてにおいて最初から不利であったが、勝利をつかもうとする不屈の闘志によって、戦争はこの日までみちびかれてきた。個人的な決意の問題ではない、国民全体の意志の表現であった。いまその意志は、宮城内地下防空壕に集った二十四人の男たちによって否定され、かわって新しい国家の意志が生みだされようとしていた。四十四歳の天皇は白いハンケチ(8)でその頰をぬぐった。

「自分が股肱《ここう》とたのんだ軍人が武器をとりあげられたり、自分に忠誠をつくした人たちが、戦争犯罪人として処刑されるかもしれないと考えると、本当にたまらない」

といったとき、最高統帥者としての威厳と自制を失ったのであろうか。しかしなお冷

八月十四日の御前会議（画・白川一郎）

静に、しぼりだすようにして言葉をつづけた。その間にもしきりと両の頰に白いハンケチをおしあてた。

鈴木首相をはじめいならんだ閣僚たちは、誰もが悲しみに沈んだ天皇の姿をはっきりとみとめることができなかった。彼らは深く頭を垂れ、嗚咽《おえつ》し、眼鏡をはずして眼をぬぐった。天皇の、とぎれとぎれに訴える語気が、憔悴《しょうすい》しきっている人たちの胸をうった。

「このさい、自分のできることはなんでもする。国民はいまなにも知らないでいるのだから、とつぜんこのことを聞いたらさだめし動揺すると思うが、自分が国民に呼びかけることがよければ、いつでもマイクの前にも立つ。ことに陸海軍将兵は非常に動揺するであろう。陸海軍大臣がもし必要だというのならば、自分はどこへでもでかけて親しく説きさとしてもよい」

　いうまでもなくポツダム宣言受諾という事実は「休戦」ではなく「降伏」なのである。戦争を単にやめるというばかりではなく、連合軍の意志いかんによっては、国の成り立ち、天皇の座そのものが危殆《きたい》に直面せざるをえない。天皇の身がどうなるのか、それすらもわからない。予測や甘い想像を超えたところに〝降伏〟という現実があった。しかし、国民をこのうえ無意味な犠牲から救うためには、ただ一つこの手段しかのこされていなかった。戦争を中止することが絶対に必要だから、たとえこの身がどうなってもよい――身をなげだしている天皇の痛ましさが、閣僚たちの心も身をもひきさいた。悲痛な空気は、やがて慟哭《どうこく》に変っていった。

　たしなみを忘れて子供のようにおいおいと泣きだすもの、両の拳《こぶし》をくだけんばかりににぎりしめて耐えるもの、小さな椅子からずるずるとすべり落ち、絨毯《じゅうたん》に膝をつき、床にくずれて声をあげるもの。地下十メートルの部屋の小さなあかりがそれらを照らしだした。

　天皇のお言葉は終った。[9] しばらく顔をあげるものもなく、閣僚は椅子にしばりつけられたままになっていたが、やがて鈴木首相が立上ると、

宮城御文庫地下会議室

終戦詔勅案奉呈の旨を拝承し、くり返し聖断をわずらわしたことを詫びて、深々と痩身《そうしん》を二つに折った。その礼をうけて天皇は立上った。蓮沼蕃侍従武官長が静かに扉をあけ、天皇の姿は消えた。

　のこされた一同は、大事なことが終ったあとの虚脱感と慟哭のあまりぼんやりとしていた。しかし、いつまでもそうしているわけにはいかなかった。なみなみならぬ努力と献身とを必要とする多くの問題が、彼らを待ちかまえている。しかも、うまく成しとげてみてもどんな名誉も功績もうけはしない。のみならず、これからなにがはじまろうとするのか、放心の男たち誰ひとりとしてわかっているものはいなかった。長い地下道をぬけ、御文庫の正面から車に乗り宮内省まで送られたが、なお自失の状態はつづいた。そして想いだしてはまた涙ぐんだ。

　五月二十五日の大空襲で、明治天皇時代に造られた宮殿は飛び火をうけて焼失した。さいわい戦争がはじまってすぐのころに、防空防火の鉄筋コンクリートの御文庫が建てられてあり、空襲にも無事であった。天皇はそこに移られ起居していた。さらに戦争の末期に、御文庫のそばの望岳台の下に、非常に堅固な地下壕が近衛第一師団と水戸工兵隊の手によって構築され、ここでしばしば最高戦争指導会議がひらかれた。警戒と機密保持のため、外来者はなにびとといえども直接御文庫にはゆけなかった。いったん宮内省にゆき、そこで宮内省の自動車に乗りかえておもむくことになっている。帰りはその逆をおこなうのである。

御文庫の表で、宮内省の自動車に乗りこむ彼らを送った侍従戸田康英《とだやすひで》は、一同のあまりにも沈痛な面持にただ頭を下げるよりほかはなかった。発すべきどんな言葉も見当らない。いまは冷静に何事かを決心すべきとき、誰もが避けえない運命を勇敢にうけいれるべきときなのであろうと思った。時計は正午をさしていた。

首相官邸では、「兵力使用第二案」を手に、焦躁《しょうそう》の色を濃くしながら竹下中佐が阿南陸相の帰りを待ちうけている。陸軍からの申入れによって午後に予定されていたはずの御前会議がくり上げられ、すでに陸相がその席につらなったと知らされたとき、中佐は、一瞬、ぶん殴られたような顔をした。ふたたび聖断が下るようなことがあれば計画は完全に水泡に帰することはわかっていた。「だまされた。一杯喰わされた」と中佐は、うなった。

しかし、このときにあってなお彼は屈せず、自分たちの考えの正しいことをあらゆる人に納得してもらおうと最後の努力をはらう覚悟であった。彼のうちにある軍人精神が〝降伏〟や〝退却〟を許さないのである。国土を占領され、武装を解除され、戦犯がつぎつぎに処罰されるといった状態で、「国体」をいかにして護ったらよいというのか。ポツダム宣言無条件受諾を説く東郷外相、米内海相ですらどれだけの国体護持についての確信があって主張しているのか。あまりにも屈辱的な条件をのむより「最後の一人まで戦う」ことによって、敵に大打撃を与え、少しでもよりよい条件において〝休戦〟すべきだとする信念を、ますます強固にした。それだけに宮中での御前会議のくり上げ開催には愕然《がくぜん》としたのである。

もし聖断による最終結論がでてしまったら、ひっくり返すことは不可能なのではないか。天皇すなわち大元帥は絶対なのである。その命令に抗することは許されない。彼はその場合のとるべき方策を真剣に考えた。それにしても時間は貴重であった。つとめて自己を制しながら、喘《あえ》ぐように竹下中佐は考えつづけた。全陸軍が一丸となって最後の一兵まで戦えば、かならずや死中に活をうることが可能であろう、だがそのためには陸軍大臣が全軍の先頭に立たねばならない——とにかくいまは一刻を争う秋《とき》なのであった。

宮内省からそれぞれの自動車に分乗した閣僚たちはひとまず首相官邸に集った。彼らはかつて覚えたことのないほどに疲労を感じた。落着いてみるといくらか空腹であることも知った。あらためて彼らは自分がここ連日ほとんど不眠不食であることに気づくのであった。

迫水書記官長の車はいちばん後から官邸にたどりついた。半ば駈けあがるようにして迫水は二階の自室に入ると、すぐに木原通雄《きはらみちお》を呼んだ。木原はなぜか涙ぐんでいた。戻ってくる大臣の大半が眼に涙をうかべているのをみていたら、胸がつまってねと苦笑した。いっさいは聖断できまったと書記官長がいった。それは君の顔をみたらわかったよ、と木原が応じた。

「うむ、それで陛下はラジオをとおして陸海軍将兵をおさとしになるとおっしゃるのだ。例の詔書案にも今日のお言葉を加えねばならぬし、まことに忙しいが……なんとか陸海軍人に与える方の詔書の草稿を作ってもらいたいのだ……とにかく時間がない。頼む」

と迫水は一気にしゃべった。

「終戦詔書の方はぼくがやろう。それと安岡正篤《やすおかまさひろ》先生にもお出ましを願おう」

身体がいくつあっても足りないくらいに忙しく、迫水も木原も、気持を静めて戦争終結の感慨にふけっている暇はなかったが、かえってこうしたとき、せわしなく身体を動かしている方が救われるのである。そしてこのときほど二人とも、おのれが国家の運命に欠くことのできぬ存在であることを意識したときはなかった。

閣僚は一室に集りいっしょに鯨肉と黒パンだけの食事をとった。鈴木首相をのぞいては、ほとんど喉をとおらなかった。字義どおり〝砂をかむ〟想いである。阿南陸相だけがすこし離れたところにある一室で竹下中佐に会っていた。眼をやや赤くした陸相は落着いて、いやむしろ悠然としていた。血色もよく、精神的な衰えなどみられない。再度の聖断による降伏決定は陸軍にたいする国家全体の不信任を意味するといっていいであろう、絶体絶命なもので、しかも結末はあまりにもすみやかにきた。帝国陸軍は孤立無援、戦争にたいするその重要な役割を終った。しかし、支柱たる陸相は幻滅も感ぜず、狂気にもおちいらず、むしろ堂々としていた。

竹下正彦中佐

竹下中佐は陸相の前に立って、報告をはじめた。中佐も泰然たる陸相を前にしては冷静さをとりもどし、辛うじて興奮をおさえる。彼は計画どおり陸軍大臣のもっている〝治安維持のための兵力使用権〟の行使を請い、結論としていった。

「閣議の席上、それを行使していただきたく思います。すでに考えを変えられ、総長も同意であります」

陸相は即座に答えた。

「最後の御聖断が下ったのだ。悪あがきをするな。軍人たるものは聖断にしたがうほかない」

これはあまりにはっきりした返事である。陸相は「死中に活」「最後の一兵」などあらゆる幻想をも切りすてていた。確固たるものがあった。すすんで屈辱の盃をのみほそうとし、過去いっさいの計画を放棄してしまっていた。

閣議室のテーブルの上にはすずり箱がおかれてあった。これをみとめて竹下中佐は、詔勅に副署するための用意と察した。そして陸相が不承知で兵力が行使できないとしても、全陸軍には、最後の手段ののこっていることを中佐は思いついた。陸相の辞職である。なぜなら御前会議の天皇の言葉によって、降伏が最終的に決定されたわけではないからである。つまり御前会議は憲法上の正式機関ではない。ただ単に天皇の御前で政府と統帥部の連合会議が行なわれ、天皇の御意志の発表があったというだけのことであり、法制上の建前としては閣議で満場一致でこれを決定しなければ、国家意志とはならなかった。誰か閣僚一人が天皇の言葉いかんにかかわらず最後まで反対し、不一致を理由に辞職したとすれば、内閣は倒れてふり出しにもどり終戦は不可能になる。竹下中佐はそれを切り札にしようと考えたのである。陸相が辞職するか、しないまでも終戦詔書に副署をこばめば、詔書の公布は不可能になろう。

「海軍では、軍令部次長の大西閣下が作戦部の士官を集めて、〝もしお上が終戦せよと仰せられた場合は、たとえ逆賊の汚名を着せられても、大きな正義のためあくまで戦争をつづけねばならない〟と申されたそうです。閣下、このさい思いきって辞職してください」

不動の姿勢のまま、竹下中佐は必死の面持で喰いさがった。一瞬、陸相は当惑した。しかしすぐに口もとをほころばせながら、

「ぼくが辞職したところで終戦は確定的だよ。また辞職してしまったら、もうお上にもお目にかかれなくなる……」

彼はこう答えてにここにこした。

どういわれようとも陸相はもはや動こうとはしないのである。天皇の最後の断が下されたいまは、降伏は決定したのであり、軍もそれにしたがうべきであり、クーデター計画はくず籠のなかにすてられたのである。その決意はかたく、自他をあざむくときは過ぎてしまったことを、最高指揮官として部下に、また義兄としては親愛なる義弟に、説ききかすのである。

絶望であった。のこされた最後の手段すらがその手から奪われてゆくのを感じた。竹下中佐は、この忠誠心あふれる老将の決心のゆるがぬことを知って、これ以上なにをいうべくもなかった。靴音をならしながら部屋をでていった。どこへ行くあてもない。すべては終ったのである。

閣僚たちはこのかんに、一時からの閣議参集を約して各省に散っていた。その一時近くには、御前会議の最終的結論が列席した大臣の口から、各省の主だったものたちに伝えられた。九日の御聖断があったとはいえ、今日までは和すべきか戦うべきか、紙一重の間を彷徨《ほうこう》し折衝をつづけてきたが、「いまや日本の中心部の意志は決定された」と、各大臣はいった。無条件和平派の旗頭であった東郷外務大臣はそれだけに人一倍ほっとして、次官の松本俊一を大臣室に呼びよせると、メモをとらせながら御前会議の模様を口述した。彼は失われていた生気を完全にとり戻した。松本次官は、そうした疲れをいとわぬ大臣の潑剌《はつらつ》さに、心からの崇敬のまなざしをむけた。

「お上はいわれたよ。東郷外務大臣のいうとおり、先方は日本の国体を毀損《きそん》せんとする意図をもっているとは考えられない……国体護持には自信がある、と」

大臣の言葉をそのままに筆記しながら、松本次官は天皇の強い意志と自信に舌をまいた。東郷外相をもり立ておし立て、ポツダム宣言無条件受諾をいいつづけてきたが、それでは、無条件に降伏しても国体を本当に護れるという確信があるか、と問いつめられれば、正直のところ大丈夫といいきれるだけの強いものはどこにもなかった。ただひどく動揺しながらも、いま戦いをやめなければ機会が永久に失われてしまうであろうことだけがわかっていた。いまがもっとも苦痛な書類にサインをすべきときである、それだけを信じて、軍の猛反対と戦ってきたが、天皇は無条件に敵のいい分をのんでも、国体護持に関して自信があると確言されるのである。自分の座そのものの安危を賭けて、終戦への強い意志を示されるのである。

　松本次官は感動で身をふるわせた。胸をいっぱいにし、顔を真ッ赤に火照《ほて》らせながら同時に、俺たちが勝った、努力はむくいられたと次官は心のうちに叫んでいた。そして彼のそうした叫びは正しかった。

　同じころ、敗軍の将阿南陸相は悄然《しょうぜん》としてひとり陸軍省に帰ってきた。市ケ谷台上に仰ぎみる堂々の建物の価値はそこなわれたし、帝国陸軍七十年の歴史は眼の前で崩壊しつつあった。彼の不退転の決意と努力にもかかわらず、日本帝国は無条件降伏を承知し、国家や軍の運命を連合軍にゆだね、指示を待つばかりとなった。そしていま彼は、本土決戦を呼号して手綱をひきしめ、あげて果敢勇猛なる作戦にむけてあった全軍の鼻づらを、粛々《しゅくしゅく》たる退却――降伏にむけなければならないのである、同じ陸軍大臣の命令によって。陸相は陸軍六百万の重みを全身で耐えた。どちらかといえば小柄だが、そのひきしまった身体に〝責任〟をしっかりとうけとめていた。

松本俊一外務次官

いま陸軍が混乱したら、土壇場にきた戦闘の上に、さらに国内において新しい戦闘をひき起すことになろう。そして、そこから生れるものは完全な国の崩壊以外のなにものでもない。整然たる退却をなしうるものはけだし名将であるという昔からの戦訓を、陸相は苦笑まじりにこのとき想いだした。暗黒の時間がどんなにつらく長いものであっても、それを無為にすごし、国を崩壊に導いてはならないのである。

そうした陸相を迎えたものは、血気の青年将校たちの集団である。陸相帰るの知らせを聞くと、大臣が椅子に腰をおろして休む暇もなく、軍事課、軍務課の中、少佐クラス二十名あまりが、それほど広くない大臣室をうめた。その大部分が顔面蒼白、両手をぶるぶるふるわしている。彼らにとって大臣は希望の星であった。陸相にたいする信頼は厚く、全陸軍の必勝の信念は彼の上に築かれていた。その信頼すべき陸相の報告、そして意志するところを聞こうというのである。軍刀をはずし、うしろの壁に立てかけた陸相は、自分の方から御前会議の模様を淡々と語った。

「陛下は国体護持に自信があるといわれた。それゆえに無条件にポツダム宣言内容を受諾することに御聖断あらせられた。この上はただただ大御心のままにすすむほかはない。陛下がそう仰せられたのも、全陸軍の忠誠に信をおいておられるからにほかならない」

右するも左するも阿南大臣を中心に全軍一致——九日の最初の御前会議いらい、市ケ谷台上にしっかりとうえこまれてきた軍の意志、それがとつぜんに、従順な降伏の道にきまろうとする。

陸軍省の建物は戦後、自衛隊東部方面総監部に

しかし青年将校の多くは敗北を素直にうけいれようとしなかった。今日まで結束をかたくして軽挙妄動を避けてきたのは、実に陸相を中心に最後の決意を確信してきたからではなかったか？　最後の決意とはなにか？　非常事態に直面して発表された十日の陸相訓示がこれを如実《にょじつ》に物語る。「たとえ草を喰《は》み、土をかじり、野に伏するとも、断じて戦うところ死中自ら活あるを信ず」。そのためにはクーデターも辞さないとする精神であった。それを忘れてすべてを放棄せよと、いまにしていうのであろうか？

「大臣の決心変更の理由をおうかがいしたい」と軍事課員井田正孝中佐が尋ねたのはそうした心からであった。

陸相は答えた。

「陛下はこの阿南に対し、お前の気持はよ

くわかる。苦しかろうが我慢してくれ、と涙を流して仰せられた。自分としてはもはやこれ以上反対を申しあげることはできない」

彼は忠誠な軍人であった。義務に忠実な将軍であった。これ以上反対することは臣下の不忠行為であり、彼のなかの鍛えられた軍人精神がなによりも承服しがたいことであった。いわんやクーデター計画を推進するなど、不忠不義の汚名を末代まで残すにすぎないのである。しかし同時に、若い息子のような将校たちの血気にはやる心にも理解が深かった。彼らのクーデター計画に同意とまではいかなくとも、過去においてこれを承知し、ある意味では約束の言葉をあたえていた。君側の奸を清めて、しかるのちに事を有利に決すべきではないかと一時は考えたのである。それゆえにいまこそ自分の心をいっそう明確にして、青年将校たちのはやる心をおさえねばならない大責任があった。

「聖断は下ったのである。いまはそれにしたがうばかりである。不服のものは自分の屍《しかばね》を越えてゆけ」

そのときであった。とつぜん、ひとりの将校が慟哭した。陸相も将校たちもそれ以上一言も語らずにらみあうなかを、叫声にも近い声だけが、ピリピリとしながら敗残の部屋に流れた。畑中少佐は顔を伏せたまま拭《ぬぐ》おうともせず涙を流した。なにものをも信ぜず、なにものをも求めようとしない、いっさいのものをこばむような泣き方であった。涙の床に落ちる音をはっきりと耳にしたものもあった。陸相は沈黙のまま、畑中少佐の自失した姿をじっとみつめていた。彼はおのれの分身を少佐のうちにみたのかもしれなかった。

　その時間に流されていた涙は市ケ谷台の陸軍大臣室だけにとどまってはいなかった。いたるところで歴史は涙で書き直されようとしている。永田町の首相官邸の地下の広間では、もっと多くの男たちが泣きながらペンを走らせ、その中心でしきりに語っている老人もまたぽろぽろと涙がでるにまかせていた。朝日新聞政治部記者吉武信《よしたけまこと》、柴田敏夫《しばたとしお》は興奮して語る国務大臣・情報局総裁下村宏《しもむらひろし》の濡れた頬や口もとをみつめながら、メモ用紙がぽつんぽつんと濡れるのにはじめて自分も泣いているのだと気がつくのである。そして彼らの眼には、疲れはててはいるが御前会議でうけた鮮烈な感動で、へなへなと崩折《くずお》れそうになる瘦せた身体を、下村総裁がやっとささえているように思えた。

「自分はいかになろうとも、万民の生命を助けたい、この上戦争をつづけては結局、わが国がまったく焦土となり、万民にこれ以上苦悩をなめさせることは、自分としては実に忍び難い……と陛下が仰せられたときは、閣僚の誰ひとりとして泣かないものはなかった」

　下村総裁の話は、九日の御前会議からの経緯について微に入り細にわたった。それにたいする記者団の質問もいまは遠慮もなかった。敗北にたいするしっかりとした実感はなかったし、将来になにが起るかそれを考えたり予見したりする必要もなかった。ついさっき終ったばかりの、そしてたったいま眼の前を静かに流れてゆく偉大な歴史の転換期に直面して、あまりにも知りたいこと、知らねばならないことが多すぎるからである。

柴田記者は、自分がどうなろうとも国民を戦火から守りたいといった天皇の心に涙し、阿南陸相、梅津参謀総長、豊田軍令部総長にたいする東郷外相、米内海相の論戦に胸をおどらせながらペンを走らせた。現代史を書く新聞人としての、それから歴史的瞬間にいあわせた人間としての使命を、強く実感しながら、下村総裁の片言隻句をも聞きのがすまいと耳を傾けた。

「これは記者会見などというものではない」と、情報局総裁秘書官川本信正《かわもとのぶまさ》も泣きながら思った。では記者会見でなくてなんであろうか。虚心におのれの心をまさぐった。胸の底にさぐりあてたものは、大きな悲哀というものであった。

こうしている間にも興奮と混乱と幻滅は、宮城を中心に、燎原《りょうげん》の火のごとくひろがっていく。その火が、「最後の一兵まで」を信じ、いきり立っている第一線にまでひろがり点ぜられれば、どう爆発するかわからなかった。それゆえに、市ケ谷台陸軍省、参謀本部は、過去いっさいの計画をすて、阿南、梅津の微動だにせぬ承詔必謹《しょうしょうひつきん》の決意を確認しておかねばならなかった。

昨日までの強硬論は雲散霧消し、今日は放心の境地に遊ぶのみとなった。最後の決意を確信して死にもの狂いで活動していた青年将校たちは、ほとんどが魂をぬかれたようにぼんやりとし、それぞれの席に坐して窓外を流れる真夏の白雲を眺めやった。あるいはひたすらに悔し涙にくれるものもあった。参謀次長河辺虎四郎中将は参謀本部内の状況を「比較的鎮静を感得せしめたる部内も、今日の午後に入りて流石《さすが》に動揺の徴《しるし》あり。

廊下に血走る双眼、泣き腫れたる双頬の去来するに会う。当然かつまた已《や》むを得ざる事象と謂うべし」と八月十四日の「次長日誌」にありのままに記している。

しかし、和戦いずれに決しようとも、それまでは与えられた任務を遂行するのが手足にも当る第一戦将兵の義務であった。軍人たるものは上司の命令を遵奉《じゅんぽう》してさえいれば間違いはない、とする軍人教育の実際が、忠実に守られていた。

東部軍管区参謀不破《ふわ》博《ひろし》中佐が、同じころ、近衛師団司令部に師団長森赳《もりたけし》中将をおとずれたのも、そうした任務の一端からである。不破参謀と森師団長とは同じ騎兵科の出身であり、陸軍大学校における師弟関係にも当っていた。いわば息子が悩みをいだいて親父の意見を徴《ちょう》しにきたという関係であった。その悩みとは？　「万一廟議《びょうぎ》が終戦と決定したとしたら、東部軍としてはいかなる態度をとるべきか」ということにつきた。〝いかなる態度〟と不破参謀はいったが、森師団長にはなんらの解説も必要とせずに通じた。師団長は表情をひきしめていった。

「ひとたび終戦ときまったからには文字どおり承詔必謹、断じて妄動すべきじゃない。実はな、今日は朝から陸軍省の若い連中が入れかわり立ちかわりやってきては、近衛師団の蹶起《けっき》を強要するのだが、自分は陛下の御命令なくば一兵たりとも動かさんといって、そのたびに追い返していたのじゃが……」

そういって、東部軍の方にもうるさくいってきているだろう、といわんばかりに不破参謀の顔をみた。そして笑った。参謀はふと師団長につけられた「和尚さん」というあにものだ名を想いだして、これが風貌からきた呼び名というよりも、腹のすわった、なにものにも信念をまげない頑固さからきたもののような気がした。

「しかしな」と師団長はつづけた。

「なかなか若い連中の信念はかたくてな、自分がいくらいってもぜったいに納得しようとはしない。これからもまたくるに違いない。あるいは自分の身に万一のことが起るかもしれぬが、私の信念が彼らの強要に屈することは断じてない。東部軍の方もこの際しっかりと腹をきめて、かりにも陛下のお心に叛《そむ》くような動きをしてはならぬな……ただし、これは終戦ときまったらの話だがな」

そういって軍刀を杖に立上り、森師団長は窓辺に立った。爆風よけにテープを格子状に貼った窓のわずかな隙間から、眼下に陽光を反射してまぶしく光る千鳥ケ淵の水面がみえ、さらにそのむこうに宮城内吹上御苑のこんもりとした森がのぞまれた。御苑には御文庫がある。一天万乗の大君と尊ばれて、誰に苦悩をうったえる術《すべ》もなく、いっさいを胸にしまっておかねばならぬ運命をもった天皇の苦しみの姿を、師団長は森の青さの底に描いた。

このとき森師団長は、涙をふかれながら第一の側近である内大臣木戸幸一に御前会議の模様を、そして自分の決意を語られている天皇の姿を、そのさきに描くことはできなかった。

これが「和尚さん」との永久の別れになることも知らず、気も晴れ晴れとなった不破参謀が師団長に「帰ります」と不動の姿勢をとったのは、午後一時もちょっとまわったころである。

注(8)　さまざまな記録には、天皇は〝白い手袋〟で頰を拭われたと記されている。すべて下村宏氏の手記にもとづいているのであろう。しかし、侍従職の人たちそのほかの証言によれば、そうした席に手袋をはめられたまま臨まれることはないという。おそらく白いハンケチを手袋と下村氏が見違えたのであろうということである。

(9)　天皇のお言葉は、左近司《さこんじ》、太田、米内各大臣らの手記を参照し、鈴木総理にもたしかめて、下村宏氏が記述した左のものがいちばん忠実に写しとっているとされている。

「反対論の趣旨はよく聞いたが、私の考えは、この前いったことに変りはない。私は、国内の事情と世界の現状をじゅうぶん考えて、これ以上戦争を継続することは無理と考える。国体問題についていろいろ危惧もあるということであるが、先方の回答文は悪意をもって書かれたものとは思えないし、要は、国民全体の信念と覚悟の問題であると思うから、この際先方の回答を、そのまま受諾してよろしいと考える。陸海軍の将兵にとって、武装解除や保障占領ということは堪えがたいことであることもよくわかる。国民が玉砕して君国に殉ぜんとする心持もよくわかるが、しかし、わたし自身はいかになろうとも、わたしは国民の生命を助けたいと思う。この上戦争をつづけては、結局、わが国が全く焦土となり、国民にこれ以上苦痛をなめさせることは、わたしとして忍びない。この際和平の手段にでても、もとより先方のやり方に全幅の信頼をおきがたいことは当然であるが、日本がまったくなくなるという結果にくらべて、少しでも種子が残りさえすれば、さらにまた復興という光明も考えられる。わたしは、明治天皇が三国干渉のときの苦しいお心持をしのび、堪えがたきを堪え、忍びがたきを忍び、将来の回復に期待したいと思う。これからは日本は平和な国として再建するのであるが、これはむずかしいことであり、また時も長くかかることと思うが、国民が心をあわせ、協力一致して努力すれば、かならずできると思う。わたしも国民とともに努力する。

今日まで戦場にあって、戦死し、あるいは、内地にいて非命にたおれたものやその遺族のことを思えば、悲嘆に堪えないし、戦傷を負い、戦災を蒙り、家業を失ったものの今後の生活については、わたしは心配に堪えない。この際、わたしのできることはなんでもする。国民はいまなにも知らないでいるのだから定めて動揺すると思うが、わたしが国民に呼びかけることがよければいつでもマイクの前に立つ。陸海軍将兵はとくに動揺も大きく、陸海軍大臣は、その心持をなだめるのに、相当困難を感ずるであろうが、必要があれば、わたしはどこへでも出かけて親しく説きさとしてもよい。内閣では、至急に終戦に関する詔書を用意してほしい」

なお梅津参謀総長の鉛筆書きのメモが残されている。それによれば、天皇の発言

は、

「自分ノ非常ノ決意ニハ変リナイ
内外ノ情勢、国内ノ情態、彼我国力戦力ヨリ判断シテ軽々ニ考ヘタモノデハナイ
国体ニ就テハ敵モ認メテ居ルト思フ　毛頭不安ナシ　敵ノ保障占領ニ関シテハ一抹ノ不安ガナイデハナイガ　戦争ヲ継続スレバ国体モ国家ノ将来モナクナル　即チモトモ子モナクナル
今停戦セバ将来発展ノ根基ハ残ル
武装解除ハ堪ヘ得ナイガ　国家ト国民ノ幸福ノ為ニハ明治大帝ガ三国干渉ニ対スルト同様ノ気持デヤラネバナラヌ
ドウカ賛成シテ呉レ
陸海軍ノ統制モ困難ガアラウ
自分自ラ『ラヂオ』放送シテモヨロシイ
速ニ詔書ヲ出シテ此ノ心持ヲ伝ヘヨ」

と要約されている。

〝録音放送にきまった〟――下村総裁はいった

午後一時――二時

午後一時、首相官邸の奥まった一室で全大臣出席による閣議がひらかれた。いよいよ戦争の大詰めである。九日のソ連参戦いらいほとんど不眠にちかい状態で内閣は和戦の決定をいそいできたが、よろめきながらもやっとここに到達した。過去の、いくたびかひらかれた会議では、沈痛な雰囲気のもとに、閣僚おのおのが自分の考えをのべあうだけのものが多かったが、この閣議では不思議に足なみがそろった。ついさきほどまで、国体護持のためには、絶対必要な条件を申入れ連合国にみとめさせようと強硬に主張し、一歩もしりぞこうとしなかった陸相も、いまは自説に拘泥《こうでい》することなく、ひきしまった身体をゆったりとソファーにうめている。なすべきことすべて終れりといった落着きはらった態度なのである。

鈴木首相を中心にして丸いテーブルに十四の顔がならんだ。首相の右から米内光政（海）、阿南惟幾（陸）、岡田《おかだ》忠彦《ただひこ》（厚）、左近司《さこんじ》政三《せいぞう》（国務）、下村宏（国務・情報局総裁）、

鈴木貫太郎内閣

太田耕造（文）、安倍《あべ》源基《げんき》（内務）、小日山《こびやま》直登《なおと》（運輸）、安井藤治（国務）、石黒忠篤《いしぐろただあつ》（農商）、広瀬《ひろせ》豊作《とよさく》（蔵）、桜井《さくらい》兵五郎《ひょうごろう》（国務）、豊田《とよだ》貞次郎《ていじろう》（軍需）、松阪《まつざか》広政《ひろまさ》（司法）の各大臣である。そして首相のうしろに首相の長男にして秘書官の鈴木一《はじめ》が坐った。首相は耳が遠かったので彼は補佐役をかねて、特例として列席するのを常とした。ほかに法制局長官村瀬《むらせ》直養《なおかい》と綜合計画局長官池田純久がひかえ、迫水書記官長が議事進行をうけもった。

　彼らの大部分は病人のように、灰色の顔に連日の苦悶の跡をはっきりとのこし、その上に深い悲しみと落胆の色を明らかにしている。そして一様に目を泣きはらしていた。面白いことに最高の長老である鈴木総理の頬がいちばんつややかであった。この老人は若い秘書一がおどろくほどの頑健さ

安倍源基内相

を示し、狂瀾怒濤の最後の時間を支えているたったひとりの人間としては、実によく眠りよく食った。いつも平常の心を失わず、閣議ではほとんどなにも喋らず、無感動な表情のまま、聴えているのか聴えていないのかわからぬままに、同じ姿勢をとりつづけてきた。その心の底を見破るのは容易でなかった。

そうして墓のような沈黙をまもりながら、九日、十四日と二度までも御前会議における天皇の意志によってことを決する非常手段をあえてし、ここまで強引に国の運命をみちびいてくるという奇妙な政治力をもっていた[10]。

しかし、さすがにこの閣議では、なぜ二度まで聖断を仰がねばならなかったかについての不機嫌を、老人はあらわにした。閣議の冒頭、まことに畏れ多いことであった、われわれの努力が足りなかったからだ、とぽつりといったままあとは木で鼻をくったような顔をして、また例の深い沈黙に沈んだ。聖断のことが首相の口にのぼったとき、ふたたび、流れでる涙をハンケチでおさえる閣僚が何人もあった。しかし涙の理由を考える間もなく、敗北確認の閣議ははじめられた。

閣議最大の目的は終戦詔勅案の審議決定、そして副署であったが、迫水書記官長より詔勅案にさきほどの天皇のお言葉を加筆、現在補正中との報告があり、とりあえず細かい案件をさきに審議決定しようということになった。詔勅補正のために、書記官室には安岡正篤も姿をみせている。問題は山積していた。まず比較的簡単な問題とみられる詔書渙発《かんぱつ》にともなう大赦《たいしゃ》上奏の件について議し、意見の一致をみてこれを片づけたとき、彼らは自分たちの議していることが、日本帝国の最期を弔うためのものだという事実にあらためて気がつくのである。

ふりかえって考えれば、この内閣ほど成立いらい重くうっとうしい空気のなかで閣議をくり返してきたものはなかった。はじめて彼らが顔をあわせたのは敗色のすでに濃かったときで、国の内外の情勢は悲観すべき状態にあった。生産、財政、運輸通信、食糧、それぞれ責任をもつ大臣が報告したが、ひとしく絶望の一色で彩られていた。小日山運輸相、豊田軍需相は、空襲による損失破壊の報告を溜息まじりにするのが事実上毎日の仕事であり、岡田厚相は戦災者援護が、安倍内相は治安を維持しつつ強制疎開とりこわしを考えることが主な仕事であり、そして太田文相のそれは教育行政ではなくて学徒動員が中心であったのである。誰もがなんら建設的な面での仕事はなく、うちつづく敗戦の後始末を愚痴もこぼさず毎日つづけてきたのである。

石黒忠篤農商相

特に惨憺たる苦汁をなめさせられたひとに石黒農商相があった。昭和十九年は米が不作であり、ために二十年夏にはひとりの標準配給食糧を減らさざるをえなくなったのである。一日一升を八合に減らすのではない。一日二合三勺を二合にしようというのである。この一割減は必死の強行策である。もし二合三勺を保持していれば、八月一杯ぐらいで日本国民は明日の食なき流浪《るろう》の民となり、新米のとれる十月までには国民総餓死になってしまう。二合三勺といい二合という、いずれにせよ机の上の配給量であった。実際は末端の口までは容易にとどかず、遅配欠配の連続であり、腹をへらしながら本土決戦に狂奔する頭上に焼夷弾が雨ふるのである。石黒農商相は天を仰いで長嘆息するよりほかはなかった。

そうした混乱と絶望と苦闘の閣議とくらべれば、この日の、いわば帝国しめくくりの閣議は、葬儀に似てしめっぽいものであったが、ある意味では心安らぐものでもあったことに間違いない。阿鼻叫喚《あびきょうかん》、のがれることのできない死の行進を支えようというのではない、定められた結論へ到達するための算数式を着実にひとつひとつ解いてゆけばよい。軍・官・民からの雑音はすべて消えはじめ、はじめて彼らは彼らだけの意志で敗残の祖国の政策を決定していくことができるのである。閣僚たちは、その意味でより真摯《しんし》で、真剣に討議をつづけた。

こうして閣議での話しあいがつづけられている間、ある決定を待ちわびている数人の人たちがあった。後になって戦争に終止符をうつために重要な役割を分担させられることになるとも知らず、この男たちはひたすら閣議からくる命令を待っていた。

大橋八郎《おおはしはちろう》を会長とする日本放送協会の幹部たちが、内閣官房から「玉音放送について相談があるから、至急情報局までくるように」との連絡をうけたのは、閣議がはじまってすぐの一時ちょっとすぎであった。大橋会長、国内局長矢部《やべ》謙次郎《けんじろう》、技術局長荒川大《あらかわだい》太郎《たろう》は連れ立って情報局に出頭し、そこで、「いよいよ終戦の詔書がでるが、陛下の直接放送にするか、録音でするかを、いま内閣で審議中である。とにかくきまったら知らせるから、いずれにせよ準備を至急ととのえておくように」という驚倒するような重大情報をもらされた。

下村情報局総裁、木戸内府らの画策できまった玉音放送による終戦を知らなかった彼らは、自分の耳を疑った。戦争が終るという思いがけない現実、しかも神であられる天皇がマイクの前で国民に知らせるという破天荒の計画。そして、「国民に呼びかけることがよければ、自分はいつでもマイクの前にも立つ」といわれたという御前会議での天皇のお言葉を聞かされたとき、不意に大きな悲しみと強烈な感動とが襲いかかり、彼らは彫像のごとくに釘づけされた。

そしてこのとき、矢部局長は悲しみに沈みながら、知られざる一つのエピソードをふと想いだした。天皇とマイクに関する、あとから想えばむしろ手柄話となるような、しかし当時にあっては戦慄せざるをえない放送裏面史の一コマである。昭和三年十二月二日、当時放送部長だった矢部は自宅で代々木練兵場で行なわれている御大典記念の陸軍特別観兵式の実況放送を聞いていた。そしてとつぜん愕然となった。天皇の声がラジオから流れでたのをたしかに耳にしたからである。マイクは天皇の席後方五十メートルの地点に、もちろん十二分の警戒をはらってすえられていたが、どうした風の吹きまわしか天皇が詔書を読まれる声がマイクに入り、全国民の耳にとどいてしまったのである。

色を失った矢部はただちに当時愛宕山《あたごやま》にあった放送局にかけつけた。騒然としていた。真ッ青になった部員たちはどう処置すべきか見当もつかず、恐慌状態におちいっていた。

しかしこのとき、矢部は毅然として指示した。「もし今日の放送を誰が監視していたかと逓信省《ていしん》から聞かれたら、放送部長みずから監視していたと答えよ」

矢部は全責任をおう覚悟をきめた。どういう事態になることやらわからない。宮内省関係、さらには陸軍関係、右翼結社などがはたしてなんと思い、どんな難題を吹っかけてくるか。事態は予期したとおり重大化し、矢部部長は責任をとらざるをえなくなってきた。

だが、救いの手が思いがけないところからさしのべられた。久邇宮多嘉王《くにのみやたかおう》の御附武官が、あるとき陸軍次官に、「大妃殿下（絢子女王）があの放送を聞いてたいへんお喜びになった」と語った。このことが事態を急転していい方にみちびいていった。陸軍は軟化したし、宮内省との折衝もすらすらと運び、事件は無事解決した。

このときのことを矢部国内局長は思いだしたのである。そして二度にわたって天皇放送の重責をまかされる自分の星の不思議さに感慨を深くした。あの怪我の功名があってのち、昭和十五年、昭和十八年と二度も天皇の放送を放送局が願いでたことがあったが許されなかった、という事実もあり、彼と天皇放送の因縁を強めるような気になるのである。

ともあれ、大橋、矢部、荒川の放送協会首脳はそれぞれの感慨をこめて局に引返すと、情報局からやがてとどけられてくるであろう閣議決定——全国民に終戦を知らせるのに天皇の直接放送にするか、録音にするか——の知らせを待ちつづけた。どうきまるにせよ、やり損いを許されぬほどの重い使命であることにかわりはない。もっている最高の技術と細心の注意をここに投入せねばならない。

そのころ閣議は、まさに放送方法について議論が集中していた。はじめ何人かの閣僚の間から、直接マイクの前に立っていただくのは恐懼《きょうく》にたえないから、との反対の声もあった。しかし、ほかに終戦の徹底のためのよい方法はなかった。それにしても、大勢《たいせい》はあまりに畏れ多いことであるからという理由で、録音の方がよろしかろうという側に傾きつつあった。下村情報局総裁が記者会見の席からよび戻されて、汗をふきふきふたたび閣議に加わった。下村総裁もまた録音説に同意し、問題の最終的決定をみた。録音場所そのほか準備いっさいは総裁に一任された。大橋会長ら放送局側が、まもなくうけとった下村総裁からの命令は簡単なものであった。

「録音放送にきまった。午後三時までに録音班をつれて宮内省へ出頭せよ」

同じような知らせを宮内省側もうけていた。総務局長加藤進《かとうすすむ》は、極秘のうちに録音の準備をすすめるように庶務課長筧素彦《かけいもとひこ》に命じた。場所は二階の御政務室（表御座所ともいう）がよかろうかと相談をすすめた。場所といい広さといい適当であろうというのである。

侍従入江《いりえ》相政《すけまさ》が塩原の御用邸に疎開されていた内親王のお見舞から帰京してきたのは、その直前であった。彼は再度の御聖断があり、ポツダム宣言無条件受諾と決定したことを知らされたが、このことによって、すべての鉄砲は射ち方をやめ、爆弾が、焼夷弾が落ちるのをやめ、そして喜ばしい静寂がまもなくおとずれてくるということが嘘のように感じられて、実感としてピンとこなかった。空虚な部屋にとりのこされたような感じであった。大部分が廃墟となった首都、その瓦礫《がれき》の下からどんな平和が萌《も》えでてくるのであろうか、このおとなしい侍従には想像もつかないことである。そこで彼は侍従長藤田尚徳に内親王の近況を報告すると、率先して大童《おおわらわ》の録音準備の渦中にまきこまれた。しなければならない雑務はさがせば数かぎりなくあったのを、彼は喜びとすら感じた。

藤田侍従長は一時三十分木戸内府と面談し、入江侍従よりうけた「報告」を伝えた。木戸は沈痛な表情をして、陛下は、陸海軍省にでむいて過激の将校たちにたいして直接さとしてもよいといっているが、そうした方がよいものかどうかとたずねた。建軍いらい敗戦を知らず、また生きて虜囚《りよしゆう》の辱《はずか》しめをうけずと教育されてきた陸海軍第一線に、敗戦のなんたるかを知らせるのはたしかに大変な問題であった。海軍大将でもある藤田侍従長は、まことに重大ゆえに簡単にきめられないことだ……と答えるほかはなかった。

木戸内府は、また侍従武官長蓮沼大将とあい、その問題についてさらに話し合った。蓮沼もなんとも答えかねた。老提督と老将軍の、豊富な体験と知識、落着いた洞察力をもってしても、事態がどのような急変をつげるかを予想することは不可能なのである。

反乱か、狂気か、暴動か、それとも粛々たる退却であるか。

　この終末期において、本土決戦を強調し、本土決戦を敢行することによってこそ日本が最後の勝利をうると結論し、あらゆるものを挙げて本土決戦にふりむけようとし、また着々実行してきたのは陸軍であった。政府の公言も、首相の揚言も、すべては陸軍の決死の戦法によって裏づけられてきた。それが簡単に御破算になったとき、いままでのゆきがかりの上からも、全国民にたいしてこのまま黙ってしまうことがありえるであろうか。

　木戸内府も藤田侍従長も蓮沼武官長もそのことを憂えた。しかし、だからといって、天皇に収束の全責任をかぶせることは、あまりにも畏れ多いこととして彼らは否定せざるをえないし、ではほかに名案があるかといえば、三人集ってみてもどうといって文殊《もんじゅ》の知恵らしいものも浮んでこない。方法がないのである。少なくとも当面の統率者たる陸海両大臣に全責任をまかせる以外には――。両大臣の決意いかんによってふたたびなんらかの処置を講じよう、それがいまの場合、最善の方策であろう。一時五十分、蓮沼武官長は「ただちに阿南、米内両大臣に使いをさしむけて、たずねてみよう」といった。

　事実、老提督と老将軍の危惧は、その時刻に徐々にではあるが現実化しつつあった。聖断がどうであろうと、陸相

下村宏情報局総裁

がどう決意しようが、また軍全体の意志がどうなってゆこうと、自己の信念に忠実に生きんとする血気の軍人が活動を開始し、次第に歴史の表面に躍りでようとしていた。

阿南陸相の強い一言に、陸相室において、ただひとり大声で泣いた畑中少佐は、青年将校たちの大部分が茫然自失、気のぬけた風船のような状態で大臣室をでたとき、ひとりのこって泣きつづけていたが、やがておのれをとり戻すと決意した。

大きな歴史の流れに抗するには、断固たる決意と、正しかろうが間違っていようが、それは問わない愛国的純情、それに決死の覚悟が必要であろう。畑中少佐はこれらの上に、奇妙な人間的魅力をそなえていた。活力にあふれた個性と、単純すぎるがそれだけにかえって人をひきつける純真さとが加わっていた。それになによりも彼は、多感な青年であり軍人であった(11)。

もうひとりの叛逆的活動者は、より大物でしかも歴戦の猛将、名指揮官であった。彼には敗北にさいして畑中少佐のような慟哭《どうこく》はなく、むしろ闘志をむきだしにした。上官であろうとなんであろうと、委細かまわず議論した。勲章や階級章の星の数に慴伏《しょうふく》するような点はみじんもなかった。彼は論じた。

「たとえ刀折れ矢つきても、生命のあるかぎりは石にかじりついても、陛下と国土を守るべきである。私は独力でも抗戦を継続する覚悟である」

彼は十四日午前、その言葉どおり独力で、絶対抗戦のための自分の戦いを開始した。弱腰の海軍省や軍令部を動かさんと、大臣、軍令部総長、総隊司令長官など、全海軍の最高指揮官に長文電報を送った。出師《すいし》の表《ひょう》ともいうべき電文は、勇猛果敢なもので、その一節に、「絶対に降伏なきを信念する帝国軍人は、降伏条件を強行せんとする当局と衝突するは当然のことにして……」と堂々とクーデターをにおわした。しかし、この電報が各指揮官の手に到達する以前に、中央は降伏と決し、海軍の方針もきまってしまっていた。

そうとは知らぬ彼は、いよいよ自分の城にたてこもろうとの決意をかためて、宮中で藤田侍従長と蓮沼武官長とが老いた額《ひたい》を寄せあっていたころ、横須賀より北西の道をとり、うだるような暑さのなかを自動車で飛ばしていた。その方向には海軍三〇二航空隊の厚木基地があり、(12)そこに徹底抗戦論に同意する彼の部下が待っていた。三〇二空は東部軍司令官に直属する防空戦闘機隊である。新鋭機雷電、月光、彗星《すいせい》などをあつめ、見敵必殺をほこる勇猛部隊であり、彼はそこの司令、海軍大佐小園安名《こぞのやすな》といった。

注(10)　鈴木首相の政治力については、作家の志賀直哉がエッセイ「鈴木貫太郎」でうまい評言を記している。
「かういふ非常な時代には政治の技術など、たいして物の役には立たないのではないか。それ以上のもので乗切るより道がないやうな状態に日本はなつてゐたと思ふ。……正面衝突ならば、命を投出せば誰れにも出来る。鈴木さんはそれ以上を望み、遂にそれをなし遂げた人だ。鈴木さんが、その場合、少しでも和平をにほはせれば、

軍は一層反動的になる。鈴木さんは他には真意を秘して、結局、終戦といふ港にこのボロ〳〵船を漕ぎつけた。吾々は今にも沈みさうなボロ〳〵船に乗つてゐたのだ。軍はそれで沖へ乗出せといふ。鈴木さんは舳《へさき》だけを沖に向けて置き、不意に終戦といふ港に船を入れて了つた」と。

　たしかに国民的熱狂というクレージーになっていたあの時代に、並の政治的手腕なんか役に立たなかった。政治性という点だけからみれば、もっと人材はいたことであろう。岡田啓介、近衛文麿、若槻礼次郎、木戸幸一。その人びとに鈴木さんはとても及ばなかった。むしろ政治性ゼロ。しかし、その政治性ゼロの政治力を発揮できた源は何か、といえば、無私無我ということにつきる。〝私〟がないから事の軽重本末を見誤ることがなかったし、いまからでは想像もつかぬ狂気の時代に、たえず醒めた態度で悠々としていられたのである。

(11)「東部軍終戦史」は畑中少佐について「平常温厚の士であり、言語態度きわめてものやわらか」と書き、「親交あった者は、最後の場で彼から離れることは出来ないほどに、「内蔵するところ鉄石をも熔かす強烈なものがあった」と評している。また、当時、陸軍省にいた少佐の上長、同僚、後輩の人たちが言をそろえていうことは、なによりも少佐が純情すぎる青年であったということである。しかし純情といえばいえようが単純すぎた生一本の馬車馬だと下村宏はその著で評している。椎崎中佐は体力抜群で、無口な軍人であった。「戦友」の歌を口ずさみながら涙ぐむほどに、これまた純情であったという。

（12）もとは横須賀鎮守府長官に直属していたが、十九年七月頃から国土の防衛一本化という方針から、防空戦闘機隊はそれぞれ管区内の陸軍防衛司令官の指揮下に入った。

〃軍は自分が責任をもってまとめる〃――米内海相はいった

午後二時――三時

酷暑の夏であった。焼跡のトタンが陽光を反射し、射すような熱気のなかに人々は痩せおとろえた身体をひきずっていた。空気はそよとも動かなかった。

陸軍省軍事課員井田正孝中佐はだらしなく軍服の胸元をひろげ自席で茫然としていた。完全に意気沮喪《そそう》し、うちのめされて無気力な男となった。つい一時間ほど前の張りつめた、闘志あふるる、抜身の刀のようなおのれがどこへ消えてしまったのかと、われとわが心に問いかける。なにをする気も起らなかった。

神州不滅を信ずる大和民族が、生命より尊しとしたのがわが国体ではなかったのか。そのうるわしの国体の歴史が降伏によって断ちきられてしまうのである。聖断が下ったからという理由によって、なんらの疑問もなしに……。井田中佐は釈然としないものを心の底に感じた。生命が惜しいばかりに承詔必謹の美名にかくれ、御聖断に全責任をおわせて、能事《のうじ》終れりとしているのではないか。そんな中央の卑劣さを唾棄《だき》したい気持にかられた。苦痛に耐えかねて日本は自殺しようとしているのであろう。井田中佐はそんなことを漠然と考えていた。

しかし中佐は起とうとは思わなかった。気力をふるいたたせるためには、まわりが空しすぎた。生き甲斐としていた唯一の目的を奪われ、死んだにひとしく感ぜられた。どうせ明日は死ぬ身だとも思った。意味もなくちりあくたのように散り失せる身が、なにをいまさら慌てさざめくことがあるかと達観し、終戦処理のためにいそがしく働く彼の直属上官の荒尾課長や同僚たちを冷やかに眺めやった。

軍事課長荒尾興功大佐は、井田中佐とは別の観点に立って、悲劇に直面していた。昨日まで、阿南陸相を中心に陸軍が、あくまで本土決戦を呼号したのも、それによって全軍の統一をはかり、ともすれば離れようとする国民の軍にたいする不信感を消失させ、日本国民一丸となり敵に大打撃をあたえ、すこしでも有利な条件において名誉ある終戦にみちびこう、そうした深い意味をもつものだと彼は理解した。だが、その大戦略は放棄され、聖断が下った今日、あらためて承詔必謹を強調する。意図はこの方針をつらぬくことにより全軍一体となり、乱れず争わず粛々と、皇軍の名誉ある敗戦を完成させようとすることにある。本土決戦をいうも承詔必謹をいうも、外見はどうあれ、つまり同じ心の表現であろう。「統率は徳義である」とは陸相が二

井田正孝中佐

言目には口にする信条であった。全軍一致、徳義をつらぬくことにより、敗北の日本を瓦礫《がれき》のなかから救いあげることができる。そう荒尾課長は信じた。それがまた陸相の意を真に体することでもあろう。

彼はこの確信にもとづいてただちに行動にでた。卑怯者の汚名をすらうけかねない性急さでことを進めた。陸軍次官若松只一中将の命をうけ、「陸軍の方針」を文律として残そうというきわめて重大な任務を引きうけた。敗戦は亡国ではない、しかし最後の場面における内戦は亡国に通じるであろう。そのために陸軍の方針を絶対のものとしておかなければならなかった。とにもかくにも、終戦にたいして一糸乱れぬ行動をとることを、陸軍長老によって申しあわせてもらうことである。

第一総軍司令官杉山元《はじめ》元帥、ちょうど上京中だった第二総軍司令官畑俊六元帥、梅津参謀総長、教育総監土肥原賢二《どいはらけんじ》大将、参集をねがうのはこれら将軍たちである。荒尾課長は副官をとおして連絡をとり、さらに閣議中の阿南陸相へも使者を派遣し了承をうることにした。荒尾大佐の命をうけた使者は、ただちに首相官邸へと車を走らせた。

首相官邸では閣議がつづいていた。下村国務相はふたたび記者会見の席に戻っていたし、ほかの閣僚は疲れもみせずになお頑張っていた。ただ米内、阿南の両大臣がなんども来客に呼びだされ、そのために閣議は中断することが多かった。宮中からも、木戸内府、蓮沼武官長の意を体して侍従武官が使者として姿をみせた。そして平穏に収拾するために陸海軍省に直接でむいてもよいとの天皇の意志が、二人の大臣に伝えられたが、彼らは申しあわせたように、「これ以上陛下にご迷惑をおかけしてはあいすまぬ。軍は自分が責任をもってまとめるから、そう陛下に申しあげてもらいたい[13]」と答えた。

ともあれ、ときどき中断することはあったが、閣議は倦《う》まずたゆまずにつづけられていたのである。表面的には実にもの静かな閣議とみえたが、閣僚の視線はともすれば阿南陸相にむいてしまい、彼らは困惑した。過去の閣議で無条件降伏に強硬に反対しつづけた陸相が、それを忘れたかのように悠々として降伏の閣議に列し、のべるべきときがあれば自分の意見をきちんとのべている。だが、そうした表面的平静さは、切り札ともいうべき辞表をふところにしているからではないか、と疑わせるに十分なものがあった。嵐の前の静けさというか、陸相はいぜんとして「台風の眼」であったのである。

土肥原賢二教育総監

閣議は、池田綜合計画局長官から提出の、外地における破壊行為を厳禁する案をとりあげた。軍が退くとき、施設や軍需品は敵にわたさぬためこれを破壊するのが過去の戦術の原則であったが、これを禁止し、海外施設をそのまま無傷でのこして将来負わねばならぬ賠償の一部に活用しようというものであった。これは、終戦の命令とともに通告しておかなくては、手遅れとなるおそれがあるから、池田長官は早急に手をうつ必要があると強調した[14]。閣僚は賛成した。米内、阿南両大臣も、さっそく処置方を担当課員に命令しようと約した。

こうして閣僚がつぎからつぎへと案件を決定しているちょうど同じころ、首相官邸から千メートルほどはなれた放送協会の大きな建物のなかでは、別のプランが着々実行に移されようとしていた。閣議の録音決定の通告をうけた荒川技術局長は、これを技術局現業部長熊川巌《くまがわいわお》へ耳うちし、録音準備を命じた。しばらく考えていた熊川部長は、技師の長友俊一《ながともしゅんいち》を自室に呼んで、緊張した面持で、

「とにかく重大録音があるから……」

とだけ言葉すくなに話して、準備を命じた。このとき熊川部長は荒川局長より聞いた行きさき、録音内容などについて触れなかったのである。長友技師は部長の顔色のなかになぜか〝重大録音〟が〝天皇の録音〟であることを読みとっていた。このときから長友技師は、大いなる歴史の転換期に参加することになったのである。逃げだすことはできなかったから、技師はしばらく心のうちの激動と責任の重さに耐えていたが、一言もなく、部屋からでていった。

録音の器材としてK型一四録音機を二台と、録音増幅機二組が慎重の上に慎重を期して準備された。マイクロホンはもっとも性能のいいマツダA型が用意された。器材が最高のものなら、技術陣も最高のメンバーによって構成された。天皇録音であるなどとは誰も口にださなかったが、誰もがそれを意識し、進んで重い責任の一端をになうことを承知した。現業部副部長近藤泰吉《こんどうやすきち》が録音班の責任者となり、長友技師と春名静人《はるなしずと》、村上《むらかみ》清吾《せいご》、玉虫一雄《たまむしかずお》の四名がスタッフとなった。彼らは混乱と破壊と頽廃とを、分秒もいそ

いで静穏と建設とに転換し、みちびこうとするスタッフであった。

だが、それと正反対の危険な別の一組が隠密裡に、同じころ結成されていた。放送局の一組が録音器材ととっくんでいたとき、別の一組は「大御心《おおみこころ》」とはなにか、「国体の精華」とはなにかという大命題にとっくんでいた。真剣に、それは殺気だつほどの真剣さで。しかし真剣すぎるだけに狭かった。彼らが大命題にとっくんでいる土俵がつまり「軍人精神」というワクであるのに、彼らは気づいていなかった。彼らは教育されていた。全滅か、もしくは勝利あるのみと。彼らに降伏はなかった。陛下を奉じて戦えば、たとえ全滅するもそれは敗北ではない。そうした神秘的な、しかし徹底した観念を吹きこまれていた。

椎崎二郎中佐、畑中少佐はつれ立って近衛師団司令部に石原貞吉《いしはらさだきち》、古賀秀正《こがひでまさ》両参謀少佐を訪れ、その考えをのべた。(15) もし天皇の上に他の外力が加わったとしたら、国体護持は絶対不可能である。この外力を排除するものが皇軍の力であり、皇軍の任務はそこにあるのである。ところがポツダム宣言受諾は、とりも直さず天皇の上に他の力が加わることであり、この力をとりのぞくことを任務とする皇軍は武装解除されている。これでどうして国体護持ができるというのか。全滅か、もしくは勝利しかないというときに、そうした妥協的な国体護持というものがありうるであろうか。古今東西の歴史に妥協的な講和というのはありえなかった。とすれば、陸軍はむしろ一億玉砕するにしかずとの態度をとるべきである。ところが、光輝ある陸軍の大部分の指揮官は、終戦は大御心だからこれにしたがうのみだ、との一点張りに終始している。しかもはたして降伏することが真の大御心であるかどうか。敗北主義の重臣が勝手にきめ、気弱になっている天皇皇后に無理やり承知させたことではないのか。天皇にして大元帥の御心はそうではないはずである。戦争に疲れはて命の惜しくなった重臣の心が、真の愛国心を凌駕《りようが》し去ったのではなかろうか。

彼らはこう考え、論じ、説得した。やがて彼らは、論ずるだけでは無意味であることに気がつくのであった。行動することによって、つまり真の国体護持のためいさぎよく散ることで、承詔必謹よりも彼らの行動、彼らの死が至高なるゆえんを明らかにしようと決心した。〝私の死〟を死ぬのではない。大義のために死す。使命の自覚において死のうというのである。彼らは楠木正成の〝湊川の死〟を志した。たとえ失敗するようなことがあったとしても、日本の真のあり方を探究するための犠牲として、汚名を甘んじてうけようと覚悟をきめたのである。そこには、亡びゆく日本陸軍栄光の歴史の最後の一ページを飾ることになろうという、彼ら自身の悲壮の美学が、微妙にはたらいていたのであろう。

こうして悲嘆、憤慨、激怒、哀傷とさまざまな感情を織りまぜながら、青年将校たちが次第に叛乱計画を確立しつつあったとき、陸軍省大臣応接室では、陸軍首脳者会議がひらかれ、青年将校たちが単なる美名として唾棄した承詔必謹の「陸軍の方針」が正式に決定されようとしていた。席にあるもの三長官（大臣、参謀総長、教育総監）、畑、杉山両元帥、次長、次官、本部長、部局長、報道部長、調査部長、軍事軍務二課長、総務部長、それと高級副官である。

一通の書類が提示され、若松次官が、阿南、梅津、土肥原、杉山、畑の五将軍がかこむテーブルの上にそれをおくと、「これは参謀次長河辺閣下の発議によって本職が書式にしたものであります。どうぞ御署名をお願いいたします」といった。

阿南陸相はそれを一読して、無言のまま、第一に署名した。

『陸軍ノ方針

八月十四日十四時四十分

大臣応接室

皇軍ハ飽迄御聖断ニ従ヒ行動ス　』

（原文のまま）

そのつぎに「陸軍大臣阿南惟幾」と記したのである。陸相につづいて梅津、土肥原、杉山、畑と署名が終ったとき、梅津参謀総長が、「航空部隊の行動も規正することが大切であるから、航空総軍司令官の署名をもとめることも必要だと思う」といった[16]。将軍たちは、首肯《しゅこう》した。それでこの陸軍の方針は完全なものとなった。

これに反するもの、それは叛逆者となり、叛乱軍であった。

注(13)　多くの書物には米内海相が即座にこう答え、首をかしげていた阿南陸相が後で同

意したように書かれているが、池田純久氏の著や談話では阿南陸相もすぐこう答えたとある。

(14) 池田純久氏のこの先見の明は結果においては一部とんでもない失敗となった。それは満州における施設をソ連は「戦利品」としてもち去ったからである。戦利品であれば賠償の立替とはならないのである。とはいえこの決定はアジア解放のためにかなり有用であったことは事実である。

(15) はたしてこの時間に四人の青年将校が謀議をしていたか確認する方法はない。しかし、荒尾興功氏、井田正孝氏、竹下正彦氏らの意見を参照し時間的類推からいっても、おそらくこの時間にのちの宮城事件のスタートがきられたことは否定できない。

(16) 会議終了後、若松次官が航空総軍司令官河辺《かわべ》正三《まさかず》大将のもとにこれを持参し、事情を説明して署名をうけた。

〝永田鉄山の二の舞いだぞ〟――田中軍司令官はいった

午後三時――四時

日本全土が死の苦悶《くもん》のなかにあった。そして東京は死んでいた。人影の極端に減った街、雲もなくぎらぎら照りつける午後三時の日比谷通りを、放送協会の大橋、矢部、荒川三首脳と録音班五人は、宮内省の自動車二台に乗りこんで坂下門にむかっていた。誰もなにも喋らなかった。やがて着いた木の門から彼らは宮城内に入った。

宮城内では戦争中とはいえ服装にきびしかったが、この日は突然のことゆえ服装はかまわずとのことで、ほとんどが儀礼章をつけた国民服であった。矢部局長の国民服は高橋武治《たかはしたけはる》報道部長の借着である。身体に合わずにぶかぶかであったから、彼はしきりに不敬に当りはしないだろうかと心配した。宮内省へ着いた一行は、すでに到着して彼らを待っていた情報局の第一部長加藤祐三郎《かとうゆうざぶろう》、放送課長山岸重孝《やまぎししげたか》の姿をみとめた。この人たちもぴったり身体に合った国民服であった。彼らのひとりひとりがどれだけ自分の役割についてで自覚していたかわからなかったが、誰もがひどく張りつめた表情をしていた。

宮内省の二階の控室に案内された録音関係者は、マイクを設置する御政務室や、隣室の拝謁の間などの検分を終ると、ただちに録音準備にとりかかった。いつ録音が行なわれるのかはっきりした予定はなかったから、彼らはできるかぎり急いで準備を完了せねばならなかった。

そのとき宮内省側のひとりから、録音したものをすぐ天皇に聞かせることができるかという質問があり、録音再生の準備はしていなかったので、もし必要なら整えると答えた。必要かどうか不明ではあったが、念には念を入れてということになり、長友技師は玉虫技術部員とともに、東京に一台しかなかった二連再生機をとりにゆくことにした。

それは日比谷の第一生命館地下室にある放送のための予備スタジオ「秘密室」においてあった。放送会館が爆撃されスタジオが破壊された場合、ここから放送ができるようにと完備した施設である。車でそこへむかうとき、大樹の下の日蔭に入って、彼らはひんやりとした空気を汗ばんだ肌に感じた。そうだ、東京にもまだ緑がのこっていると、彼らは奇妙な感動を味わったことを記憶している。

同じような美しい緑はまだ市ケ谷台陸軍の総本山の周囲にものこっていた。しかし、ここの住人たちは生々たる大樹を今日は言葉にも筆にもつくされぬ、わびしい、情けない気持で眺めた。帝国陸軍軍人としてこれほどみじめな気持で市ケ谷台に立とうと、誰が予想したであろうか。しかし当然の酬《むく》いといってよい。帝国陸軍は昭和六年の満州事変いらいの、みずからの野心と横暴と不誠実とから屈辱を甘んじてうけねばならなくなったのである。単なる戦闘集団でなく、日本のよさ、道徳の規範として、崇高にして栄誉ある軍隊であろうとする真意が忘れられてしまい、純日本的を強調するあまり、一億の日本人は軍人精神にのみ生き、この精神のなかに死ぬべきであると彼ら軍人は思い上った。こうした狷介《けんかい》な精神がさらに増長されて政治に興味をもつ数多くの軍人を生むにいたった。至誠忠節、戦闘に強きが軍人の第一の条件ではなくなり、むしろ第一線にでることが懲罰《ちょうばつ》であるかのようになった。軍律は弛緩《しかん》し、軍紀はなきにひとしく、軍全体が亀裂だらけの瀬戸物のように内部批判性を失った。汚辱《おじょく》は当然の酬いといわずになんというべきであろうか、心ある軍人はそう考えていた。

その、心ある軍人のひとりである阿南陸相は、陸軍首脳会議を終えたあと、閣議に戻らず自室にこもり、ぽつねんと窓辺に立っていたが、天皇にした「軍内のことは責任をもってまとめる」約束を想いだした。このこわれやすい危険物をばらばらにすることなく、あるべきところに如何にしておいたらよいというのか。やがて、陸相は陸軍省課員以上全員に省内第一会議室に至急集るように命じた。

虚無と幻滅と痛恨のまなざしをあびて陸相は登壇し、おもむろに口を切った。十日の聖断のさいには終戦になるか継戦するかは連合軍の回答いかんにかかっていた。それゆえに和戦両様の構えで時局を静観せよといったが、本日午前の聖断によって、はっきり終戦と決したことをのべ、しかも天皇自身が説得のため陸軍省におもむいてもよいといわれていた由を伝えた。

「いまは聖断にもとづき、また重なる有難いおとり扱いをうけ、陸軍のすすむべき道はただ一筋にきまった。すなわち大御心を奉戴実践するの一途である。皇国護持については、本日も〝確信あり〟といわれ、また元帥会議にさいしても、元帥にたいし〝朕《ちん》は確証を有す〟と仰せられている。それゆえに三長官、元帥会合の上、皇軍は御親裁のもとにすすむことと本日決定した」

平時ならこれで十分であった。全陸軍の方向は決定されたのである。陸軍大臣の命令が下った以上どんなことでも背反は許されない。しかし、大元帥の命令といえども間違っていると信ずるときには、それを諫止《かんし》するのが真の忠節というものであると、公然いい放つ軍人のいた時代である。大臣はさらに言葉をついだ。

「こんご皇国の苦難はいよいよ加重するであろうが、諸官においては……」

粛然、涕泣《ていきゅう》しつつ聴いている部下のなかには竹下正彦中佐のきびしく構えた姿もみえた。三時間ほど前に辞職をすすめ、副署抑止をすすめ、本土決戦による栄誉ある終戦強行を希望した中佐も、いまはほかのものと同じように、感動の波に身をあずけていた。そして、この「諸官においては」という大臣の言葉に、ハッとしたように頭をあげた。本来なら「われわれは」というはずである。大臣はすでにおのれを除外している！　これは新たな、鮮烈な感動を誘った。大臣は責任をとっての自決をすでに覚悟しているのではないか。

「諸官においては、過早《かそう》の玉砕は決して任務を解決する途でないことを銘記し、たとえ泥を食い、野に臥《ふ》しても、最後まで皇国護持のため奮闘していただきたい」

　淡々としてつづいた大臣の訓示は終った。過早の玉砕すなわち自決をいましめ、被占領後の国体護持のため努力せよと命じ、大君の命のままに玉砕しまた大君の命のままに武装解除にあまんずるというも、この一点にのみ皇軍の真の姿があり、皇国の生命がある、と大臣は説くのである。陸相最後の訓示と感じたものはひとり竹下中佐のみではなかった。ほかの多くの人も陸相の自決の決意を直覚した。

　ついで御前会議の席につらなった吉積正雄軍務局長が立って、天皇の言葉をそのまま伝えて、大臣の訓示を敷衍《ふえん》した。つづいて若松次官が全員を代表し、つつしんで大臣の訓示を厳守すべき旨の答詞をのべ、ここにすべては決した。満州事変いらい十五年にわたる全陸軍が目指したゴールの最後の実現は、いまの陸相の訓示のなかにあった。建軍いらい七十年、帝国陸軍をきずいてきた将軍たちの亡霊と追憶がびっしりこの建物のなかに生きている。はたして偉大なる大陸軍の先輩たちは、粛然として一堂につらなる男たちが最後の任務を遂行しようとすることに、どんな祝福をたれることであろうか。男たちは、壇を降りて去ってゆく大臣の後姿にかぎりない敬愛のまなざしを送った。おそらくこれが最後の訣《わか》れになるであろう、と。

　しかし、大臣訓示の席につらならない不服の青年将校たちが何人もあった。人員点呼をしたわけではなかったので、誰と誰が欠けていたか明確ではない。たとえば井田中佐の場合、彼は集会を承知していたが、身体を動かして、その席まで運ぶ気にならず、陸軍省の地下防空室でひっくり返っていた。なにからなにまで馬鹿馬鹿しく、魂を失って、猛暑のなかにふわふわと空中を漂っているかのように思えるのである。

椎崎中佐、畑中少佐らの姿もみられなかった。彼らは手わけして、おのれの理想実現のため同志を集結しようと、宮城周辺を走りまわっていたのである。阿南陸相が登壇してひとわたり部下たちの顔を見まわしたころ、畑中少佐は東部軍管区司令部に司令官田《た》中静壹《なかしずいち》大将をたずねていた。司令官室は日比谷第一生命館の六階にあった。奇妙な偶然が支配していた。その地下では同じころ、長友、玉虫の二人の技師が録音再生機をなんとかとりはずして、宮内省まで運ぼうと汗まみれになっていたのである。その頭上の階段を、畑中少佐は眼を血走らせて駈け上った。

田中大将は畑中少佐と会うことを簡単に承知した。副官塚本清《つかもときよし》少佐は万が一の事態を予想して、軍刀の柄《つか》に手をかけながら司令官室の内側に立って見張った。畑中少佐は大声を張りあげて申告し入室してきた、とたん田中司令官のわれんばかりの大喝が頭上にとんだ。

「俺のところへなにしにきた。貴官の考えていることはわかっとる。なにをいわずともよい。帰り給え」

終戦決定の情報は東部軍にもとどいており、同時に、若い将校のなかに暴挙を企てているものありという不穏な知らせも、いつとはなしに耳に達していた。

これ以上悲惨な戦闘は終止符をうたねばならないとする決意は、田中司令官を先頭にして参謀長高嶋辰彦《たかしまたつひこ》少将など東部軍幹部の心底深くにかためられている。

彼らは作戦実施部隊であった。それだけに一日も早い終戦のほかに生きる途なし、とする末期の日本の現実を否応なしにみせつけられた。管区内の兵器工場はほとんど潰滅し、国民も内心は戦争に倦《う》み、兵隊そのものも兵数の無理な拡大で能力は低下し、空軍の援護のもとに敵機械化部隊が上陸突進してきたら、関東平野を保持することすら容易ではない。しかも上陸予想地点がすべて住居、生産地帯である。ここに住む一千二百万の住民をどこに移したらよいのか。移すべき土地も食糧もなく、そして敵上陸の場合における民衆の処置は考究されていなかった。日本人なら、大和魂があるなら、軍の邪魔になるような行動をとらないであろう、喜んで皇土死守の犠牲になるであろう、という軍人的解釈の精神論で片づけられ[17]ているのである。これで敵上陸直前の撃滅作戦がはたして口でいうほど容易であろうか。

田中静壹東部軍管区司令官

しかも田中軍司令官も、高嶋参謀長も、連日連夜のごとくに襲ってくる敵機の空襲のもと、軍隊の方がかえって安全で、戦力もなく所属もない国民こそが火の海をさまよわねばならないという悲劇的な矛盾に突きあたっていた。個人の力ではなんともならぬ末期の現実であった。それが直接の防空担当者である彼らの良心を苦しめる。軍人という職責をはなれて客観的に判断すれば、終戦のほかに救国の途はないと、彼らは答えねばならなかったのである。

そうした実情を知るだけに、聖断にそむき軍が蹶起《けっき》したところで、国民がついてこないことを田中司令官は骨身にしみて知っていた。畑中少佐の顔をみるより叱りつけた司令官の心理は、こうした悲痛な現実によって裏打ちされていた。

畑中少佐の顔面は蒼白となった。唇をふるわせて、なにかいおうとしたが、かすれて声にならなかった。少佐はしばらく棒のように突立っていたが、やがて機械人形のような敬礼をすると、一言もなく立去った。塚本副官は安堵の胸をなでさすって司令官の顔をみた。司令官も副官の顔をみていった
「塚本、これはうっかりすると、永田鉄山の二の舞いだな」

東奔西走、汗みどろの大活躍をしているのは畑中少佐ばかりでなかった。木戸内大臣もまた身体がいくつあっても足りないような活躍をつづけていた。三時二十分、三笠宮が木戸をたずねてきて懇談した。四十分、木戸は蓮沼侍従武官長と会った。木戸を中心にこれらの人々が憂えていたのは、軍の反抗である。そのため、いかにして軍に終戦を納得させ、一滴の流血もみずして矛《ほこ》をおさめさせたらいいか、そのためのうまい方策はないか、ということを話しあった。

陸海軍四百三十万、特攻機一万、海上特攻兵器三千三百、それが日本国内いたるところで最後の一大決戦にそなえ待機し、しかも、彼らは挙軍火だるまとなり全滅をかけて戦うべく訓練され、士気を鼓舞されてきた。指揮する陸軍統帥は、戦争全期間をとおし

て陸軍が戦ったのは小さな島嶼《とうしょ》戦ばかりで、それに敗れたのは単に補給戦に敗れたからであり、本格的な十数個師団が正面からぶつかりあう陸上作戦となれば、むざむざと敗れることはないと豪語してきた。それが一戦も交えずして、敵と呼んできた相手の手によって一夜にして武装解除させられるとは、武人として軍隊として千秋の恨事であろう。

木戸内府らが憂慮したのはこの点であった。生き恥をさらしてなんになるかという熱情が狂気を生み、軍に不測の騒ぎが起らぬという保証がどこにあるのか。蓮沼侍従武官長は、陸海軍とも軍内のことは全責任をもってまとめるから、という両大臣の返事を木戸に伝えた。木戸もそれを承認した。しかし、それでもこの男の脳裏から憂いが消えてはいなかった。

三時五十分、警視総監町村金五《まちむらきんご》が木戸をおとずれてきた。総監は内府の心の闇をふきはらうように、「治安については心配ありません」と確言した。木戸はうなずいて、総監のつぎの言葉をちょっと待った。治安を心配なく保つためには、なにか条件があるはずだからである。しかし総監は沈黙を保ったし、木戸もあえて聞かなかった。言葉にせずとも、意は通じた。もたもたしてはならない。〝終戦の手続きを電光石火に終らねばならない〟というのが第一の条件であった。そしてその条件の遂行を妨げるもの、それはおそらく陸軍であろうと二人の男は思っていた。

こうした木戸たちの憂いは根拠のあるものなのである。軍の大方針は承詔必謹ときまったが、内容は、戦いに敗れたということ、軍はおとなしく武装解除されるということだけで、どのようにしてそれが行なわれるのか、方法や時期その他について想像をめぐらしてみたところで、確たるものを描くわけにはゆかなかった。歴史はじまっていらい、はじめて体験する破滅のときなのである。そのうえ種々の噂がみだれ飛んだ。そのうち非常に強力なのは、敵の大上陸船団が明朝早くにでも東京湾に入り、上陸ただちに帝都に進駐し、武装を容赦なく解除するというものである。白日のもと、軍刀、拳銃をひったくられ、肩章をはぎとられるという屈辱を甘受せねばならぬ日が、ともすれば、明日にせまっていると信ぜられていた。承詔必謹とは、畢竟《ひっきょう》そのときの来るのを、恥を忍び、手をこまねいて待てということなのかと叫ぶ少壮将校が何人もあった。昨日まで戦友や同胞を殺戮《さつりく》してきた敵であったものを、眼の前にみるにおよんで、屈辱をあえて甘受できるかどうか、誰にも確信がなかった。

陸軍省の裏庭では、つぎつぎと重要書類がはこびだされ、すこし凹んだところに積まれてガソリンに点火された。炎があがると、仕事に従事するものは遠くに退き、そこから書類を炎のなかに投げこんだ。火花が散り煙は高く高く天に冲《ちゅう》した。帝国陸軍の崩壊を弔うがごとくに華やかに、はかなく燃えあがった。

井田正孝中佐は地下室から部屋に戻ってきて、その様子をしばらく眺めていた。軍務局軍事課員室には同僚たちの悄然《しょうぜん》と肩を落した姿がいくつもあった。彼らにむかい中佐はいった。

「もう万事休した。すべては終ったよ。なんでもかんでも燃すがいい、そして、なすべきことをなし終えたら、われわれ軍人たちは陛下に敗戦のお詫びを申上ぐるために、真の責任をとるべきだと思う。貴様たちはどう思うか。……俺は、市ケ谷台上の将校、できるならば全陸軍の将校ひとりのこらずが首をならべて切腹し、罪を謝する、それ以外にわれわれの生きる道はないと考える。これこそが、万世にわれわれの精神を伝うるたった一つの道であろう。これ以上に美しい姿はない。どうだ、そうは思わんか。大東亜戦争の間、ついに一つの感激すらなかったが、こうすることによってそれを償《つぐの》うてあまりあるものがあると思う。われわれは全員が切腹し敗戦のお詫びを申上げるのだ」

井田中佐は、絶望で涸渇した精神のなかに活力の一滴を見出した。個々人の運命は不確かである。しかしながらそれは重要なことではない。重要なことはわれわれが一体となり美しく滅んでゆくということだ、と中佐は思いつめた。こうした死の統一によって困難な時代を乗りこえてゆくことができようし、神州不滅に確信をもつことができるであろう。承詔必謹というような美名による卑怯な敗戦とはちがい、日本の敗北の意味は巨大となるであろう。中佐は地下室にひとりでいて、命がけで考えた結論をそう同僚にいいたかったのである。

注(17)　事実、参謀本部首脳や阿南陸相が考えていたのは、十月に予想されていた九州上陸作戦で一撃を与え、終戦にもちこむということで、関東地方上陸のときは勝算はなくゲリラ戦以外にないとしていた。

〝どうせ明日は死ぬ身だ〟――井田中佐はいった

午後四時――五時

陸軍省より戻ってきた阿南陸相を迎えて、中断休憩となっていた閣議が再開された。閣僚たちは迫水書記官長よりガリ版刷りの刷りものを渡された。朝の御前会議における天皇の言葉を最大限そのなかに生かすよう安岡正篤の意見もかりて、書記官長、木原通雄らの手で最後の仕上げが行なわれ、ようやくにしてでき上った降伏の詔書案であった。(18) 老人たちはうやうやしく拝持しポケットから眼鏡をとりだしたりして、この詔書案にしばらく眼をとおした。

官邸はなぜか陰気に建てられてあった。窓が小さいうえに数もすくなく、ガラスには紙が十字に細かく貼られてあり、灯火管制にそなえて黒布が窓ぎわにたれていた。日中から電気の灯りがほしいほどに暗くて、陰気で、じめじめしていた。一歩バルコニーにでれば、眼の前に敗戦の惨憺たる光景があった。うしろの日本館は無残にも焼けおち、黒こげの材木がごたごたと積上げられていたし、立木も焼けて空しく枯れた。書記官長、書記官、秘書官などの官舎であった西洋家屋もぜんぶ直撃をあびて、外壁が崩れながらも立っていた。外は一望千里、蕭条《しようじよう》の焼野が原であった。内部は焼けて外壁ばかりがのこって立つビルディング、ぽつんとのこされた金庫、土蔵などが、ここに立ちかしこに立ち、溜池通りをへだてむこうの丘の上から斜面にかけては、白い壁のアメリカ大使館が厳然として、屋根だけを焼かれて、瓦礫の原のなかに突立っていた。

敗戦の情けなさはひとしお身に沁《し》みた。そして無条件降伏の詔書を読む老人たちにはより痛切であった。一読をおえたところで、文部大臣太田耕造が発言した。「こんなに面白い文もあるならこれを議題にした方がよかろう」。彼もまた一つの詔書案文を用意していたが、それをひっこめ、ガリ版刷りを正式の閣議原案としてとりあげることを提案したのである。(19)

試案として迫水・木原起草の案文が認められたとき、米内、阿南陸相が発言し、刷りものの一部を各省内の担当のものにも一応みせておきたい旨の申入れがあった。これがみとめられ一部が副官の手から陸軍省、海軍省へはこばれていった。誰もが陸海両相の苦衷を知っているだけに、その申しいでを素直にうけいれる用意があった。

いずれにせよ、一時間もすれば審議は終了するのであろうと判断されたから、そのまま通告となって宮内省にもたらされた。三時半ごろにいっさいの準備を完了し、別室で待機中の録音関係者には、録音予定時間は遅くも六時ごろ、と知らされた。

しかし非常事態では、思いがけぬことがおこり予定どおりにはいかないのである。第一の支障は、陸軍省から阿南陸相の手にとどけられていた。法制的にみればポツダム宣言受諾は一種の条約締結とみなすべきであるから、枢密院の諮詢《しじゅん》を経ることが必要であると思う、政府は詔勅公布前にその手続きをとるべきではないか、という申入れである。予想できないわけではなく、この点の心配はあらかじめあったから、御前会議には、とくに枢密院の代表として平沼騏一郎《ひらぬまきいちろう》枢密院議長を参列させたのである。しかし、憲法のたてまえからいえばそれで頬かぶりをするわけにはゆかないのであろう。

意見は閣僚の間でまちまちとなった。もしこのいい分が正しいとすれば、すぐに枢密院会議をもたなければならないが、正式の会議など今日のうちに間にあわすことはできない。といって時日をいたずらに遅延することも許されない。対外的にも国内的にも終戦の手続きは可及的すみやかに終らねばならなかった。迫水書記官長はなんとかいいくるめようと必死の弁をふるったが、鈴木首相はいとも当然のことのように法制局長官村瀬直養《なおかい》を指名し、十分に研究すべきことを命じた。村瀬長官は立上ると、さっそく調査いたしましてと答え、静かに閣議室を退出した。

閣議はなんということなく休憩のような状態になった。隠されたもっと大きな意図があって、陸軍が最後のあがきを示したようにも思われ、無気味なものが閣議の空気のなかにまぎれこんだ感じであった。閣僚たちは陸相の内ポケットにかくされた「辞表」を想像した。それがすぐに持ちだされるのではないかと恐れた。しかし当の責任者阿南陸相には変った素ぶりもなく、むしろ悠然として村瀬長官の戻りを待っていた。

陸軍がなにか画策しているのではないかという危惧は閣僚ほとんどの心のうちにあったことなのであるが、事実は、全陸軍が一体となって言挙《ことあ》げするには遅きに失していたのである。大方針〝承詔必謹《しょうしょうひっきん》〟は確定し、御前会議の直前までねりあげられてきた大臣、参謀総長を先頭とするクーデター計画は放棄されていた。面子や意地で、なおそれにしがみついている将校がないわけではなかったが、情勢は狂瀾を既倒《きとう》にかえす術《すべ》もなく、承詔必謹の方針が大いなる諦観に通ずる道をひらいて、陸軍はいつか戦争意志を失っていたのである。

ただ、一部に、懸命な活動をはじめている椎崎中佐や畑中少佐のような青年将校たちがいることを見落すわけにはゆかない。面子や意地といったものをのりこえた、狂気にちかいような激越な信念によって彼らは行動に移っていた。大臣室でとり乱して涕泣《ていきゅう》し、やがて飛びだしていったきりであった畑中少佐は、詔書案がガリ版刷りで閣議の席上に提出されたと同じころ、殺気立った姿をふたたび陸軍省にあらわした。彼は東部軍司令部を追っぱらわれたその足で、軍事課員室に井田中佐をたずねたのである。

井田中佐は自分の席で彼の主張する〝将校総自決〟にそなえて身辺の整理をしていた。畑中少佐は真夏の強い太陽のもとを自転車で、陸軍省から近衛師団へ、近衛師団から東部軍へ、さらに陸軍省へと走りまわり、全身はほこりをあび汗でずぶ濡れであった。昼に大臣室で涙にかきくれたときとはうって変り、少佐の表情は至極明るく、それが明るすぎて中佐には怪訝《けげん》にすら感じられた。畑中少佐は井田を屋上に誘った。二人の将校は荒廃した帝都を眼下に心底をうち明けあった。

畑中少佐が、こんごどうしたらよいか？　とまず所信を問うた。井田中佐は、畑中少佐の士官学校一年先輩であったことから、ふと、学生時代こんな風によく議論しあったものだと、懐しきよき時代を想いだした。中佐は、考えているところの全将校自刃《じじん》による敗戦の責任論を語った。おどろいたように眼をみはっていたが、畑中は答えた。

「なるほど、おっしゃるようにそれこそ美しい皇軍の姿でしょう。あるいは最善の道といってもよいのかもしれません。しかし、その実行はと考えれば、はたして可能でしょうか。おそらく不可能だと思います。私としては実行不可能の中佐殿の方策には同意できません。といって、このままなんら為すところなくぼんやりしていていいのでしょうか。……国体護持のため厳粛に承詔必謹することがよいか、確証がなんらない交渉を排して戦争完遂に邁進《まいしん》することがいいのか、そのどちらがいいかは結果をみないことには断言できないことだと思うのです。しかもそれを予知することは人間にはできない。とすれば、いずれをとるにせよ、所詮は運を天にまかせてのことではないでしょうか。私は同じ運を天にまかせるなら、他力的国体護持より、逆賊として汚名をうけてもいい、軍人としてのこされた最善の実行の道をとりたいと思うのです」

畑中少佐はよどみなく喋った。眼をかがやかせ、奇妙に人の心をうつような喋り方だった。

「天運がどちらに与《くみ》するかそれはわからないでしょう。どちらに与してもいい、判決は実行することによって定まると思うのです。そしてその実行が、純粋な忠誠心より発露しているものである以上は、臣道としてなんら恥ずるところはありません。……中佐殿、私は、まず宮城内に陣どって外部との連絡を断ち、時局収拾の最後の努力をこころみるため、天皇陛下をお助けすべきだと信じます。将校総自決よりその方が正しいと思います。近衛師団との連絡はもうついているのです。必要な準備はととのっております。あとは、少数のものが蹶起《けっき》することによって、やがては全軍が起ち上り、一致して事にあたればいいのです。成功疑いありません。中佐殿にはぜひ同意されて、この計画に加わっていただきたいのです」

井田中佐は耳を傾けながら、少佐の論理に負けそうになるおのれを感じた。頭から一撃された敗戦という鉄槌《てっつい》、すべて水泡と帰した計画、無力感、絶望、そうしたなかにおいて、ひとり勇躍して計画をねり上げ、活動を開始する活力は、いったいこの男のどこから生れてくるのであろう。字義通り死してのち已《や》む、真の軍人を眼の前にみるようであった。唾棄すべきことのみ多い最後の陸軍において、ただひとりすがすがしい人物をみる思いであった。しかし、井田中佐は心とは別に、いま日本がおかれている〝現実〟を語った。陸相の話では天皇に継戦のご意志はない、ならばなにを計画しようが無駄な努力にすぎないといった。しかし畑中少佐は努力いかんで

村瀬直養法制局長官

希望がないわけではない、と断言し、神州不滅を信ずるものに課せられた使命ではないでしょうか

「最後の直諫《ちょっかん》をこころみることは、神州不滅を信ずるものに課せられた使命ではないでしょうか」

といった。中佐は答えた。

「しかし、いまや強大なる外敵を前にして事を起す。成功すればいいが、もし失敗し、このために内乱をひき起したりすれば、それは大変なことだ。成功の確算がまったくない以上、現在としては承詔必謹のほかに途《みち》はないと思う。だから自分としては不同意なのである。……なあ、畑中少佐、燃える劫火《ごうか》もいちど水をあびると、ふたたび燃え上りたくなくなるのが人情の常というものだよ」

「中佐殿は成功不成功をいう。しかし同様に、成算をあらかじめ計算することの困難は、承詔必謹も同じだと思います。国体護持がはたしてできるか、首相、海相、外相、誰にも確証がないではありませんか。それだから断行あるのみだと信じるのです」

井田中佐は個人として、クーデター成功の可能性について、このとき、いかなる幻想をもいだいていなかった。阿南陸相が聖断にしたがうと決意したとき、成否は決したのである。軍人としての理解力と、普通人としての正常な感覚はそれを教えている。もはやとうとうたる時流の挽回《ばんかい》は不可能であり、ふり上げた拳《こぶし》のやり場に困り、それですごすごと頭をかいてひき下ったり、自棄《やけ》になってふりまわしたりすることより、堂々と、世界中の注視をあびながら手をおろす方が真の勇気というものであろう、そしてのこさ

れた道は、いさぎよくその命を絶つことだけである、井田中佐はそう考えた。

「畑中、貴様の純粋な精神においてのみ俺は同意するよ。しかし行動はしない。できるものなら貴様は勝手にやってみるもよかろう。とめないよ。どうせ明日は死ぬ身だからな[20]」

数分後、井田中佐は畑中少佐の肩を強く叩いて送りだした。いずれにせよ畑中の計画は、聖断が下ってからあわててこの男の頭のなかでねり上げられたものであろう、計画を実行に移すためのあたえられた時間がさぞ少ないことであろう、そう思えば井田中佐は、畑中少佐の肩をおとした後姿に暖かいものをむけざるをえなかった。

畑中少佐は井田中佐になんどもくり返していった——近衛師団との連絡はついているから、と。その近衛師団歩兵第二連隊の連隊旗は、そのころ連隊長芳賀豊次郎《はがとよじろう》大佐指揮のもとに、乾門《いぬいもん》より宮城内に威風堂々と入っていこうとしていた。普通、宮城内警備には第一連隊と第二連隊とが交代であたり、十四日、十五日は第二連隊のうけ持ちであった。連隊は三個大隊よりなり、交代に、たとえば一大隊が宮城内警備に、三大隊は司令部にて待機、二大隊は訓練または休養という風に編成されて、宮城警護にあたっていた。この日は第一大隊（大隊長北畠暢男《きたばたけのぶお》大尉）が宮城内に入ってすでに所定の立哨《りっしょう》にあたっていた。ところが、さらに待機中の第三大隊（大隊長佐藤好弘《さとうよしひろ》少佐）が補強、警護につくことになり、第二連隊長が直接これを指揮しようとするのである。空襲警報下というわけでもなく、すこしく異例のことであった。

第二連隊副官曾我音吉《そがおときち》大尉は、芳賀連隊長に、部隊の後始末をすませてから参加するように命ぜられ、師団司令部にのこった。彼の耳にも十一日ごろよりポツダム宣言受諾すとの噂が入っていた。正確な情報というわけではなく、まして本日午前に、再度聖断が下ったことなど知りようはずがなかったから、宮城内警備が増強され、連隊旗を奉じて連隊長が直接これを指揮する特別措置の背景について、副官は幾分は不審を感じたが、別に深く気にもとめなかった。

また、その近衛師団司令部の参謀室には、二人の青年将校がそのときのくるのを待って待機していた。陸軍航空士官学校第一生徒隊第三中隊区隊長の上原重太郎《うえはらじゅうたろう》大尉および、陸軍士官学校附の藤井政美《ふじいまさみ》大尉である。上原大尉は、八月十二日に航空士官学校教官佐野幹雄《さのみきお》少佐の連絡将校として近衛師団をたずね、古賀参謀と会った。このときいらい、大尉は徹底抗戦を策するクーデター派に与することになった。藤井大尉は近衛師団第一連隊出身であることから、中央の様子を知ろうと座間からはるばるやってきて、初対面ながら闊達《かったつ》な上原大尉と相知り、なんとなく離れがたくなっていたのである。しかも、いざというときには蹶起しようと堅く決心を固めていた。曾我大尉はこの二人にもほとんど注意を払わなかった。それほど人の出入りの状況は混沌たるなかにあったのであった。

畑中少佐のいうなんらかの〝連絡のついている〟近衛師団が、こうしてある一つの動きをみせているとき、閣議には村瀬法制局長官が戻ってきて、理路整然と、法制的に枢密院の諮詢《しじゅん》を特に必要としない旨の報告をした。迫水書記官長は一時はどうなることかとはらはらしたが、村瀬長官の冷静そのものの説明に感心するとともに、心から安堵した。阿南陸相はそれ以上しいて問いつめようともしなかった。訊くべきは訊く、しかし納得がゆけばそれでよしとするあっさりとした風なのである。

閣議は、詔書案の字句の検討に入った。議論の間にも、各大臣がひっきりなしに呼びだされては退席し、議論は中断し、帰ってきてまたむしかえされた。遅々として進まなかった。閣議室の内も外も、ようやく茫然自失の状態よりわれをとり戻し、あわただしく活発な動きをみせるようになってきた。

注(18)　第一回御前会議の終った十日の朝より迫水久常氏、木原通雄氏らによって詔書案の起草ははじめられていた。彼らが参考にしたのは「歴代詔勅集」「内閣告諭集」と「漢和大辞典」「広辞林」の四冊の本だけだった。開戦の詔書には文法的な誤りがあったということで、一層慎重を期し、漢学者川田瑞穂、安岡正篤の両氏が、用語、表現について協力した。そして第二回目の聖断の下る前にガリ版刷りの原稿ができ上っていたが、再度の聖断における天皇の言葉をもりこむことが緊要となったのである。迫水書記官長はそこでガリ版刷りのやり直しを決意した。こうして閣議で検討すべき原案が、ふたたび安岡正篤氏の校閲をへて、完成したのが午後三時すぎということになった。このときガリ版刷りの原紙をきったのは内閣官房総務課の

佐藤嘉衛門課員であった。

(19) このほか毛利英於兎綜合計画局参事官が起草した案文ももう一つ用意されていたということである。

(20) 二人の問答は、二十年八月十六日にとられた「八・一五事件に関する井田中佐聴取書」によった。これは荒尾軍事課長が井田中佐に訊問したときの記録である。ほかに井田正孝氏の手記、談話をも参考にした。

(21) 午後四時すぎ一大隊増強については二通りに考えることができる。一つは、聖断下るという事実を知り、不測の事態に備えて師団長命令で動いた。他の一つは、すでにこの時、畑中少佐たちの計画に連隊長が同意しており、その計画の下に動いたということである。そのいずれともとれるが、確かめる方法はない。芳賀連隊長は本書のための取材前にすでに故人になっていたからである。ここでは特にどちらと判断せずにありのままに記しておくこととした。

〝近衛師団に不穏の計画があるが〟——近衛公爵はいった

午後五時——六時

元首相近衛文麿公爵が宮城中心に不穏な形勢があるという情報を得たのは、五時もわずかに過ぎたときであった。近衛公はとっさに二・二六事件を連想した。そしてもう一つの情報——午後に御前会議が開かれる予定という——を重ねて考えてみたとき、彼はただちに木戸内府に知らせねばならないと考えた。御前会議のためあるいは多忙をきわめ連絡がとれないのではないか、と思っていた木戸内府が、あっさり電話にでてきて、電話では話せないからすぐきてくれないかといった。

御前会議はくり上げられて午前中に行なわれたこと、そしてそのときの涙ながらの模様を、木戸内府は、むきあった椅子に坐した近衛公に語った。天皇の言葉がそのままに伝えられたとき、「成功だ！　これは」と近衛は思わず口走った。公の眼にいっぱい涙がうかび、やがてあふれだし、瘦せこけた頰に一筋の線を描いた。「鈴木総理の無為無策がかち得た終戦なんだね、これは」と近衛はしみじみといった。もうあとは抑えていられなかった。それにひきこまれるように、木戸内府も涙を新たにした。よごれた事務机をはさんでふたりの殿上人は、たがいに照れてしまうほどに涙を流した。

ややしばらくして、近衛公がいった。

「近衛師団に不穏な計画があるということだが、君は知っているかね」

木戸内府はかぶりをふった。

「まあ、噂だけだといいのだがね」

木戸内府は情報の出所をたずねたが、近衛は笑ってまぎらわし、とにかく警戒は厳重にしておいた方がいいと思うが、といった。

「うむ、そうしよう」

と答えたものの、はたしてそうした動きがあるというのには、なにか確証でもあるのだろうか、木戸内府は半信半疑であった。内心ではそんな馬鹿な、とうち消す気持の方をむしろ強く感じた。

木戸が否定する近衛師団の妙な動きに比較的早く気がついたものに、侍従戸田康英《とだやすひで》があった。宮内省より御文庫への道で、いつもよりずっと数多い兵隊がうろうろしているのに気がついたからである。戸田侍従は不審を感じたが、すぐに思い直した、そうだ終戦と決定したいま、兵は不測の事態にそなえているのであろう、だが、それにしてもうろうろと多すぎるな……。

兵隊たちはすき好んでうろうろしているわけではなかった。彼らは命ぜられて宮城内に入ったものの、宮殿が五月の空襲で焼けおちてからは、立哨にあたる地点も減少し、少人数で規定の護衛は十分であったから、二大隊もの人員がそっくり充当できるはずがなく、やむなくうろうろしながら、命令を待っている始末であったのである。

待つといえば、録音関係者の方は緊張しながら、もうあまりにも長いことその〝時〟を待っていた。彼らははじめ六時ごろと聞いていたから、時計をみては、もうすぐなのだと自分にいいきかせた。三時半に準備が終ってから、それは肩のこるような長い長い時間だった。

録音関係者がどんなに息苦しい想いで詔書の完成を待っていようとも、閣議にある男たちには関係のないことで、字句をめぐっての議論はいまがいちばん白熱化していた。焦点の人はふたたび阿南陸相であった。迫水書記官長は興奮に蒼ざめ、斜め前には米内海相がきびしい顔をして席につき、となりには阿南陸軍大臣が、これまた自信たっぷりに坐っていた。彼らの正面には聞えているのかいないのか、鈴木首相のとぼけたような姿があった。

近衛文麿公爵

米内海相が訥々《とつとつ》としながらも熱をこめて語った。もはやわが国は崩壊に瀕しているといっていい。沖縄は？　ビルマは？　残念ながら一敗地に塗《まみ》れたといっていい。では本土決戦は？　「これとても御存知のように勝算はまったくない。これで戦争はなお敗けていないということはできないと思う。明らかに敗けておるのである」
阿南陸相は激しく抗弁した。個々の戦闘には敗けたが、戦争の勝負はついていない。「陸軍と海軍ではこのへんの感覚がちがうのである」

議論の焦点は詔書案の「戦勢日に非にして」というセンテンスをめぐってのもので、阿南陸相は、「この原案ではいままでの大本営発表がすべて虚構であったということになる。それに戦争は敗けてしまったのではなく、ただ現在好転しないだけの話である」という理由から「戦局好転せず」と訂正すべきだと頑張るのであった。これに対して米内海相を中心に、二、三の閣僚が原文のままで正しいと主張し、さきほどから数十分押問答がくり返され一向に埒《らち》があかないのである。

陸相はこの一点に関するかぎり強硬で、たとえ孤立無援であろうと、譲ろうとはしなかった。最後のときにおよんで、なにが彼をこれほどまで強引にさせているのかと、閣僚たちが訝《いぶか》しく思うほどに、毅然として、自説を主張しつづけた。やがて閣僚たちも陸相の辛い立場を理解するようになった。彼がもっともおそれていたのは部下の暴挙である。威令行なわれざる最後の皇軍、陸相は誰よりもそうした悲しい現実の認識が深かった。大多数の忠誠な将校たちにとって、陸軍の崩壊は彼らの思想、信念の根柢《こんてい》までを揺さぶり、彼らははじめて内面の戦いに直面した。終戦にさいしどうあるべきか、なにをなすべきかに迷い、おのれの道を失っているものが多かった。忠誠とはなんであったか。これらの部下たちを絶望的な混乱から救い、身をもって正しい決断にみちびくために、陸相は必死の努力を傾けている。なにより彼らに〝栄光ある敗北〟をあたえてやらなければならない！

軍人としての阿南惟幾大将はどちらかといえば教育畑を歩きつづけた地味な将軍であった。華々しい第一線の武勲は、彼の場合、まったくといっていいほどなかった。わずかに百九師団長時代の、中国山西省路安城攻撃における放胆な戦いが光っている。しかし、いま全軍の輿望《よぼう》を一身に荷《にな》い、これから彼がなしとげようとしている仕事は、大陸軍の歴史のうちのもっとも偉大にして崇高な任務といってよいであろう。奉天会戦や旅順港要塞での先人がやりとげた大勝利よりも、はるかに偉大なものであろう。いま新しいそして重い責任をおって陸相は、半歩たりとも退こうとせず、苦しい仕事に着手しているのである。

全陸軍の粛々たる承詔必謹のために、それが必要というのであれば、彼は堂々と論じ時間を無視して主張した。外地第一線では、いまなお敵と正面から互角の、あるいは優勢な戦いを戦っている三百万余の将兵があった。彼らは十二日いらい、中央がポツダム宣言無条件受諾の方針であると伝聞するや、中央の弱腰を叱咤《しった》して戦勝への大驀進《ばくしん》を意見具申してきた。たとえば支那派遣軍総師岡村寧次《おかむらやすじ》大将は、「全軍玉砕を賭して断固戦争目的の完遂に邁進すべし」と強硬に継戦意志を表明してきたし、南方軍総師寺内寿一《てらうちひさいち》元帥は、陸相と参謀総長に対して断然抗戦を打電してきた。闘志烈々としてなお熄《や》まず。

しかし、彼らは今日の敵の眼前で、明日は武器を投ぜねばならないのである。

その彼らに、「戦勢日に非にして」などという彼らの努力を無視するような判定をどうしてあたえられようか。彼らは義務の命ずる以上のことをやりとげている、しかしなお「戦局好転せず」、やむなく終戦と決するのである。それが陸相の心であった。陸相に、米内海相や東郷外相ほどに敗戦の感覚がなかったのは事実である。しかし、それが全陸軍の感覚でもあった。そして陸相は陸軍の強烈な意志のただひとりの代表者であった。

下村総裁と迫水書記官長は相談して、録音が六時にはとうていできないことを宮中に電話で連絡した。「承知しました。それでだいたいの見当として何時ごろになる見込みですか」と加藤総務局長がたずねてきたが、書記官長は返事に窮した。「さあて」と彼はいった。

「七時には大丈夫と思いますが……」

電話を切ってから、とんでもない、七時にそれができたら腹を切ってもいい、と妙な自信が内心にあって、書記官長は苦笑した。

書記官長が席へ戻ってまもなく、用事があるとかで米内海相が席を立った。そのさい海相はそっと書記官長に耳うちした。「いいかね、書記官長、戦勢日に非にして、戦勢日に非にしてだよ。この点は絶対に訂正するな」

書記官長は承知した。承知しながらもまたしても頑強な陸相とやりあうのは堪《たま》らないことだと思った。血色のいい陸軍の代表者は気力といい体力といい旺盛なのである。それに反して書記官長は九日いらいの不眠不休の活躍で、心身ともに疲労困憊《こんぱい》し、陸相の激烈な攻勢に耐えられないような気がした。この一週間、彼はたえ間なしに剣の刃の上に立たされているような不安を味わわされてきた。

朝日新聞記者柴田敏夫は、記者会見をおえてからしばらくは官邸記者クラブでぼんやりしていたが、そのころ社に戻っていた。興奮したあとで疲れがいちどにでたのであろう、ぐったりとし、陽が西におちてゆくのを珍しいものでもみるように眺めやり、そういえば今日一日珍しく空襲がなかったなと想いだした。終戦詔書が正式に発令になり次第、外務省よりスイス公使館をへて連合軍に、ポツダム宣言無条件受諾を打電することになっているという。柴田記者はこれですべては終ると実感した。

彼は、政府当局が死にもの狂いで演じてきた終戦劇の刃渡りのサスペンスをまったくなにも知らなかった。なぜもっと早く戦いをやめることができなかったのか、それは明らかに政府当局や重臣たちの怠慢であり、無責任のためであろう、と思っていた。天佑神助を信じ、偶然を頼み、特攻隊の死力にすべての望みをかけて、誰ひとり敗北の責任をすすんで引きうけようとしなかった。そのため、国民の数十万はいたずらに戦火に死し、住居は灰燼《かいじん》に帰した。そしていま天皇の力によってやっと終戦ときまった。天皇に全責任をかぶせることで彼らは責任を巧みにごま化したのではないか。柴田記者は悲しみの底からはい上り新聞記者の自分に戻ったとき、しきりとなにものかにたいして憤っている自分を発見しておどろいた。

ともあれ、今日は徹夜になると彼は覚悟した。終戦の詔書がいつでるかわからない。官邸キャップの吉武信《よしたけまこと》記者とともに、日本の歴史はじまっていらいの敗北の記録を書きとどめねばならないのである。それまで少しでもいいから眠っておこうと思い、夜勤用の軽ベッドの上に横になったが、眼がさえて容易に眠れなかった。眠れぬままに彼はある一つのことを想いだした。

それは——八月十三日、日本政府からの(国体問題に関する)照会に対して、連合国政府からの正式回答がとどけられた日の午後であった。回答にあったサブジェクト・トゥー(subject to)をめぐって閣議が紛糾している最中に、抗戦に奔走する青年将校が、陸相に無断で、奉勅命令を新聞社および放送局に配布した。「大本営午後四時発表。皇軍は新たに勅命を拝し、米英ソ支四カ国軍に対し、作戦を開始せり」というすさまじい内容のものである。

朝日新聞報道第一部長長谷部《はせべ》忠《ただし》はこの内容に疑義を感じ、官邸詰記者を呼びだすと、これが正式のものかどうか確かめるように命じた。

命ぜられた若い記者は閣議室にすっ飛び書記官長を呼びだし、政府はこれを承知かと、大本営発表の紙片を突きだした。書記官長は驚愕した。「これが午後四時にはラジオ放送されるというのですよ」と記者はいった。閣議室にとって返した書記官長が、陸相を通じ、さらに参謀総長に懇請して、やっと発表をとり消すことができたのは、四時わずかに数分前である。

はたして日本軍はポツダム宣言を前に最後の瞬間どうでてくるか、連合軍が耳をそばだてて待っているときである。もしこのニセ奉勅命令が発表されてしまったら……それは本当に間一髪の危機といえた。それからのがれるという偉大な役割をはたした若い記者が柴田敏夫であったのである。

軽ベッドに横になりながら柴田記者が誇らしく想いだしていたのは、この危機一髪の逆転である。大きな歴史の転換点でささやかだが一つの役割をはたした自分が、なにか遠い昔のことのように思えるのである。

このとき、眼をもういちど閣議室に転じてみれば、この部屋にあるものは、誰もが柴田記者のようにゆっくりと回想にふけっている暇はないのである。戦勢日に非にしてか、戦局好転せずかをめぐっていぜんとして激しいやりとりがつづいていた。米内海相にかわって迫水書記官長が、防波堤のようにひたひたと押し寄せ、あるいは激浪となってぶつかってくる陸相の鋭鋒をうけとめていた。しかし、書記官長はやりあいながらもふと幸福感に似たようなものを感じた。

阿南陸相が閣議の途中でそっと席をはずすたびに、「辞表をもってくるのではないか」とひやりとしたものをしばしば感じたが、いまはその心配もなく、書記官長は陸相の人となりを完全に理解した。陸相が意見を譲らないのは、意地とか行きがかり上といった感情的なものではなく、彼自身納得のゆくまで、ぎりぎりのところで終戦ということを追究している結果なのである、と書記官長は敬意をもって陸相を眺めるようになっていた。陸相の論は附焼刃《つけやきば》といったものではない。それにしても、四時に再開された閣議がもみにもむこと二時間、すでに大時計が六時ちかくを指しているのに、たった一つのことさえきまらないでいるのである。おお、なんたるはげしい陣痛よ、さすがの書記官長もあやうく根気負けしそうになるのであった。

書記官長がいかに苛立とうが、閣議が長びくのにはやむをえない事情があった。閣議室には、首相・閣僚・書記官長のほかは、耳の遠い首相の補聴器役の一《はじめ》秘書官と法制局長官・綜合計画局長官の計二十人以外のものは入れないきまりになっていたからである。かつて経験したことのない敗戦という事態に、陸相や海相はもとより、各省庁とも相談せねばならない案件が続出し、そのたびに要件が生じた大臣は席をたち外へでていかねばならなかった。その帰りを待って議はしばしば中断せざるをえなかったのである。

閣議室の激論二時間の間に、憲兵司令部では、終戦にさいしてとるべき態度がきめられていた。陸相が陸軍省中堅将校を一堂にあつめて「陸軍の方針」をさとしたのと時を同じくして、憲兵司令部でも本部長石田乙五郎《いしだおとごろう》中将がその講堂に全員の集合を命じ、御聖断の下ったことをいいわたしたのである。

「陛下は、国体の護持には確信をもっていると仰せられた。この陛下のお言葉にしたがい……」

と説く石田本部長の話に耳をかたむけながら、高級部員塚本誠《つかもとまこと》憲兵中佐の頭のなかに電光のようにひらめくものがあった。軍人勅諭の一節である。「朕と一心になりて力を国家の保護に尽さは我国の蒼生は永く太平の福を受け我国の威烈は大に世界の光華ともなりぬへし」（原文のまま）——天皇の言葉は国民と一つになることの宣言であり、天皇みずからがそう思われるのならなんの異議をさしはさむ余地もないと、塚本中佐は納得した。もはやなにをかいわん。静まりかえった講堂で、降伏することが〝大義〟をわきまえることになると、塚本中佐は自問自答するのである。

同時に、中佐は脳裏にある一つの顔を思いだした。それは降伏を潔《いさぎよ》しとはしない闘志の相貌であった。二千六百年の悠久の歴史を確信する顔であった。役職柄、中佐の手もとには軍部過激派のリストがとどけられていたが、首領格にその男の名が記されていた。このときにおよんで、その男がどうしているだろうかと中佐は案じたのである。もし事を起せば憲兵隊が取締らねばならない。塚本中佐はそう心にきめて、もう一度闘志の将校の顔をよみがえらせた。それは——親しい軍事課員井田正孝中佐の顔であった。

〝時が時だから自重せねばいかん〟——蓮沼武官長はいった

午後六時——七時

天皇は遠いところをみるような表情をした。ちょうど陽がかくれたばかりであるが、天皇が日課として散歩する吹上御苑はたちまちに熱気が逃げて、夏は短く去っていくようであった。入江侍従がしたがっていた。天皇はふと立ちどまり、またしても詔書案のことをたずねた。これまでにも、なんどたずねたかしれなかった。入江侍従はそのたびにありのままに答えるほかはなかった。このときもまだとどけられていない旨を報告した。そのとき天皇が遠いところをみるような表情をしたのである。侍従は深々と頭を垂れた。ああ、これほどまでに待っていられるのか、と入江侍従は自分が責められているかのように切ない気になった。同時に、もう一つ気になったのは、平常なら入ってこられない吹上の庭のあたりまで、近衛兵の姿がみられることであった。異常なものを感じないわけにはいかなかった。

鈴木首相が拝謁のために参上したという知らせがあったのは、そのときである。しかし首相の拝謁は詔書成案を奉呈するためのものではなく、閣議の内容を報告し、遅延を詫びるためのものであった。

　首相が御文庫の拝謁室で天皇に拝謁、お詫びを申しあげているころ、内廷庁舎[22]にある侍従武官長室では、近衛師団長森中将が蓮沼武官長をたずね、膝をまじえるようにして懇談していた。森師団長は御前会議による終戦決定をまだ知らなかった。

「今朝から米軍飛行機がしきりにビラを撒《ま》いていますが、あれに書かれていることは本当でしょうか」

　ビラには〈日本がポツダム宣言受諾す〉とはっきりと印刷されている。

「うむ、御前会議の決定により日本は降伏することになった。隊の方でなにか変ったことでもあるのか」

　蓮沼侍従武官長はきいた。侍従武官長は近衛師団の一大隊が増強されて宮城内に入り、特別警備についているということをぜんぜん知らなかった。

蓮沼蕃侍従武官長

森師団長は答えた。十日いらい種々の噂が乱れ飛んでいる、それで、「多少動揺の模様がありますが、大したことではありません」。

　蓮沼武官長も血気のものたちの暴挙をおそれていた。陸軍の伝統のなかに育てられた血がそれを予感するらしかった。武官長が近衛師団長の責任の重大さについていうと、森師団長はうてば響くように力強く、決して心配をかけることがないであろう、と答えた。

「君の平素を知っているから大丈夫だとは思うが、時が時だから自重せねばいかんぞ」

と武官長はいった。いいながらも、これは余計な忠告かもしれないと思った。この忠誠硬骨の将軍が健在であるかぎり、宮城の護りは安泰であろうと真から頼もしく感ぜられるのである。

終戦決定、承詔必謹の陸軍の方針は、こうして、この時刻になって陸軍省および参謀本部から、次第に第一線の部隊へと伝達されはじめた。市ケ谷台から、第一に帝都を守備する東部軍司令部へ、第二に宮城を警護する近衛師団司令部へと、軍の意志はゆるやかに流れおりていった。これら第一線司令部の将軍たちの動きは、それに応じてはげしくなってきた。

森師団長は、蓮沼侍従武官長のもとを辞して師団長室に戻ってまもなく、高嶋東部軍参謀長からの電話により東部軍司令部に参集を命ぜられた。森師団長はただちにおもむき、東京防衛軍司令官兼東京師管区司令官飯村穣《いいむらじょう》中将、高射第一師団長金岡嶠《かなおかたかし》中将らとともに、田中軍司令官より正式に終戦の大命の伝達をうけた。田中軍司令官もついさきほど高嶋参謀長とともに、杉山第一総軍司令官より伝達をうけたばかりであった。

「皇軍は聖断にしたがい行動することに決した。いまはそれ以上なにをいう必要もない。しかし終戦にともないいかなる混乱が起るか予測しがたい、われわれは治安を維持し、あくまで国法を保持せねばならん。特に……」

と田中軍司令官は森師団長にむかって、

「かかるときにはともすれば陛下の争奪が起りやすい。近衛師団の任務は、特に重かつ大である」

といった。

田中軍司令官も森師団長も、足もとに火がついていることを関知していなかった。戦いは終ったのではなくて、彼らの戦いはいまはじまったのである。平和の味がどんなに甘美なものであったにせよ、彼らにはそれを味わっている暇が、ついにめぐってはこなかったのである。

閣議を中座し海軍省で所用をおえた米内海相は、官邸に戻ってくるとその足で手洗いにむかった。下村情報局総裁の秘書官川本信正はちょうどそのとき、用を足していたので、軽く会釈をしたが、海相は気がつかなかった。大柄で、やや小ぶとりの海相の表情は暗く、眼をおちくぼませている。川本秘書官は海相の疲れ方が痛々しくてみていられなかった。自分が生きつづけるか死ぬかということに関心がなく、ただ気力によって国家の存亡に対している海相の沈痛の姿勢が、秘書官に強く感じられたのである。それで視線を窓の方へそらす、そのときである。ならんで用を足していた海相は、

「フウ！」

と大きく溜息をついた。それは川本秘書官をおどろかせるに足るほど豪快で、人間と

畑俊六元帥

してこれ以上大きな溜息がつけないと思われるほど、腹の底の底からでた溜息のようであった。川本秘書官の眼鏡がさあッと曇った。

　川本は知らなかったが、海軍省に戻った米内海相を驚かせたのは、海軍中央の中堅参謀たちのなかに降伏に肯《がえ》んぜず、降伏の道を突き進もうとしている米内の暗殺をひそかに企図しているものがあるという報告であった。海軍もまた一枚岩の統制を誇るわけにはいかなかったのである。

　海相が席に戻ってきたとき、迫水書記官長は自分の持時間をおえてほっとして、バトン・タッチする気持でその帰室を迎えた。海相は席に腰をおろすと、すぐになにか隣りの阿南陸相と一言二言小声で話したが、やがて書記官長の方をむいて、「この点、陸軍大臣の主張のように修正することにしよう」とあっさりいった。書記官長はあっけにとられて「しかし……さきほど……」といいかけるのを、鈴木首相がとめた。

「書記官長、これはやはりそのようにしましょう」

　戦勢日に非なりか、戦局好転せずかの議論において、鈴木首相が自分の考えを口にしたのはこれがはじめてであった。これがつまり鈴木流なのである。重大問題には閣僚に飽きるほど機会をあたえ思いのこりのないまでに発言させ、自分は意見をいわず聞えるのか聞えないのか耳を傾けている。そうやって最後のときと感じられるまでじっと堪《た》えている。疾風怒濤の分秒にあって、春風駘蕩《たいとう》の、別の眼でみれば一本土性骨のとおった首相のあり方こそ、よく大任をはたすに最適であったのである。

ともかくも、詔書の最大の難関が突破されたところで、一旦休憩することに決した。椅子から立上った閣僚たちはしんから疲れはてた。重苦しい空気、陰気な部屋、昨日までと違い彼らはとくに時間を相手に競争しているわけではなかったのに、別の要因が重なって、彼らをことさらに急がせているのかもしれない。その要因がなんであるか彼らは理解しなかった。しかし、あるいはそれが運命というものであり、彼らは運命と競争しているのかもしれなかった。

ようやく夕暮がおとずれてきた。風がわずかに立った。

汗まみれの下着をかえるため六時四十分ごろ官邸に戻った阿南陸相を、元首相東条英機大将、つづいて畑俊六元帥がたずねてきた。東条大将は、戦争犯罪人の問題について陸相に語った。

「いずれ降伏となればわれわれは当然のことながら軍事裁判にかけられるだろう、そのときはおたがいに」といって大将は、陸相の表情から心の奥を読みとろうとして、するどく眼鏡を光らせた。

「堂々と大東亜戦争の意義についてのべよう、われわれは防衛戦争を戦ったのである」といった。これについて陸相はあまり多くを語らなかった。

畑元帥は訪問の意志をぽつりといった。このさい元帥を返上したいという申入れであった。

陸相には、二先輩の意見をゆっくり考えられるほどの余裕はなかった。肉体的、道徳的勇気をもって、沈みゆく小舟を最後の瞬間までばらばらにならないように最大の努力を傾注する、それだけである。それが終るまで、とにかく閣議で不屈のエネルギーを燃やしつづけねばならないのである。最高の責任者として、いまはそれで十分であろう。

注(22) 宮内省の建物の一部。宮殿が焼失してから御座所および側近の部局が入っていた建物。

〝軍の決定になんら裏はない〟——荒尾軍事課長はいった

午後七時——八時

　はじめ六時だったものが一時間おくれて、録音予定は七時と変更されたのである。天皇の声に比較的近い戸田侍従が新聞を読み、その声で機器調整もすでにすませてあった。その七時もやがて過ぎてゆこうとするのになんらの連絡もない。さすがに待ちくたびれて、録音関係者はじりじりとしはじめ、広い控室の柱時計の振り子の単調な運動をじっと見つめていた。どうかしたのだろうか、なにかあったのだろうか、という不吉な想いは誰の胸にもあったし、それを口にだしてみたところで誰も答えようがないのを承知しながら、十分か十五分おきぐらいの間隔で、彼らのうちの誰かが同じ質問を口にし、そして誰かがきまって本当にどうしたのだろうと相槌《あいづち》をうった。どう考えても、奇妙なやりとりであったが、やはり同じことをくり返した。

　彼らが心配したようななにかがあったわけではなく、といって、なにもなかったといえば嘘となる。要するに、閣議に提出された詔書案は、その時間までに〝戦勢日に非にして〃が〃戦局好転せず〃に、また〃義命の存する所〃が難解であるという理由により〃時運の趨《おもむ》く所〃となり、〃朕は忠良なる爾《なんじ》臣民の赤誠に信倚《しんい》し常に神器を奉じて爾臣民と共に在り〃のくだりが、「神器などと書くと、アメリカの占領軍が余計な詮索《せんさく》をする端緒となるかもしれないから」という石黒農商相の発言した理由により削除され、さらに阿南陸相の要望で〃茲《ここ》に国体を護持し得て〃という一節が挿入され、〃朕は茲に国体を護持し得て忠良なる爾臣民の赤誠に信倚し常に爾臣民と共に在り〃と訂正された。

ともかくも彼らは議論と協調の重苦しいほどの数時間をすごした。削除個所二十三その字数百一字、加筆が十八個所五十八字、新しく書きこまれたもの四個所十八字、これだけの加筆訂正が十五人の男たちの真剣な討議の結果うまれたのであるから、たしかに理屈をこえたなにかが、そこにあった。こうして一応閣議で、修正可決されたカーボン謄写の詔書成文の一部が宮内省にとどけられた。

宮内省総務課員佐野恵作《さのけいさく》は、総務局長加藤進に呼びだされ、命ぜられたとおりに筆と奉書二枚をもって、宮内次官大金益次郎《おおかねますじろう》の部屋におもむいた。次官は佐野の姿をみとめるとすぐに「これを書いてくれ」と、内閣よりとどけられた詔書の修正案をさしだした。それに赤い罫《けい》の用紙に、終戦の詔勅は左の如くしてよろしい、と墨くろぐろと書かれ、それに鈴木総理以下各大臣のサインがあった。佐野課員はうやうやしくうけとると、一室にこもり、早速その清書にかかった。

カーボン謄写の詔書案には、急いできられたためか、真ッ黒につぶした個所、袋のようにあとから書き足した個所、さらにそれを消し、新たな文字が書き加えられてある個所、そうした個所がつらなり、まことに読みづらかった。佐野課員は一字一字念を入れて書いたが、同時に大金次官の言葉も忘れるわけにはいかなかった。「録音のさいに陛下がこれをお読みになられる。放送局の録音班も昼間からきてこれを待っているのだ。急いでくれ」

同じとき、内閣理事官佐野《さの》小《こ》門太《もんた》も、官房総務課長室のとなりの部屋にひとりこもって、渡されたカーボン謄写の詔書の清書にとりくんでいた。こちらの佐野は正式の詔書を、内閣の鳥の子用紙の上に毛筆で清書しているのである。天皇の御璽《ぎょじ》は大きく、用紙で七行分をあまして清書せねばならなかった。書込みや文字を消した個所の多い詔書成文から、うまく字数を計算して、所定のところに文尾がくるように清書することはずいぶんと難儀な仕事なのである。

詔書成文を宮中にとどけた閣議はひきつづいて放送時間を問題にとりあげた。はじめに考えられたように、十四日の夜に放送する案は、字句の審議に時間がかかりすぎたため、予告の時間がまったくないとして、放棄された。放送協会側もいついかなるときにでも対応できるよういっさいの慰安放送を中止する準備はととのえていたが、その必要はなかった。つぎの案は十五日の午前七時ということで、東郷外相、米内海相らは、放送は早い方がよいということから支持の立場をとった。ところが阿南陸相は一日延期（十六日説）を主張し、またしても東郷・米内対阿南の意見は対立した。

「外地の大部分にはそれからそれへと伝達するので、明朝早くでは第一線まで通達の時間的余裕がない。しかも、もし許されるなら、敵地における武装解除には外地出征の軍隊に十分納得させる必要があるから、放送を一日延期してほしい」

というのが陸相の主張だった。東郷・米内は連合国への通告の手前もあり一刻も猶予《ゆうよ》できないと説いた。

いずれにせよ「時間」を論じながら時間に追いたてられ、適当な時間をみつけて妥協せねばならないのである。もう双方とも口角泡をとばすような激烈な議論をする気力を失っていたし、むしろ時間的に妥協できる点をみつけるために論じあい、納得のゆくそれがみつかれば、そのまま閣議の決定としたいと願っているのは明らかであった。

その気配を察して下村総裁が議論のなかに割って入った。放送は一刻も早い方がよいだろうが、さりとて朝七時の放送では聴取率がきわめて低く、放送効果があがらないことを指摘し、ことに農民は朝早くから農耕にでるから、これは適当な時間帯ではないといった。といって、翌日まで延期することは、万が一にでも不測の事態発生ということを考えると、危険というほかはない。こう説いてから総裁は結論した。

「その観点からみて、今晩より十分に予告し、聴取率のもっともよい明日の正午放送というのが、いちばん適当と考えます」

これできまった。この場合も、発言せず、リードせず、各員の納得のゆくまで議論させる鈴木首相の方針はいきていた。下村総裁の案に全員が賛成してから、首相が発言し、

これを閣議の決定とする旨をのべた。そして、
「陸軍大臣には、通達が第一線までゆくよう努力をつくしましょう。だが、そうした陸相の
といった。陸相はあっさり承諾した、全力をつくしましょう。というのも、あれほどま
淡々とした挙措《きょそ》にかえって疑念をいだく閣僚も何人かあった。というのも、あれほどま
でに一日延期を主張していながら、下村総裁の折衷《せっちゅう》案になんら抗することもなく、唯々《いい》
諾々《だくだく》としてしたがう陸相の腹の底には、なにか別の魂胆があるのではないか、というま
たしてもの疑いを消すわけにはいかない。一日延期も、その背景にクーデター計画がか
くされているのであろう、とおそれるのであった。
戦争というものの、軍というもののはっきりした〝力学〟を知らない文官政治家が、
陸相の片言隻句にただちに狂気、暴力、クーデターの匂いを感じるのはしかたのないこ
とであろう。陸相の強硬論は決してみせかけの強さなどというものではなかった。彼は
最後の最後まで軍の士気を発揚しておかなくてはならないとかたく信じていた。そうす
ることによって正々堂々、承詔必謹の方針をつらぬくことができるのである。過去の幾
多の戦史は、もっとも精強であり精鋭であった部隊こそ、もっとも困難な転進作戦にお
いて一糸乱れぬ厳然たる軍容を示したことを教えている。それが軍の矛盾した〝力学〟
というものであった。
ともあれ、十四日の正午から十五日の正午までの二十四時間で、この七時から八時の
間ほど、奇妙な静けさを保ったときはなかった。閣議はもう激論することもなく事務処

理をスムーズにすませていた。二人の佐野は、それぞれことなった場所で、丁寧に詔書を清書している最中である。録音関係者は、詔書がとどいて現在清書中との報告をうけて、なんとなしにいらいらする気持も静まり、そのときのきたるのを雑談をかわしながら待っている。侍従たちは交代交代に遅い夕食の卓について談笑していた。そして、とらねばならないいろいろの手続き、連絡をおえた東部軍にもぽっかりと空白の時間が口をあけていた。時は静かに流れきて流れさっていた。

陸軍省では軍事課長荒尾興功大佐が、第二総軍参謀白石通教《しらいしみちのり》中佐の訪問をうけ、軍の本心についての説明をあたえていた。白石参謀はこの朝早く総軍司令官畑元帥が元帥会議で上京するのにお供してきて、明朝早く飛行機で任地広島へ帰る予定になっている。帰任する前に、陸軍の真意はいったいなんであるのか、承詔必謹には〝裏〟があるのではないかを確かめるべく、軍事課長をおとずれたのである。もし軍に隠された作戦計画があったとしたら、阿南陸相の信任のもっとも厚い荒尾課長こそ、陰謀にいちばん深く立入っているはずだと白石中佐は推量した。荒尾課長は参謀をその席に迎えた。課長と白石参謀とは、白石中佐がボルネオ派遣川口支隊の作戦参謀をしているころにいちど会い、旧知の間柄であった。中佐のしっかりとしたものわかりよい人柄を課長は熟知していた。

「軍の真意になんら裏などありはせん」と課長は言下に否定した。連日の活躍で声はかすれ、身体中がみしみしと音がするほどに疲れはて、痛かった。

「名誉ある講和を最終条件として、われわれは阿南陸軍大臣を中心に、かたい決意で努力をつづけてきた。本土決戦を強く主張してきたのもその一つのあらわれだったのである。敵第一波を水際で徹底的に叩き、大出血をしいる。それによって栄誉ある講和にみちびく、はじめからそういう意図のものであった。つまり本土決戦は一回きりである。武装解除のあとでは、イタリーの先例もあり、国体護持ができないと考えたからだ。しかるに今朝来の元帥会議、御前会議にて、お上《かみ》より国体護持に確信ありのお言葉があったのである。われわれは国体護持を第一義として奮闘してきたのだから、お上に確信あるというなら、もはやそこになにもつけ加えるべきものはない。承詔必謹あるのみであろう。あらゆる意味において、陸軍の決定になんら裏はないのである。いまは省部一体、大臣を中核にさだめられた大方針をつらぬくのみ、と私は思っている」

灯火管制下の暗い電灯のもとに、羽虫がうるさく舞っていた。軍事課長はずっと柔和な笑顔をたもっているが、その表情の底にきらりと光る激しい闘志を秘め、しいておだやかに話していると、白石参謀は感じた。彼もまた本心に口惜しさを押殺しているのであろう。参謀は課長の淀みなく流れでる言葉をメモした。

「由来《ゆらい》、驀進《ばくしん》中の大部隊をして整然たる退却にみちびきうるものは名将とされている。私は、阿南閣下を中核に、全軍の退却を正々粛々たるものにするため、われわれ幕僚は一貫して必死の努力を傾注せねばなるまいと思っている。そこに帝国陸軍の最後の栄光というべきものがあろうと私は信ずる」

軍事課長の言葉が終った後も、白石参謀は緊張した面持《おももち》で長い間沈思していたが、やがてゆっくりと答えた。

「よくわかりました。戦うにせよ戦わざるにせよ、日本を救うことは、われわれの義務だと思います」

いまここにメモした荒尾課長の言葉を、明日は自分の口から血気の部下や疑心をいだく先輩同僚に伝えねばなるまいと参謀は思った。つらい任務であろう。「たいへん参考になりました」と白石参謀はいった。

「御前会議このかた、なんど同じことをいいつづけてきたかわからんよ。これじゃ演説もうまくならざるをえんさ」

と荒尾課長はすこぶるつきの照れようを示した。

陸軍の大方針に裏があろうがなかろうが、国体護持に関する天皇の確信がどうであろうが、そうしたことにいっさいかかわりなく、自分たちの信念を忠実に実行しようとしている青年将校たちの一派がいることを忘れてはならなかった。椎崎中佐、畑中少佐、近衛師団参謀の石原貞吉少佐、古賀秀正少佐、それにこのころには畑中少佐と心を一つにする陸軍通信学校附窪田《くぼた》兼三《けんぞう》少佐が参加していた。それに加え航空士官学校第四区隊長の上原重太郎大尉、陸軍士官学校附の藤井政美大尉の顔も見える。これら青年将校の動きは、次第に最後の段階へと突きすすんでいたのである。

第一に、「少しでも種子が残りさえすれば、復興という光明も考えられる」というのが聖断にみる天皇の考えであったが、彼らはこの考えに同調しなかった。「自分がどうなろうと万民の生命を助けたい」と天皇は御前会議で希望された。彼らはこうした天皇の希望をあまりにも畏れ多すぎるという理由でみとめなかった。

この時期ほど〝国体〟が問題にされたときは日本歴史はじまって以来なかったであろう。彼らばかりではない、幾度、幾十度、幾百度、何千何万の人が「国体」という言葉を口にしたかしれなかった。しかしその内容としてはなにが考えられていたかとみてくれば、千差万別、その顔の異なるように変っていた。抽象的に高唱された場合があり、もっと具体的な意味をもったときもある。だがいずれにせよ、その言葉が非常に大きな力をもっていたことは事実であった。(23)

青年将校たちは、天皇が自分の身はどうなってもよいといわれたことにたいし、強く反発した。現人神《あらひとがみ》としての天皇の神性は、有史いらい国民感情のなかに存在するものなのである。それは国民はもちろん天皇ご自身も深く考慮されねばならないと彼らは断じた。承詔必謹などという馬鹿げた方針は、皇室の形骸だけをのこして日本の伝統的精神を無視するものなのである。皇室が皇室たるゆえんは、すなわち民族の精神とともに生きつづける点にある、と彼らは思いつめた。政府も軍首脳も終戦の道を急いでいる。そのいうところは皇室の存続であるが、彼ら無能な為政者の腹をさぐれば、真のねらいは国家の面目よりも、物質的生活苦、ないしは戦争の恐怖に対する自己保全の利己心以外のなにものでもない、と彼らはいいきった。

現実の歴史の流れには、聖断があり、承詔必謹の大方針が決定し、すべては決まった。青年将校たちはすべてが決定したところから幻影をもとめはじめたのである。判断力と平衡《へいこう》感覚とを失いはじめた。彼らは事態を絶体絶命のものと信じていなかったし、かりに最悪の事態であったとしても、やはり起たねばならない。彼らには時の流れに対する悲壮な反発があった。その悲壮感に酔った。国体護持をつらぬこうとする自分たちの決意こそ、むしろ歴史の記録に永久に残るであろう、と。

夕食をおえて、録音までのしばしの時間をくつろぐ宮城内武官府に、石原、古賀の両参謀が姿をみせたのは、彼らの計画のある断面を物語っている。武官府の一室では蓮沼侍従武官長、侍従武官中村俊久《なかむらとしひさ》少将、同清家《せいけ》武夫《たけお》大佐らが打ちあわせなどをしているところで、二人の参謀が入ってくると、いっせいに訝《いぶか》しげな視線をあびせた。二人の参謀は平然として、

「今日、陛下の録音があるということですが、それはいつなのでしょうか?」

とたずねた。近衛師団参謀としての兵力運用の都合上知っておきたいともつけ加えた。武官長も両武官も返事をしなかった。それで二人の参謀はさらに追及した。

「それとももう終ったのですか」

「いや」と清家武官が答えた。

「武官長もわれわれも、録音があるとだけは聞いておるが、詳細についてはぜんぜん知らされていない」

とっさについた嘘というわけでなく、ただなんとなくそんな風に答えたのである。

「しかし」とひとりが食いさがろうとするのを、ほかのひとりが止めた。

「もう止せ。本当に御承知ないのであろう」

服装にも言動にもすこしの乱れはなかった。軍人らしい、いかにも忠実な敬礼をして、すぐに彼らは立去った。(24)


注(23)　一般的にいって「天皇御親政」ということが国体の中心の考え方であったが、戦争末期には、それが非常に後退して皇室の御安泰と同じこととして考えられるようになったともみられる。

(24)　清家武夫氏は二人の参謀の顔は見知っていて、名は知らないというが、古賀、石原両参謀であることはほぼ間違いない。おそらく彼らは録音放送の情報を得てそのさぐりを入れにきたのであろう。

〝小官は断固抗戦を継続する〟——小園司令はいった

午後八時——九時

椎崎、畑中、窪田、上原の青年将校たちの東奔西走と関係がなく、より強力な一派が午後八時には海軍航空基地を中心に、降伏を肯定できないがゆえに、団結を強めつつあった。

厚木三〇二空司令小園大佐は、南方ラバウルでかかったマラリヤが再発して、その日の午後いっぱい無念のベッドに横たわっていなければならなかったが、軍医長の応急手当の甲斐があって夕刻からは熱も下り、午後八時ちかくになってふたたび軍服を着ることができる状態まで回復したのである。起きると彼はすぐに航空隊の各科長（飛行、整備、機関、軍医、主計など）ならびに副長菅原英雄《すがわらひでお》中佐を司令室に集め、無条件降伏に対してとるべき厚木基地の態度、向背《こうはい》について、決意を明らかにしながら相談した。

「すでに十三日夜に貴官らにはかったとおり、こんごいかなる事態が発生しても、小官は断固抗戦を継続する決心であり、始終一心同体ですすんでもらいたい」

副長を先頭に各科長に否応あるはずがなく即座に司令の意見に同意した。そのとき一人の科長が、「海軍大臣より命令のあった承詔必謹と違勅《いちょく》の問題はどう考えるべきでしょうか」という疑問を吐露した。もっともな疑問であり、これを明らかにしておかなくてはこんごの行動から離脱者がでるかもしれない、と司令は考えた。

「いまの質問に答える。小官は国体に合致するところに違勅はないと信じている」

たしかに、その時刻には、廟議《びょうぎ》は終戦と決し、中央の陸海軍両省、参謀本部、軍令部は承詔必謹の方針をきめて粛然頭《こうべ》を垂れ、内閣もまた終戦詔書の副署をせんばかりの決定的な瞬間を迎えようとしていたのであるが、日本中に、縦横に、神経のように張りめぐらされた陸海の最前線では、いぜんとして苛烈非情の戦闘を戦っており、とくに陸海の航空基地では、十四日早朝敵機動部隊を日本近海に発見し、夜間攻撃あるいは夜明けに猛襲をかけようとわき立っているところであった。こうしたところに飛びこんできた降伏の命令を、素直にうけられるはずはなかった。

厚木基地では明朝の攻撃命令にそなえ、整備員と兵器員はもちろん、機関、工作、主計、看護にいたるまでが搭乗員といっしょになり出撃準備をすすめていたが、〝準備〟に没頭している基地ばかりではなく、出撃寸前のところもあったのである。たとえば、すこしはなれた埼玉県児玉にあった陸海混成の第二十七飛行団基地では、午後八時、出撃命令をうけた搭乗員たちが各飛行戦隊長の訓示に耳を傾けているところであった。そして陸軍爆撃機を改装した雷撃機（魚雷一本を搭載）三十六機が轟々たる爆音を一つにして夜空にとどろかせながら、暖機運転をはじめていた。彼らには日本の降伏決定など露ほども知らされておらず、これから苛烈な戦闘に突入していこうとしているのである。まだ日本中にはそんな基地がいたるところにあった。

そして東京では、第一線の戦闘員が知る知らないに関係なく、降伏詔書の清書が二人の佐野の手によってようやく終ろうとしていた。彼らが清書しはじめたころに、天皇は、詔書に眼をとおしたいとのことで、木戸内府の手をへてとり寄せた。やがて五個所ほど訂正され、これが総務課の方へ戻された。宮内省から内閣の方へも連絡がとられ、内閣理事官の清書していた詔書もこの部分が訂正されたりした。

侍従徳川義寛《とくがわよしひろ》はこの日、御代拝《ごだいはい》のため早朝から鹿島・香取両神宮へ車ででかけていたが、夕暮に帰り、皇后への報告をすますと、あわただしい終戦に関する準備の中にまきこまれ、ときどき佐野恵作総務課員のこもっている一室に顔をだし、詔書清書の手伝いをした。いいところへきたとばかり佐野課員は、「直された個所に紙を切って糊で貼っている間、読み直しをしておいてくれませんか」と徳川侍従に頼んだ。さらに佐野課員は、「ご詔書にこんなことは異例だが、書き直している暇はありませんでしてね」と苦笑した。

内閣の方の佐野小門太理事官も同じように貼り紙によってその個所を訂正していた。こっちも、書き直している時間はなかった。詔書の八百十五字、書き直すにはさらに一時間以上を要するであろう。そうなっては録音がますます遅れるばかりで、天皇をはじめ、多くの人々に迷惑がかかる。とくに、いたずらに時間を遅延することは、日本の和平の真意を疑ぐられて、連合軍の態度が硬化する惧《おそ》れがあるとして、外務省当局があせっていることがわかっていた。はじめは午後六時に詔書を公布、と同時に連合国に対して「ポツダム宣言無条件受諾」の電報をうつ予定になっていた。すでにそれから二時間余もおくれているのである。外務次官松本俊一は、三十分ごとに、内閣総務課長佐《さ》藤朝《とうとも》生《お》に電話連絡し、詔書の公布はまだかまだかとせかせている。佐藤課長は、これが眼がまわるほどの忙しさというのだな、と苦笑しながら、外務省に、宮内省に、そして閣議の席へと連絡をとりつづけた。これほどに急がれるとき、まさしく書き直している余計な時間などなかった。

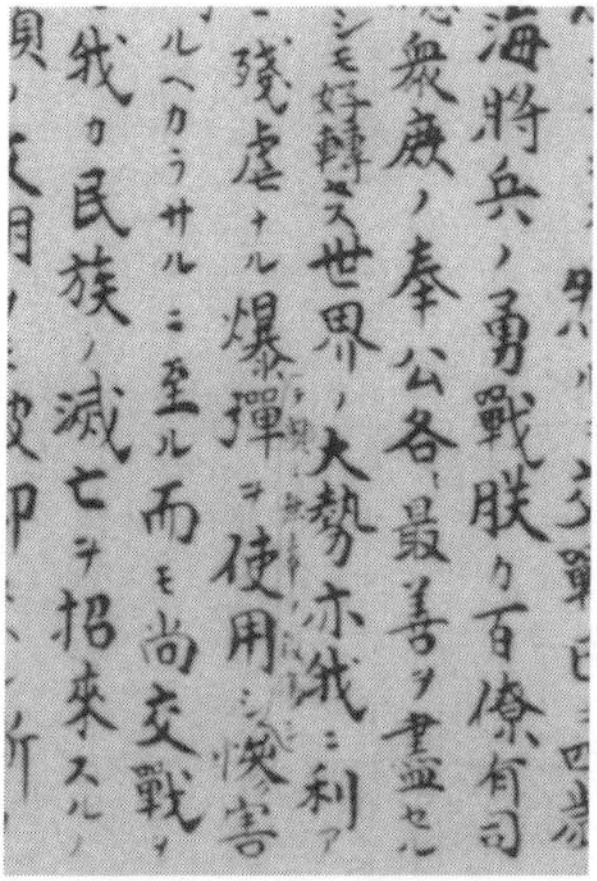

書き込みの残った詔書

紙を綺麗に切って貼った上に、佐野課員が訂正の文字を書き入れた。閣議で実に二時間余もみにもんだ〝戦局好転せず〟に、〝必ずしも〟という文字が入れられて戻されてきた[25]。徳川侍従も、佐野課員も、これが大論争の文字と知らなかったから、特別の感慨をもたなかったが、もし米内海相や阿南陸相、それから熱血の迫水書記官長がその場にいたら、いったいどんな表情をつくったことであろうか。

清書がどうやら終ったとき、内閣の方では思いがけない大事がもちあがった。念のためにと詔書の読合せをしてみて、アッといったなりに、佐野理事官は血の気を失った。あまりにも急げ急げとせっつかれたためであろうか、詔書はその三分の一ほどのところで、「敵は新たに残虐なる爆弾を使用し」とあり、その下に「て頻《しきり》に無辜《むこ》を殺傷し」という文句がつづくのであるが、これを書き落し、すぐに「惨害の及ぶ所真に測るべからざるに至る」と、佐野理事官の清書したものは短くなっていた。

佐野理事官も、佐藤課長もこうした場合にかつて直面したことがなかったので、処置に窮するばかりとなった。しかし、危急存亡の折である。詔書としてまことに異例なことであるが、この際は異例もまた許されることであろうとの結論にすぐに到達した。佐藤課長はいった。「書き込むよりほかにない」。こうして佐野理事官の手によって脱落した九文字が脇かっこをして小さな文字で挿入された。異例の詔書はこうして完成した。(26)

佐藤課長から閣議中の鈴木首相に詔書がとどけられた。鈴木首相はその後もだらだらとつづけられていた閣議をいったん休憩、さらに九時半再開ということにして、至急天皇に拝謁することにした。書き上ったばかりの詔書を奉呈、天皇の允裁《いんさい》をうるためである。いそいそと宮内省にやってきて、こっちでも、録音のさいに天皇が読まれるという、書き込みあり、貼り紙のしてある異例中の異例の詔書をみせられたとき、鈴木首相は茫洋とした老顔をくしゃくしゃとさせた。おかしくて笑ったのか、悲しくて泣いたのか、傍についてきている秘書の一《はじめ》にもさすがにわからなかった。つぎはぎだらけの二つの詔書が、なぜか、敗北の祖国を象徴するかのようにひどくふさわしかった。

八時半、木戸内府侍立のもとに、鈴木首相より差出された詔書は、天皇の允裁をうけた。終戦の詔書は完成した。

詔書をいただいて退出する鈴木首相に、ふと木戸内府は夕刻近衛公より内密だといって聞かされた情報をたしかめてみようという気になった。不穏な形勢があり、いつ暴動がおこるかわからない、そうした恐れはつねに念頭から去らないことであり、ある意味では覚悟の前であったが、それが〝近衛師団〟と指摘されたことが腑に落ちなかったのである。森師団長が夕刻に蓮沼武官長を訪ね、決して心配をかけることはありませんと明言していったいきさつも武官長から知らされている。誠忠の師団長があるかぎり、近衛師団に無謀な計画があるとは思われないが、万が一ということもある、というそれだけの理由で、鈴木首相に尋ねてみる気になったのである。

鈴木首相はあっさりこれを否定した。

「私は知りません。誰からも、なにも聞いておりませんな」

ぜんぜん気にもとめてないという風にさらにもう一言——、

「近衛師団にかぎって、そんな馬鹿な……」

木戸幸一内府

近衛師団は宮城守護をもって任ずる栄誉ある部隊である。それが天皇への叛乱ともいうべき暴動を企てるなどということが、軍人生活一本で生涯を生きてきた老首相には納得できないことであった。木戸内府も同じようなことを思った。そしてこれは近衛公のおせっかいにすぎないなと判断した、公はどうも噂に動かされすぎる傾向が強いようであると。

しかし、それは近衛公のおせっかいでも風説でもなかった。録音が終了してしまったのかどうか、天皇放送がいつなのか、どこから行なわれるのか、皆目《かいもく》情報はつかめなかったが、それが全国に流され、国民が天皇の意志を知り、終戦の事実を知ってしまってからでは万事休すなのである。椎崎、畑中ら陰謀者たちはそう考え、そう考えるがゆえにいっそう、近づき遠ざかってゆく〝時間〟というどうにもならぬ怪物にせきたてられ、計画を早めていくのである。

彼らは手わけして近衛師団の大隊長クラスを説得し、近衛師団における勢力を浸透させようと試みている。彼らは叛乱のプログラムの冒頭で、とりあえず森近衛師団長の名の上に×を印さざるをえなかった。しかし、参謀長水谷一生《みずたにかずお》大佐は森師団長の意向いかんでどうにでもなる。△印。参謀は古賀、石原がすでに加盟しこれは○印、もう一人の参謀溝口昌弘《みぞぐちまさひろ》中佐は軽井沢に出張中ゆえ考慮にいれる必要はなく、これで第一、第二連隊長を同意させ、大隊長、中隊長クラスが数人参加、こうして○印を多くしていけば、難物の森師団長も計画にやむなく同意することになるであろう、とそんな風にプランの進行を予想する。短時間のうちに計画をたて、準備をととのえ、遂行しようとする場合、多少の疎漏《そろう》と無理は已《や》むをえまいと彼らは考えていた。

彼らの活動はかなり活発で、陰謀じみた暗い翳《かげ》はみられなかった。近衛公のえた情報は、それゆえ、かなり信用度の高いものであったのである。しかし、木戸内府はそれを簡単に、公の軍部恐怖のあまりのとりこし苦労、と片づけてしまい、火がいつか自分の家の軒先にせまってきているのを理解しなかった。

しかし、そういうものの、木戸内府が足もとの火を理解できなかったのは、無理のないところでもあったであろう。陰謀の中心的存在になりつつある近衛師団歩兵第二連隊の曾我音吉副官ですらが、ちょうど苦心の詔書の清書が終ったころ、「宮城中心に不穏な動きがあって、なんでも近衛師団命令がでるかもしれぬが、それはニセ命令だそうだ。そっちにはそんな情報が入っていないか」という近衛師団歩兵第四連隊の副官からの電話をうけ、冗談も休み休みいえぐらいに思ったほど、師団の情勢に異状はみられなかったのである。

だが、計画は夜の闇にまぎれて着々ととのっていった。それは抗命行為であり、国家に対する叛逆であった。クーデターといっても、二・二六事件のように単に一つの政治体制に対する叛逆というより、国家全体に対する叛逆なのである。彼らの背後には彼らを支持する別の体制があったわけではない。いわば、黒幕的な将軍もなく、徒手空拳で歴史の流れを逆行させせようというのである。回天の大事業を、万死の勇気をもって実行しようというのであった。

彼らは作戦をたて、第二段階ともいうべき布石をようやく終ろうとしていた。曾我副官が四連隊副官よりの奇妙な電話をうけたのち、宮城内に入り、二重橋ぎわの警備司令所についたとき、副官はそこに見知らぬ三人の将校の姿をみとめた。通常近衛兵以外は入れないことになっている宮城内に、しかも夜も八時をとっくに過ぎたころになって、中佐がひとり、少佐がふたりやすやすと入れたということは、副官のそれまでの常識にはない経験であった。よくよく注意すれば、そこに事件の匂いをかぎとることができたかもしれない。しかし廟議の終戦決定を知らされていない曾我副官にとって、戦争末期の苛烈な敵の爆撃による凄まじい破壊と劫火《ごうか》にくらべれば、たいていのことが、それほど異常とは映じなかったのである。日本人全体が異常にたいして麻痺していた。

このころ、軽ベッドの上で眠ろうとつとめたが、あれを想いこれを考えしてついに眠りをはたさなかった朝日新聞柴田記者は、いったん休憩に入り閣僚たちが散っていったあとの首相官邸に戻ってきていた。まもなく終戦詔書の発表があるであろう、それですべてが本当に終ってしまうのであろうか、と思った。敗ければ、天皇は沖縄かどこかへ流されることになろう、婦女子は強姦され混血されるであろう、そうした噂が巷間に流れているが、もしそれが真実だとすれば、そんな形で生き永らえてなんの意味があるかとも思うのである。彼はうす暗い記者クラブの一角に坐しながら、「戦争」の正体をじっと考えつづけるのであった。

注(25)　佐野恵作氏の手記「詔書清書の件」などにはこう書かれているが、ほかのいくつかの記録では「戦局日に非にして」が、はじめ「戦局非にして」となり、さらに阿南陸相の主張で「戦局好転せず」となり、ついで「戦局必ずしも好転せず」と修正されて、やっとまとまったとするものが多い。

(26)　佐野理事官の記憶では、書き落しではなく、清書終了後に、内閣よりさらにこの部分の訂正がとどけられたため、やむを得ず書きこんだものであるという。歴史家茶園義男《ちゃえんよしお》氏の調べでは、佐野理事官の書き落しというよりも、閣議決定後の詔書成文が清書されたさいに、これらのミスが起きたものであるという。そのカーボン謄写をしたのは迫水書記官長で、清書の段階における状況は最悪であった。疲労は極限にまできていたし、清書を終えるまでそっとしておいてもらえる状況ではなかった。二人の佐野氏が浄書している間に、閣議室にとどけられていた閣議文書用の一枚が回し読みされていて、そのときに松阪司法相がいくつもの誤りを発見したものであるという。

〝師団命令を書いてくれ〟──芳賀連隊長はいった

午後九時──十時

午後九時、ラジオはその最後の報道の時間[27]にとつぜん聞くものをおどろかせるような予告放送を流した。明十五日正午に重大なラジオ放送があるから国民はみな謹聴すべしという意味のものであった。重大放送とだけいい、その内容についてはふれなかったから、聞くものはそこからいろいろの連想をはせた。

この文案はただちに新聞社にもくばられた。しかし新聞は二版刷りで、六時ごろに一版が締切られていたから、新聞社はとり扱いに困った。午後の下村総裁との記者会見で、御前会議による終戦決定の模様はあらまし伝わっており、詔書が公布され次第、各新聞ともそれを二版に入れるべく待機しているところであった。柴田記者は首相官邸のクラブで詔書を待ちながら、相変らず勇ましい軍艦マーチや大本営発表の間にはさまり、ポツンと報ぜられた重大放送の予告を聞いた。彼にはそれの意味するものがわかっているだけに、またしても敗北の感慨がつきあげてきて涙ぐんだ。

陸軍省軍事課長荒尾興功大佐もこの日、なんど涙ぐんだかしれなかった。昨日まで来客につぐ来客で彼はくたくたにされた。ある人は徹底抗戦をいい、神州不滅を説いた。ある人はおそるおそる戦局のなりゆきをたずねてきた。だが今日は、白石参謀とほかにもう一人の来客があったほか誰も訪ねてくるものもなかった。終戦決定の噂はかなり広範囲に広まり、敗戦となれば陸軍に用はなくなった、その一味と思われてはまずいというのであろうか。人心の向背《こうはい》ほど頼りにならぬものはないとしみじみ思った。こうして荒尾課長にとって帝国陸軍最後の日は陰鬱にもの淋しく暮れていった。濃い闇が市ケ谷台をつつみ、音という音はそのなかに消えた。まるで外界に対してここは防壁をつくっているようではないか。この静かな城塞《じようさい》のなかで今宵は心ゆくまで眠りたい。

また、課長はいろいろと噂が入ってくるたびに、畑中少佐や井田中佐のことを想いだした。聖断が下っていらい、ほとんど姿をみせなくなった彼らがなにを考えているかが、ある程度わかるだけに、陸軍の方針に叛《そむ》くような行動をとることは、国内に大きな混乱を起すことになり、そして生れるものは国家崩壊以外のなにものでもないことを、彼らに説ききかせてやりたいと思った。説ききかせてわからせる自信はなかったが、特に井田中佐に対しては道をあやまらぬようこれを抑えるのは、直接の上長としての彼の義務であった（このとき、井田中佐はすぐ近くの部屋で、不貞腐《ふてくさ》れてひっくり返り、死ぬことばかりを考えていたということを彼は知らなかった）。

しかし、そうは思いながらも、彼らの心情に対する深い理解が課長を悲しませる。若い将校たちがなにをするにせよ、彼らに祖国愛が欠如していると非難はできないであろう。彼らが目指しているのも明らかに日本の救済であった。救済を思う心は同じだが、ただ彼らの実行はいたずらに流血と混乱を招くのみで、最大の罪禍となる。彼は相反する二つの心に攻めたてられるのである。彼のなかの軍人気質《かたぎ》は屈辱の盃を平気でのみほせるほどの柔軟さをもっているわけではなかった。大打撃をあたえてからの有利な講和を、という望みを、なお追求する心を発見するのである。にもかかわらず、軍人の役割は決定があるまで最善をつくし、決定があればそれに従うことにある、といういさぎよい気持もあった。

こうして人気《ひとけ》の少なくなった陸軍省内で、さまざまな感慨にふけっているところを、荒尾大佐は当番兵から、阿南陸相が呼んでいるという知らせをうけた。大佐は服装を正し軍刀を吊ると、いそいで陸相官邸に車を走らせた。陸相は官邸にいると単純に考えたのだが、その少し前に陸相が陸軍省に戻ってきていたのを知らなかった。

陸軍省はひっそりとして、もはや終戦にさいしてのすべての役割は終ったかのようであった（事実、終戦劇の舞台は市ケ谷から宮城内へと移ってゆきつつあったのである）。門にも本館入口にも、衛兵や警備憲兵の姿がみられなかった。集団脱走という恥ずべき事実が、軍紀の総本山陸軍省にこのとき起っていたのである。彼らは明朝にでもなれば東京湾外に待機している連合軍が上陸して、戦闘が開始されるという噂(28)を信じ、それにおびえ、終戦の詔書が下って後からの犬死は真ッ平であると逃亡したものらしかった。陸相がもっとも恐れていた行為が、お膝下に起っているのである。

陸相は顔色ひとつ動かさず自室に入ると、自分の机の周辺を整理した。陸相秘書官林三郎大佐が手伝おうとするのをいいからといって止めると、竹下中佐を呼んでくれといった。当番兵がさがしにいったが姿は見当らなかった。陸相はそれでは軍事課長をと。このとき呼ばれた荒尾課長が誤って官邸の方へでかけていったのである。

荒尾課長が陸軍省に戻ってくるまで、陸相は軍に対して陸相としてなすべきことを遺《い》漏《ろう》なくやった。くり返し報ずるラジオ放送によって第一線へも、明日正午の天皇放送のことは伝達されるであろうが、なお念のために前線の各隊長に対して参謀総長との連名で、つぎのような電報を打っていた。

（前項略）

「御聖断すでに下る。全軍挙《こぞ》つて大御心《おおみこころ》に従ひ最後の一瞬まで光輝ある伝統と、赫々《かくかく》たる武勲とを辱めず、我民族の後裔《こうえい》をして深く感佩《かんぱい》せしむるごとく行動すること緊要にして、一兵に至るまで断じて軽挙妄動することなく、皇軍永遠の名誉と光栄とを中外に闡《せん》明《めい》せられんことを切望して止まず」

（中略）

「小職らは万斛《ばんこく》の涙をのんでこれを伝達す。右に関する詔書は明十五日発布せられ、特に正午陛下御自らラジオに依り、これを放送し給ふ予定なるをもつて、大御心のほどつぶさに御拝察を願ふ」（原文のまま）

それはむし暑い夜であった。室の中はうだるようで、しかし、ときどき涼風が、陸相のきれいに刈られたひげのあたりを一過する。窓外は黒洞々《こくとうとう》の闇夜であった。陸軍大臣の辞表も書いてふところにおさめた。こうしてなすべきことをおえた後、陸相は、軍の名誉も希望も灰燼《かいじん》に帰したいま、牢獄にもひとしい広い部屋のなかで、静かに坐して軍事課長のくるのを待っていた。五十八年を通して、きたえにきたえてきた、傑出した人格がそこにあった。この部屋で多くの血気の部下たちが憤激し慟哭《どうこく》したことなど、夢のようであった。

余計なまわり道をして大兵の荒尾課長が息をはずませながら入ってきた。九時半の閣議再開まで数分の間しかなかった。課長はしみじみと大臣を仰ぎみた。

「荒尾、若い立派な軍人をなんとか生きのこるようにしてもらいたい。警察官とかに転身できるように便宜をとってもらうことだ」

と阿南陸相はいった。いろいろいいたいことのうちから一つを選んでいったような感じであった。

「承知しました。……それで……われわれはこのあとどうしたらいいでしょうか」

と荒尾課長がたずねる。陸相は返事をせずにゆっくりと窓の方に歩みよった。少なくとも自分がこれからなにをしたらいいかだけは、陸相は知りすぎるほど知っているが。ふりむいて陸相は別のことをいった。

「軍がなくなっても日本の国は大丈夫だ、亡びるものか。勤勉な国民なのだよ。かならず復興する。こんどは君たちがそのお役に立たなくてはいかんな」

部屋をでて階段のところまで、葉巻の箱をかかえた中背な陸相と、大兵の軍事課長との間には一言もかわされなかった。軍事課長は日本の国は亡びないと力強くいった陸相の言葉をありがたく想いだしていた。自信が湧くようであった。階段のところで別れようとすると、「そうそう、君にもこれを」といって陸相は葉巻を二本さしだした。荒尾課長がうけとったとき、陸相はニッコリして、

「また、あとで……」

と気軽にいった。

陸相がふたたび夜の道を走って閣議室に戻ったときは、まだ半分ほどの大臣しか集っていなかったが、鈴木首相は詔書を机の上にひろげ、一刻を急ぐかのように全閣僚の参集を待っていた。すでに用意されていたすずり箱に新しい毛筆がおかれた。各大臣が署名し、印刷局に回付し、官報号外として公布する、それで手続きが完了する。

この完了の瞬間を、ほかの誰よりも待っているものに外務省当局があった。内閣の佐藤総務課長よりまもなく副署、公布の運びとなるであろうとの連絡があり、松本俊一次官を中心に、連合国に対する最終的の回答を発信するための万全の準備が、課員たちによってととのえられていた。スイスの加瀬俊一《しゅんいち》公使は米国と中国へ、スウェーデンの岡本季正《すえまさ》公使がソ連と英国への通告をうけもっている。東京からはこのふたりに打電するのである。

その中心となる文章は、His Majesty the Emperor has issued an Imperial Rescript regarding Japan's acceptance of the provisions of the Potsdam Declaration（天皇陛下におかせられては「ポツダム宣言」の条項受諾に関する詔書を発布せられたり）ということであった。

また、このとき外務省は、十二日いらい陸相と両総長が強硬に主張した武装解除・保障占領などにかんする諸条件を、日本政府の希望条項として、スイス政府をとおして連合国に申し入れた。たとえば武装解除の件についてはこんな文言がみえる。「ハーグ陸戦法規第三十五条を準用し、軍人の名誉を重んじ、帯剣は之を認められたし。また連合国側が、武装解除せられたる日本軍人を、強制労役に使用する如き意図を有せざるものと了解す。……」。それらがはかない希望であったことは、いまさら書くまでもないことであったが。

こうして対外的ならびに法制的に降伏の準備はすべてととのえられた。昭和六年の満州事変より十四年間もつづいてきた戦争は終るのである。残るのは日本国民の精神の問題であった。いかなる幻想をもそこには描けない、いや描くべきではないのであろう。無条件降伏した以上連合軍に望みうるものはまったくない。はてしなき絶望がつづくであろう。それにいかにして国民が耐えていくか。

政府と関係各省が準備をととのえたように、椎崎中佐、畑中少佐、窪田少佐たちの野心的な計画もうつべき手はうたれ、あとはなにかのきっかけを待てばいいところまでにまとまってきた。彼らは一時間余にわたり芳賀第二連隊長を説得し、ようやくその同意をえたのである。(29)同意をうるために、畑中少佐らは虚言をもちいた。すなわち、近衛師団をもって宮城とその外周を護り、外部との交通を遮断し、〝君側の奸〟によってあやまられている天皇のご意志の変更をお願いし、全陸軍が一丸となって国体護持に驀進するというこんどの計画を、「陸軍大臣、参謀総長、東部軍司令官、近衛師団長はすでに承認しているのである」と断じたのである。芳賀連隊長は人の言を信じやすい、だまされやすい性質をもっていた。

たとえ、だましたものにせよ、それが判明するまで、芳賀連隊長が彼らの計画に同意をあたえたということは、彼らの手によって宮城占領が成功したと考えていい。宮城を占領し、大臣や参謀総長が同意していなくても、天皇を擁して全軍に令すれば、屈辱の生か栄光の死かと、いまなお去就にまよう各方面の陸軍部隊はただちに意志を統一して蹶起するであろう。そのときにおよんでは、大臣、参謀総長も反対をいわないであろう。そこで陸軍だけの軍事政権を樹立して聖断の変更をお願いする――それが彼らの大計画であったのである。

一直線に、彼らは構想をおし進めてきた。しかし、彼らの計画には致命的な欠陥があったのである。この構想のために絶対不可欠であり、芳賀連隊長説得にたいしてもっとも有効であった陸軍大臣、東部軍司令官、近衛師団長三人の同意を、ただの一つもえていなかった。最悪の場合を考えても近衛師団長の堂々たる師団命令だけは絶対に必要である。それがなくては、いつ芳賀連隊長が彼らの陰謀に気づくかしれなかった。そしてかんじんの近衛師団長森中将が最高に難物であった。まだかなり疑心暗鬼の気持をのこしている藤井大尉がそのことを口にだしたとき、畑中少佐がはっきりといった。

「そのときには斬る」

その断固たる言葉に、藤井大尉も上原大尉も「わかりました。やります」と答えた。青年将校たちは確信に満ちていた。とにかく計画どおりに運んでいる。そしてこれからも進むであろう。彼らは意気揚々としていた。

曾我副官が、芳賀連隊長に呼ばれて警備司令所に入ったとき、さっきの三人の見知らぬ将校たちは落着きはらって椅子に腰かけ、軍刀を股の間に立てて柄《つか》に両手を重ねていた。曾我副官がとっさに感じたのは異様にはりつめた部屋の空気である。連隊長は副官の顔をみるといった。

「師団命令を書いてくれ」

あらためてなんの命令書だろうかと思ったが、副官は黙って作成の用意をした。芳賀大佐はちょっと考えていた。三人の将校は一言も発しなかった。副官が伏せていた顔をあげて連隊長をみると、連隊長は、いややめよう、といった。御苦労だった。もういいからといわれて副官は外へでた。副官にはなんのことか、なにがはじまろうとしているのか、かいもく見当がつかなかった。

もう十時に近かった。閣議の席では、ようやく大方の閣僚の顔がそろい、鈴木首相から詔書への副署がはじめられていた。こくすった墨をたっぷりとふくませ、まず首相が太い字で鈴木貫太郎と記した。

注（27）当時ニュースを報道といっていた。またこの予告文案を書いたのは、情報局放送課の周藤二三男氏であった。

（28）当時この噂はかなり信ぜられるものとして広まっていた。これが終戦とともに一両日中に上陸してきたら、かならず小ぜりあいが発するであろうと軍指導層はおそれていたという。

（29）関係者がすべて故人の今日、芳賀連隊長が同意していたかどうか、事実は判じ難い。しかし、畑中少佐が本郷の旅館に竹下中佐を訪ねたときの発言、ならびに芳賀連隊長と畑中少佐らとの結合が破れるときの事情からして、芳賀連隊長はだまされて同意したとみるのが正しいと考える。

〝斬る覚悟でなければ成功しない〟——畑中少佐はいった

午後十時——十一時

閣議室で閣僚の副署はつづけられていた。下村総裁の秘書官川本信正は、別室で、閣議の終了を待っていたが、宮中にいっていた放送課長山岸重孝よりの電話で呼びだされた。電話はまず録音準備が完了していることを伝えた。「さんざん待たされて、どうやらやっと……という感じだ」と山岸は笑った。そして大橋放送協会会長らとも相談したのだが、と前おきして、

「総裁にも宮中へ参内して、録音に立会ってもらいたいというのだが……」

といった。川本はすぐ、いま総裁は閣議室にはいるからと応じて、「とにかくなんとか連絡をとって、宮中へ参内するようにする。御苦労でした」とその労を多とした。

閣議室への出入りはきわめてきびしく、秘書官といえども入室を禁じられていたので、川本はただひとり閣議へ出入りを許されている官邸の名物老人柳田某にメモを託した。

閣議室ではつぎつぎと大臣の副署をおえていた。静寂があたりを支配している。室の

造りのいかめしさとは対照的に、その場に列している閣僚たちはくすんでみすぼらしくみえた。肉体的にも精神的にも疲れきっていたが、詔書が自分の前にまわされてくると一様に曲った背すじをのばし、のこされた唯一つの仕事に全精力をそそぎこむかのように、いかめしい姿勢をつくった。眼鏡をかけ詔書をなんどもなんども読みかえしている大臣もあり、大変な時間がかかっていた。鈴木首相、米内海相、松阪司法相ときて、つぎに阿南陸相の署名する番がきたとき、いちどだけ部屋の空気が微妙にゆれた。軍刀が邪魔になりそれを脇に立てかけるのにやや手間どったが、陸相はすらすらと表情も変えずに署名をおえた。ずっと長く支配をつづけた日本陸軍のカーキ色の影が、政治の舞台から消えてゆく一瞬であった。

松阪広政司法相

下村国務相は副署が終ると、録音に立会うので中座すると挨拶して閣議室をでて、外で待っていた川本秘書官にいっしょにくるようにといった。総裁と秘書はともに国民服を着ていたので、宮中へいくために儀礼章をとりつけながら自動車に乗りこんだ。助手席に拳銃を胸にだいた側衛の今野巡査が私服で乗っていた。三人を乗せた車は真ッ暗闇のなかを走りだした。焼跡の暗黒のなかにほの白くみえる道が、人気《ひとけ》がないためによりいっそう広々として北に延びている。廃墟の上の星空は一か月前と同じであった。一年前とも同じであり、これから何千年の後も同じであろう。

そして、祖国滅亡の狂乱と興奮はやがて消え去り忘れ去られる、と川本秘書官は観じた。

静かな夜はこうして刻一刻とたっていった。表面的にはなにも動いていないかのようにみえた。これからポツダム宣言受諾の重大電報をうつ外務省をのぞいては、騒がしかった各省もほとんど人影もなくなり、黒一色のなかで森閑とし眠りに入ろうとしていた。宮城内では録音とは関係のない清家、中村の両侍従武官がベッドに入ろうとしていた。武官長室の隣室に応急に二段ベッドをつくり、上に清家武官、下に中村武官が寝ることになっていた。陸軍省軍務局員の宿舎になっている駿河台の渋井別館では、竹下中佐が早目に戻り、同僚の白井正辰《しらいまさとし》中佐、浴宗輔《えきそうすけ》中佐らとなんという特別な話もなくひさしぶりに酒をのんだ。酒でものむ以外になにもすることがなく、ただぼんやりとしたいために酒をのむ、そんな感じである。酒をのんで回想すべき一日もなかった。すべては空しく、そして漠としている。荒野をひとりで、足をひきずり歩いているようであった。そして明日は？　明後日は？　明後日のその先は……中佐の心はそこまで届かない。

厚木飛行場では——ここでも異常な動きはなにもみられない。将兵がそれぞれの持場であたえられた任務を確実にはたしている。司令室の小園大佐が机にむかってしきりに頭をひねっているのは、明日の天皇放送の結果いかんでは、全海軍の先頭に立って指揮をとるつもりである。そのときにさいしての全軍あてに打つ電文の文案をひねっているのである。

「赤魔の謀略に翻弄されたる重臣閣僚は、全聖明を覆い奉りて、前古未曾有の詔勅書の渙発を拝し、誠に恐懼極まりなし。次に来るべき停戦命令あるいは武装解除命令は、天皇を滅し奉る大逆無道の命令なり。かかる命令に服従することは、同じ大逆無道の大不忠を犯すこととなる」

と書いたそのあとに、彼は彼の怒りと悲しみをぶちまけた。

「日本は神国なり、絶対不敗なり、必勝の信念に燃ゆるわれら実施部隊員が現態勢を確保して醜敵の撃滅に団結一致せば、必勝は絶対に疑なし」

マラリヤ再発でもうろうとしている頭脳、弱っている身体、そして溢れる想いには非常に疲れる作文であった。一行書いては消し、また一行書いては消した。たえず書きつづけているようであるが、実際には数行書いては立止り、筆をとめ、息をつく時間が長くなってきているのであった。大佐は「必勝は絶対に疑なし」と書いてペンを投じた。

また考え直して一行をつけ加えた。

「各位の同意を望む」

彼ほどの猛将をもってしてもなお、詔書降下後に、はたしてふだんから強そうなことをいっている各隊長らがついてくるかということに関しては、不安なきをえなかったのである。大義名分がありさえすれば、人はきまってその隠れ蓑の下に身をかくしたがるものなのである。

このころ、椎崎中佐と畑中少佐たちの、生命を賭しても信念に生きようとする策謀は、ようやく軌道に乗って実現しはじめた。この数時間の間に、彼らが点火した叛乱の火は火花をいたるところにまきちらし、合図一つで燃え上るところまでに大きくなった。彼らが恐れねばならぬものはなんにもなかった。破局にさいして、なお戦争遂行に狂奔する彼らは未然に逮捕されるべきであるのに、なんらの拘束もなく、彼らは自由に飛びまわることができた。〝畑中一派がなんかやるかもしれない〟という噂はかなり広まっているのであるが、上官も同僚も、畑中らの動きをいわば黙認した。実感的には絶望と観じていたが、心理的には勇敢な軍人でありたいとする気持があり、その気持から畑中少佐らの動きに対する黙過があったのであろうか。

まとまってこそ陸軍は強力であったが、敗北、そしてこれ以上の抵抗の無意味さを認識したとき、軍人はひとりひとりばらばらにされ、裸の人間としてとりのこされた。そしてとりのこされてみると、皇軍にも無条件降伏があるのだということが、決定的に、しかも事実によって証明され、彼らの心に喰いいってきた。国民にたいする大きな背信である。そうした男たちの眼には、そして心には、椎崎中佐、畑中少佐たちの行動が驚異であった。その強靭な精神的抵抗力が恐怖ですらあった。青年将校の行動を意識することは自分の道徳的勇気をためされているようで不愉快でもあったのである。そのあまりの純粋さを軽くさげすんだ。おそらく、そうした複雑な感情がいりまじり組みあわさって、多くの軍人たちは椎崎中佐、畑中少佐らの動きを黙認することになったのであろう。英雄的狂信者たちはこのため大手をふって、いつなんどきでも陸軍省の門をくぐることができた。

十時半をわずかにすぎたとき、陸軍省の一室でずっと寝泊りしていた井田中佐は、その部屋で、寝入りばなを椎崎中佐と畑中少佐に起されて不愉快な表情をした。明日は死ぬ身、今夜ぐらいはゆっくり眠りたいと思い、また、自分の疲労がどんなに激しいかを考えてみよと内心怒りを感じたのである。二人の闖入者《ちんにゅうしゃ》は別に詫びの一言をいうでもなく、すぐに用件をきりだした。畑中少佐がほえるように、中佐殿の同意を懇願にまいりました、といった。懇願？　そう、昼間いちど畑中少佐が断わられたので、あらためて出馬を願いにきたと椎崎中佐がつけ加えた。

「近衛師団は、師団長閣下以外はすべて同意いたしました。森閣下さえ同意くだされば、ただちに蹶起《けっき》いたします」

と畑中少佐は大事を世間話をするようにうち明けた。

「そこで」と少佐はいった。「中佐殿にいまこそ出馬をお願いしたい」

畑中健二少佐

なぜなら、森師団長は陸軍大学時代の教官であるため少佐自身では押しがきかない。古賀参謀は信用があっても年齢的に子供扱いにされる。そこでどうしても井田中佐に説得役をひきうけてもらいたいというのである。

井田中佐は答えた。「ひきうけて自分がいっても、森閣下は同意されないかもしれんぞ。もし同意されないときはどうする覚悟だ？」

「あなたがいっても師団長が同意しないならば、そのときにはあきらめます。しかし、いまの場合、同意するしないは問題ではなく、最後の努力をするかしないかが問題なのです」

畑中少佐は一歩乗りだした。その真剣なまなざしをうけとめながら井田中佐は、少佐たちが利欲や怨恨や功名心から、国家に対して陰謀を企むような卑劣な叛逆者の一味でないことだけは深く理解した。だが、参加するしないは別の問題であった。井田中佐は隣室の軍事課員島貫《しまぬき》重節《しげよし》中佐を起し、彼の意見を問いただしてみた。「もうなにをしても無駄だ。あきらめろ」と島貫中佐はいった。彼もまた道の終点に立っている男であった。井田中佐は戻ってきて島貫中佐の意見を伝え、畑中少佐にいった。

「いまは、われわれ仲間のものを説得するのでさえすでに困難な状況になってしまっているのだ。いわんや師団長においてをやだ。師団長はうんといわんぞ。だから森閣下がうんといわないときは、どうするつもりか、はっきり聞いておきたいのだ」

はじき返すように椎崎中佐の返事が戻ってきた。「至誠は天に通ずると思う。それをわれわれは確信する。しかし、最後には……」と思わずいいよどむのに、畑中少佐が押殺したようにいった。

「斬る覚悟、でなければ成功しないと思います」

斬る？　なんのために——、と井田中佐は考えたが、

「東部軍の動きはどうだ」といった。

「いちおう、軍司令官の説得にはまいりました。いまのところ未知数ですが、近衛師団が起って宮城に籠城すれば、天下これにしたがうと確信します。間違いありません」

「なるほど、さっきから聞いていると、きみたちの計画の根本は、近衛師団が天皇を擁して宮城に籠城する態勢をとる、という一点にあるようだが、そのためにどうすればいいか。結論的にいえば、師団の団結が成否のカギになる。師団長が率先陣頭を指揮せぬかぎり、このような籠城は不可能であろう。なのに師団長を斬らねばならぬという。師団長を斬るような状況で見込みがあると思うのか。これは大義名分を失った単なる暴動にしかすぎなくなる。社会的争乱をひきおこすのが目的ではないはずだ」

畑中少佐が泣かんばかりになって、「絶対大丈夫です。絶対に大丈夫です」とくり返した。

「井田中佐殿に出馬してもらって、師団長が動かないならあきらめます」

井田中佐は念をおした。「本当にそのときはあきらめるな」

畑中はあきらめますと明言した。井田中佐はもうそれ以上念をおす気にならなかった。中佐は心に衝撃をうけていた。

中佐は決心を固めた。師団長の説得はほとんど見込みはないであろうが、畑中少佐のいうようにやるだけはやってみるのが正当であり、それが幾百万の英霊に答える道であろう。祖国をこのまま死なせてはならない、新しい生命をあたえて生きかえらせねばならぬ。井田中佐は森師団長の返事に自分の運命を賭けてみようという気になった。

もともと竹下中佐、井田中佐、畑中少佐の三人は東大教授平泉澄《ひらいずみきよし》博士の直門として昭和十年ごろよりずっと兄弟弟子の関係にあった。彼らは平泉博士より、自然発生的な実在としての国体観を学んでいた。一言でいえば、建国いらい、日本は君臣の分の定まること天地のごとく自然に生れたものであり、これを正しく守ることを忠といい、万物の所有はみな天皇に帰するがゆえに、国民はひとしく報恩感謝の精神に生き、天皇を現《あら》人神《ひとがみ》として一君万民の結合をとげる——これが日本の国体の精華であると、彼らは確信しているのである。

その考え方からすれば、無条件降伏の根本理由などは、自分の生命が惜しいからという売国奴《ばいこくど》の論理であるか、早ければ早いほどあらゆる面での損害が少ないからという唯物的戦争観でしかない、との結論に到着するのである。彼らの考えるところでは、戦争はひとり軍人だけがするのではなく、君臣一如《いちにょ》、全国民にて最後のひとりになるまで、遂行せねばならないはずのものであった。国民の生命を助けるなどという理由で無条件降伏するということは、かえって国体を破壊することであり、すなわち革命的行為となると結論し、これを阻止することこそ、国体にもっとも忠なのである、と信じた。

こうした議論は、彼ら三人を中心に九日いらい数限りなくくり返され、たがいに確かめあってきた。その意味では井田中佐ははじめから畑中少佐と心理的には同調していたのである。ただ、彼は遵法《じゅんぽう》精神の旺盛な軍人であった。叛逆者でもなく、革命家でもなかった。大臣、参謀総長、東部軍司令官、近衛師団長四者の一致を条件とするクーデター計画に全力を投入した事実は、彼のそうした性格を物語る。しかし聖断下り、計画消滅と決して、彼は絶望の底に深く沈んだままでなのである。その彼の前で、畑中少佐が泣かんばかりに懇請しているのである。その心情を思い、また死生をともにした友を見捨てるわけにゆかないとする友情と義務感が、絶望の底から彼を徐々にひき上げてきた。

「畑中、承知したよ。やれるだけやってみよう」

と井田中佐は、それが自分の運命であろうというあきらめたような口調でいった。暴徒となるのが目的でない。クーデターが成功するか、失敗するかについて、できるだけ早く判断し、失敗の場合はただちに自分が責任をもって計画を放棄させよう、そんな気持も、井田中佐に同意の返事をいわせた要因であった。

畑中少佐はぱっと表情を明るくした。にっこり笑った彼の顔には満身の喜びがあふれていた。すっかり日焼けした顔に白い歯が美しく印象的である。握手は温かかった。井田中佐は疲れもとけていくような気がした。明日になれば新しい日本がはじまっているか、さもなければ、われわれは死んでいるだろうと中佐は思った。

中学二、三年ごろに読んだ小説で、校友会雑誌にのっていた稚拙きわまるものであったが、妙に彼の心にのこっている物語《ストーリー》があった。幕末、大垣藩は勤王佐幕論争の渦にまきこまれ、大激論の結果、藩は一致して勤王の態度を決したが、なお二、三人の青年武士が徳川家の恩義に報いるべく脱藩、賊軍に身を投じるというものである。井田中佐は、椎崎、畑中らと心を許しあった同志として肩をならべ、陸軍省から近衛師団司令部への道を自転車のペダルをふみながら、この小説を想いだすのであった。市ケ谷台をひとたび去りて復《ま》た還らず、それは脱落の心に通じた。賊軍になるか、皇軍になるか、そのことは天命にまかせよう。自転車は古びてさびついているのだろう、どれか一台がキーキーと神経をいらだたせるような音を、深夜の、静まりかえった町に投げかけていた。

十時五十五分、突然、警戒警報のサイレンがこだまして鳴りわたった。天皇は録音のため御文庫をでようとしていた。内廷庁舎の録音室(御政務室)では下村総裁、大橋会長を中心に、関係者が録音の手はずから明日の放送にさいしてのプログラムにいたるまで、万端の準備打合せをおえて、天皇のお出でを待っていた。首相官邸閣議室では、詔書に最後のひとり小日山運輸大臣が署名を終ろうとしていた。そんななかで警戒警報が発令されたのである。

天皇はかまわず御文庫をでようとした。敵編隊がどこを目標としているか不明であったので、危険と思い、あとに従っていた入江侍従があわててお止めした。天皇は承知した。

事実、〝猛牛《ブル》〟ハルゼイ大将指揮の米大機動部隊が、日本が万一にも降伏しない場合に備えて、八月十三日いらい日本近海に遊弋《ゆうよく》していたのである。そして十四日夜半、いまだ日本政府からの通告をうけとっていないゆえをもって、作戦予定どおり十五日夜明けからの攻撃を企図し、房総半島沖の発進地点へむかっての前進を開始した。

また、マリアナ基地のB29二百五十機も、日本降伏を督促するかのように、高崎、熊谷、小田原、秋田などの数目標を設定、これに分散攻撃を加えるべく飛び立っていた。それらが太平洋上の警戒網にすでに入ってきていた。

この敵の大きな動きに、海軍総隊司令部は本土四周全部に警戒警報を発した。とくに九州の第五航空艦隊司令部には「敵本土上陸近し」の緊急警報を発した。宇垣纏《うがきまとめ》中将（五航艦長官）は日記に「我降伏提案の時機に投じ、四周より虚勢を以て我屈服を促進せんとするに帰するものと認めたり」と書き、なお旺盛な闘志を示していた。

歴史のなかにさまざまな想像が許されるならば、たとえば詔書の字句の審議がもっと長びいていたら、井田中佐がもっと早くクーデターに参加することを承知していたら、敵Ｂ29大編隊が東京攻撃を目標としていたらなどなど、その結果はこれからどう進行したかわからない。一分一秒の狂いが大きな相違を生んだ。いろいろなことが微妙にからみ合い、まるで〝タイム〟を競っているかのように、一つの場所に集中殺到していた。終戦劇は、いまや宮城内が舞台となった。陸軍省から首相官邸へ転換し、さらに宮中へ視点を移さねばならない。これまで劇はゆっくり展開してきたが、このときから急速な動きがはじまろうとしていた。

〝とにかく無事にすべては終った〟——東郷外相はいった

午後十一時——十二時

外務次官松本俊一は、内閣の佐藤総務課長が終戦の詔書の正式公布をうけるため閣議室に入ったことを電話連絡によって知ると、すぐ大江電信課長に命じ、最終的回答を連合国に発信させた。日本の降伏は決定された。閣僚が副署中に、さらにもう一通田畑喜代子によって詔書の写しがとられていた。普通はこれを官報課に廻すのであるが、この場合は緊急にして、さらに重大な詔書であったため、佐藤総務課長は官報課長を呼びつけてこれを手渡した。しかし、印刷が不自由だったので実際には官報はでなかったが、記録上、官報号外をもって詔書は公布されたということになった。

九日いらい、議論に議論を重ねてきた閣僚たちにはひとしく一段落の気持があった。疲労、心労がいちどにでた。こもごもに疲労して顔にあぶら汗をうかばせた。彼らは誰よりもまず最初に知らねばならなかった、大日本帝国は終り、これからの日本国は政治経済あらゆる面において、連合国権力の〝管理下に入れられる〟(サブジェクト・トゥ一）ということを。彼らの前にある運命は暗く、不確かなものであった。歴史上はじめて経験する敗北の意味を、彼らはほかのものより先んじて考えねばならなかった。

それにしても、やっと、すべてが終ったのである。これからどうなるか、連合国がどうするつもりであるかわからなかったが、彼らがしなければならないことだけはよく知っていた。鈴木首相をはじめ多くの閣僚たちが考えたことは「辞任」ということである。敗北の責任ということであり、つぎの新しい日本へのバトンタッチという意味もあった。

阿南陸相のせねばならないことはすこし違っていた。彼は軍刀を腰に吊り軍服を正すと、感慨無量といった感じの東郷外相のそばに寄り、姿勢を正すと上半身を十五度に折って敬礼をし、「さきほど保障占領および軍の武装解除について、連合国側にわが方の希望として申し入れる外務省案(30)を拝見しましたが、あのご処置はまことに感謝にたえません。ああいうとり扱いをしていただけるのでしたら、御前会議で、あれほど強くいう必要もなかったのです」といった。

東郷外相は苦笑した。この問題について陸相と外相がやりあったのは、陸相が条件として連合国に認めさせようというのにたいし、外相が希望としてならいいが、条件として附加すればせっかくの交渉がこわれる恐れもあると反対したからではなかったか。「いや、希望として申し入れることには外務省としても異存なく、それは私もたびたびご説明したはずなのですが……」と外相は皮肉たっぷりに答えた。

阿南陸相はさらに丁重に腰を折って礼をすると、「いろいろ本当にお世話になりました」といった。外相は怪訝《けげん》な面持で、あわててこの礼をうけ、「とにかく無事にすべては終って、本当によかったと思います」と答えるほかはなかった。両雄は笑って別れた。生涯にふたたび会うことはなかったが、ふたりは最後まで好敵手であったのであろう。

陸相がせねばならない別れの挨拶はまだのこっていた。陸軍省の自分の部屋からわざわざ持参した葉巻を小わきにすると、彼は大股に靴音をひびかせながら、総理大臣室に向った。閣議室の一つおいたとなりが、総理大臣室である。室のなかでは、首相、書記官長、秘書官らが静かな空気を保ちながらむきあっていた。首相のおどけたような老いの面貌の下には、深い疲労感と虚脱感とが蔵されていた。失われた長い月日を思うかのようであった。迫水書記官長はさめざめと涙を流していた。無我夢中で、全精力を「戦争をやめること」に傾けてきて、眼がさめたら万事はうまくいっていたという、拍子抜けの感じがあった。それにしてもよくやったと自分を誇りにも思う感情が、底の方を流れていた。彼らは誰もが、部屋の調度品の一つにでもなっているかのように、ひっそりと、行儀よく腰かけていた。

そこへ帯刀、白手袋の陸相が入ってきた。彼は失礼しますといいながら、首相のそばまで歩みよると直立不動の姿勢をとった。そして静かに口をひらいた。

「終戦の議がおこりましていらい、私は陸軍の意志を代表して、これまでずいぶんいろいろと強硬な意見を申上げましたが、総理にご迷惑をおかけしたことと思い、ここに謹しんでお詫び申上げます。総理をおたすけするつもりが、かえって対立をきたして、閣

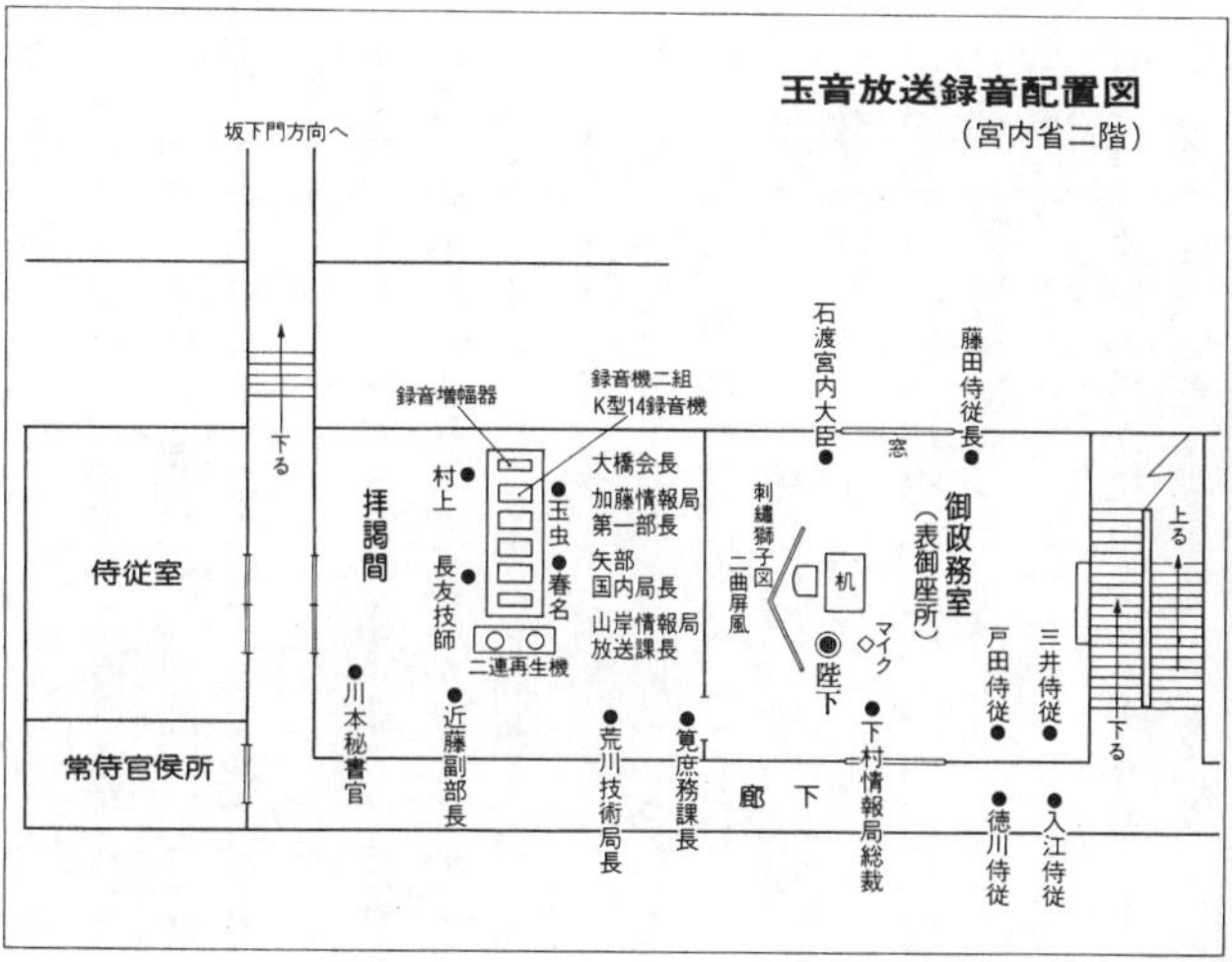

玉音放送録音配置図
（宮内省二階）

僚としてはなはだ至りませんでした。私の真意は一つ、ただ国体を護持せんとするにあったのでありまして、あえて他意あるものではございません。この点はなにとぞご了解くださいますよう」

いつか首相も椅子を離れていた。陸相の言葉には美しいひびきがあった。眼には真剣な光があった。首相は長い眉を動かして、わが子をみるように陸相の緊張した顔をじっとみてから、その肩に手をやった。

「そのことはよくわかっております。私こそ、あなたの率直なご意見を心から感謝し拝聴しました。みな国を思う情熱からでたものなのですよ」

陸相は深くうなずいた。子供の素直さを思わせるうなずき方であった。

「しかし、阿南さん」と首相はつづけた。「日本のご皇室は絶対に安泰ですよ。陛下のことは変りません。なんとなれば、今上陛下は春と秋の御祖先のお祭りを熱心になさっておられますから」

「私もそう信じております」と陸相は悲しげに答えた。

「それに日本の前途にも私は悲観ばかりしていませんよ」

陸相は強くうなずいた。「まったく同感であります。日本は君臣一体となってかならず復興するとかたく信じております」

二人の大臣はそして、しばらく沈黙のうちにみつめあった。陸相はやがて小わきにしていた新聞紙包みの葉巻を差出して、「これは南方第一線からのとどけものであります。私はたしなみませんので、総理に吸っていただきたく持参しました」といって、首相の机の端の方においた。

陸相は敬礼をして静かに退出していった。書記官長が玄関まで送って、総理室に戻ってきたとき、鈴木首相はいった。

「阿南君は暇乞《いとまご》いにきたのだね」

書記官長は、夕闇のなかにたちまちのまれてしまった陸相のがっしりとした後姿のシルエットをそこに描いた。書記官長の身体から、なにかしら熱いものが流れでてくるようであった。

陸相の自動車は真ッ暗い焼野原の夜道を走って、三宅坂の陸相官邸についた。同乗の林秘書官は玄関のところで、閣議のはじまる前に陸相から頼まれていた半紙二枚を手渡した。半紙すらが特別に準備しなければ容易に手に入らない時代であった。林秘書官が立去るとすぐ、お手伝いの女性が陸相に「いつもの注射、すぐにいたしますか？」ときいた。陸相はちょっと戸《と》惑《まど》って、苦笑をうかべたが、「ウム」というようにうなずいた。彼は毎晩、疲労回復のビタミン注射を打っていた。

閣議は終り、そして天皇の録音はこれからはじまろうとしていた。阿南陸相の自動車が官邸の前でとまったころ、十一時二十五分、陸軍大元帥の軍服姿の天皇は、入江侍従をしたがえて御文庫を自動車で出発、御政務室へ入られた。まだ警戒警報はとけていなかったが、宮内省防空課長松岡進次郎《まつおかしんじろう》が東部軍に敵機にかんする情報を照会し、「東京にむかう様子がない」と東部軍民防空係藤井恒男《ふじいつねお》中尉の回答をえて、録音強行ときまったのである。

建物の窓という窓には鎧戸がぴたとおりていて、内部の明りは洩れなかったから、部屋に電灯は煌々《こうこう》ともされていた。明るい御政務室のほぼ中央にスタンドのマイクがすえられてあり、刺繍《ししゅう》獅子図二曲の金屏風をまわし、窓ぎわに宮内大臣石渡荘太郎《いしわたそうたろう》、藤田侍従長、廊下側に下村総裁らが立って天皇を迎えた。藤田侍従長は、御文庫で天皇が詔書宣読の練習をされているのを承知していたが、連日連夜のご疲労を思えば、首尾よく終ることを祈らざるをえないような気持にかられていた。

石渡宮相は別の感慨にとらわれていた。それはよくここまで無事に到達したものだという喜びでありおどろきであった。八月十二日にとつぜん天皇が皇太后に会いたいといわれたことを、宮相は胸を熱くしながら思いだすのである。そのとき天皇はいった、「自分はいま和平を結ぼうと思って骨を折っているが、これが成功するかどうかわからない。だから、あるいは皇太后様にお目にかかれるのも、こんどが最後になるかもしれぬ。一目お会いしてお別れを申上げたい」——天皇にすら、和平実現に真の確信はなかったのであろう。軍の強い動きによって最悪の事態に直面するかもしれぬことをおそれた、決死のご覚悟といってもよい。

たしかに天皇をはじめ誰もが決死の覚悟であった。そして今日までやっと登りつめたのである。よくぞ来つるものかなの感慨は石渡宮相にとって、いとも自然な気持の流出であったのである。

やがて天皇が三井安彌《みついやすや》、戸田両侍従をしたがえて入室した。その軍服姿を眼にしたとき、隣室のすみに立っていた川本秘書官は思わず身体をふるわせて、自然に深々と頭を垂れた。三井、戸田両侍従は廊下側のとびらのそばに立った。隣室にいた録音関係者も最敬礼で壁のむこうに天皇を迎えた。情報局の加藤第一部長、山岸放送課長、放送協会の大橋会長、荒川局長、矢部局長、近藤副部長、長友技師、春名、村上、玉虫の各技術部員たちと、宮内省側の筧《かけい》庶務課長がこれらの人びとであった。人いきれと鎧戸をとざした熱気で部屋はむれかえるようである。しかし、人びとは暑さも忘れ去ってしまうくらい緊張しきっていた。

天皇がきいた。「声はどの程度でよろしいのか」

下村総裁が普通の声で結構の旨を答えた。荒川局長が、隣室のとびらのすぐそば、下村総裁がよくみえる位置に立っている。一歩、下村総裁が天皇の前に進みでて、うやうやしく白手袋の手を前に差出しながら一礼した。その白手袋が合図で、ただちに荒川局長は技術陣にめくばせした。録音がはじまった。

「朕深ク世界ノ大勢ト帝国ノ現状トニ鑑ミ……」

天皇は詔書を読まれた。長友、村上が調整、春名、玉虫がカッティング（録音盤に音のミゾを刻みこむ）という技術陣万全の配置であった。天皇の低い声は録音盤を刻むカッターの静かな流れのなかに吸収されていった。藤田侍従長、下村総裁から川本秘書官に至るまで、一語一語をかみしめるように聞いていた。天皇のお声のほかに音ひとつなく、外は大内山の森閑たる夜であった。

「爾臣民ノ衷情モ朕善ク之ヲ知ル　然レトモ朕ハ時運ノ趨ク所　堪ヘ難キヲ堪ヘ　忍ヒ難キヲ忍ヒ　以テ万世ノ為ニ太平ヲ開カムト欲ス……」

みなの顔に滂沱《ぼうだ》として涙が流れ、歯をくいしばって嗚咽《おえつ》をたえている。

五分ほどで録音を終った。「どんな具合であるか」と天皇はきいた。筧課長から小声でただされた長友技師は、これも低い声で「技術的には間違いはありませんが、数個所お言葉に不明瞭な点がありました」と答えた。天皇も自分から下村総裁へ向い、いまの声が低く、うまくいかなかったようだから、もう一度読むといった。

同じような合図でふたたび録音がはじめられた。天皇は独得の抑揚で朗読した。少し声が高かったが、緊張されていたのか、文中の接続詞に一字抜けたところがでた。侍立する者は緊張しきって汗ばんだ。万感こもごも胸にせまって眼がしらをまたしても熱くした。彼らばかりではなく、天皇もまた眼に涙をうかべた。二回目の録音が終ったとき、加藤第一部長がはっきりとそれをみとめた。

天皇はまたいった。「もういちど朗読してもよいが」

筧課長が長友技師にさっそくどうかとたずねた。「こんどはよろしいです」と技師は応答した。筧課長はもう一度録音するが準備はいいかとたずねたつもりであったが、長友技師は首尾不首尾はどうかと聞かれたように錯覚したのである。すっかり固くなり上気して、たがいに意味が通じたように思うのであった。

しかし、下村総裁をはじめ、石渡宮相、藤田侍従長も三回目の録音をとめた。天皇の疲労、心痛を思えば、それはあまりにも畏れ多いことであったからである。十一時五十分である。こうして降伏への準備の第一歩は無事終了した。

天皇はふたたび入江侍従をしたがえて御文庫に戻った。往きも帰りも天皇は一言も発せず、黙々と、クッションに背をもたせ、眼をつぶっていた。その姿に、入江侍従は心からの痛わしさを感じた。

同じ時刻、近衛師団参謀室では、井田、椎崎、畑中、窪田らクーデター計画者たちが多かれ少なかれいらいらとした期待の感情をもって、靴音をならして歩きまわったり、椅子から立ったり、坐ったりしていた。井田中佐は、近衛師団参謀の古賀少佐とは初対面であった。また参謀室には、上原重太郎大尉、藤井政美大尉もおり、畑中少佐が全員に紹介した。これで中心人物がすべてそろった。彼らは激烈で、きびしい計画を実行しようとしていた。古賀参謀、石原参謀の二人が計画の文案をいちいち検討し、兵力運用を調整し、それぞれの部署についている大隊長クラスの同志と連絡をとっていた。井田、椎崎、畑中らの任務は、近衛師団長森中将を説得することであった。そして説得に失敗したときには「斬る」ことが既定の方針になっていた。

あいにく森師団長のもとには客がきており、彼らはすでに一時間近く待たされている。畑中少佐は落着いていられないらしく、机の上の文書類をぱらぱらとくっては、すぐにやめた。そしてまた手にとってめくったりした。はじめられたかと思うとすぐ途絶えてしまう会話と、緊張した長い沈黙とが交互にやってきた。

井田中佐は、自分の眼の前にいる数人の男たちの誰もが、この蹶起は成功すると信じているのであろうか、と考えた。畑中という圧倒的に行動力のある純真な男の熱意にひきこまれ、否定的な力によってのみ結ばれ、美しい未来への展望については共通なものなどもっていないのではないか、とふと思った。当面目標の宮城を占領することに心を奪われ、それからなにがはじまるのか、ほとんど考慮にいれていないのであろう。〝栄光の死〟を死のうとしているのであろう。

同じ栄光の死を死のうと志すものに厚木三〇二航空隊があった。天皇の第一回録音がはじめられた時刻、司令室に全士官が集められ、そのなかで司令小園大佐が、士官全員を悲憤にかりたてる情報を伝えた。日本はポツダム宣言を受諾し、無条件降伏をすると。一瞬、声なく押黙った若い血気の士官たちは、やがていっせいに「司令の真意」をたずねた。小園大佐は火を吐くように叫んだ。

「私が司令の職責を汚すかぎり、厚木航空隊は断じて降伏しない。すでに高座工廠も、工作機械を地下に移し持久戦の準備をおえた。食糧も二年分はあり、たとえ全海軍から見放され孤立無援になり、逆臣の汚名を一時冠せられようと、国体を汚し、伝統をうけつがぬ無条件降伏には賛同しない」

士官たちの熱情はかき立てられた。この司令とともに、同じ旗のもとに死のう、たとえ叛乱であっても、死の十字架を背負ったものなら、そうするより途がないではないか——厚木基地は、全軍一丸となって誰はばかることなく徹底抗戦の籠城を策することとなった。

否定の力に酔っているものはほかにもあった。東京警備軍横浜警備隊長の佐々木《ささき》武雄《たけお》大尉も、敗北を信ぜず、降伏に肯《がえ》んじないもののひとりであった。彼はどんな情報が入ってこようが信じなかった。皇軍の辞書には降伏の二文字なし、そして最後の一兵となるまで戦うのだという絶対の希望のなかに生きていた。算盤《そろばん》で戦争はできないのである。

それは強壮な精神力で遂行するものである。しかも中国大陸にはなお帝国陸軍が健在であり、連合軍の捕虜が実に三十五万、これとの生命交換は連合軍にとって歩《ぶ》が悪いはずではないか。佐々木大尉のあまりにも強すぎる確信から生れるものは、無条件降伏を策する腰ぬけの総理大臣を筆頭とする重臣どもを抹殺しようという、これも無謀な計画であった。

彼は鶴見総持寺裏にあった警備隊本部に向った。一個大隊が常備されていた。彼はそれに非常呼集をかけ、武装させ、今夜のうちに首相を襲い降伏を阻止しようと強烈に思いつめた。

三つのグループはたがいに連絡をとることもなく、勝手、勝手な目標をいだいて動きはじめている。火を噴くような意志はひとしかったが、幸いなことに同じ火山帯にはなかったのである。これらがもし一つの糸に結ばれ、大きな戦略のもとに動いていったら、日本の終戦はあるいは……いや、いまはそれを考えているときではない。

注(30)　連合軍の進駐は予告してほしい、軍人の名誉を重んじ軍みずからの手で武装解除したい、などの希望をポ宣言受諾電報とともに送ったもの。これは外務省の安東義良氏が独断で軍の申入れに同意し作成した。なお、安東氏の手記には、申入れてきたのは「軍務局の代表者の永井少将外数名」とあるが、当時の軍務課長は永井八重次少将が空襲負傷のため、一か月ほど前から吉本重章大佐とかわっていたから、こ

れは間違いと思われる。

〝それでも貴様たちは男か〟――佐々木大尉はいった

十五日零時――午前一時

零時、東部軍管区全域に空襲警報が発令された。断続的に鳴るサイレンが、もう馴れているとはいえ、原爆出現とともに国民を別の恐怖にかりたてた。しかし、陸軍省では荒尾軍事課長が今夜死ねればむしろ本望と、平然と眠りに入ろうとしていた。

埼玉県の児玉基地では、空襲警報のサイレンの鳴りやまぬなかで、房総沖に遊弋する敵機動部隊に猛攻撃を加えんと、第二十七飛行団の主力三十六機の出撃準備が整えられている。飛行団長野中俊雄少将は、期待をこめて準備の進捗《しんちょく》を見守っていた。最前線の指揮官は、戦争が午後十一時をもってすでに終ったことなど知るはずもなかったから、いまこそ猛訓練の成果を発揮してくれと、可愛い部下たちを死地に投ずる決心をあらためて固めるのである。児玉町民が陸軍飛行部隊の出撃を知って、日の丸の旗をもち、ぞくぞくと飛行場に集ってきた。町民もまた、祖国が降伏したことを知るべくもない。ただかならず〝神風〟が吹くものと信じているのである。

東京は真の闇にのまれ、ひっそりとした。そのなかを零時五分、天皇はふたたび、御文庫に戻られた。入江侍従はなにかございましたらご報告いたしますからといったが、もちろん彼自身は戦争も終ったその夜に、なにかおこるなどと思ってもみなかった。うなずいて、そのまま天皇は奥の間に姿を消した。

宮内省内廷庁舎の御政務室では、いま終ったばかりの天皇録音をその場で再生し、関係者が集って試聴していた。窓におろされた鎧戸がしっかりしていたので、空襲警報下といってもこの室の電灯は平常のままにつけられている。やがて終ってから長友技師が筧課長に、現在の録音盤はよくないので放送には針を通さない方のをだしたい、放送は最初に録音した盤で流すことにしたい旨の説明をした。

録音盤は二組（一組二枚）で、録音担当者によって二個の缶にそれぞれおさめられた。缶のままでは蓋があいてしまう恐れがあるということで、長友技師は、荒川局長をつうじて筧課長に、適当な容れものはないかときいた。きかれて筧課長は適当な容器が思いつかず首をひねっていたが、やがて防空服をいれるカーキ色木綿製の平たい袋をふたつ探してきた。四十五センチ角ぐらいの大きさで、録音盤をいれるのにまことに格好のものであった。こうして長友技師の手から荒川局長に録音盤はわたされた。

わたされて荒川局長もはたと当惑した。正午の放送時間まで、このふたつの大切な袋をどこに保管したらいいのであろうか。ある意味では日本の運命が木綿袋におさめられている。

拝謁の間のすぐ前にある侍従室（または常侍官候所ともいう）で、関係者が集って相談した。宮内省側の筧課長らは、放送局が当然あずかるものと考えていたし、放送局側は、深夜玉音盤をもち帰ることは畏れ多いことであるから、といい、さらに、「陸軍の一部に不穏な動きもあるという噂だし、もしそうだと放送局はますます危い。むしろ宮内省に保管して貰った方が安全でしょう」と要望した。宮内省側は、なるほどそういわれてみればもっともな理屈だと考えた。そこで荒川局長の手から矢部局長へ、さらに筧課長へと運命の袋は手わたされた。うけとったが、さてと、課長も、宮内省の庶務課室に適当な保管場所がなかったので困りはて、ちょうどそこにいた徳川義寛侍従と戸田康英侍従に、「この録音盤ですが……侍従職にお預けできませんでしょうかな」と頼みこんだ。徳川侍従はあっさり承知した。そして彼は気軽に筧課長の手から録音盤を預かった。

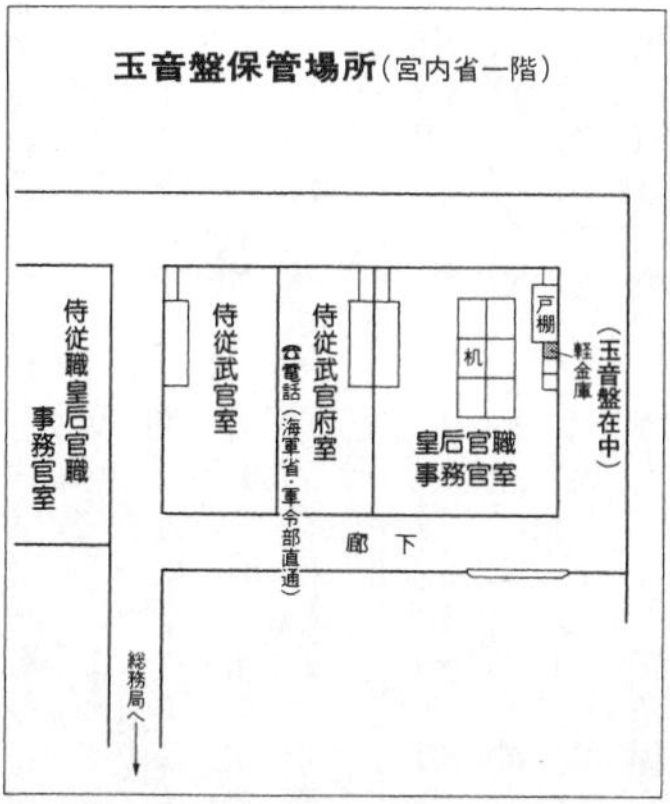

録音盤は、保管をめぐってこうして人から人へとわたされたのである。ここにもifsをあてはめることができる。もし最初の話のように、放送局または情報局の誰かが預かっていたら、録音盤は二組とも後に

叛乱軍の手に入ってしまったであろうし、またもし筧課長が宮内省庶務課の事務室金庫などに納めていたら、兵隊たちによって徹底的に調べられていたとき発見されていたであろう。侍従のなかではいちばん豪胆で磊落《らいらく》な徳川侍従の手にわたったことは、録音盤にとって、そして終戦を平穏にはこぶ意味において、実に幸いであった。その場に同席していた人びとは、適当な納め場所はいつも天皇のおそば近くにいる侍従こそ適任であるとあっさり考えた。そしてそれが正しかったということなのである。

徳川侍従は、すぐふたつの袋を陛下の皇后宮職事務官室に運び、整理戸棚の横にある書類入れの軽金庫に納めた。天皇のものをこうしたところにしまうという例は滅多にないことであったが、どうせ明日の朝になればもちだすのだからと、徳川侍従は大して気にもとめなかった。しかし、それでも鍵をかけ、書類をその前にうずたかく積んで人眼から隠すという細心さだけは忘れていなかった。

下村総裁は、録音盤が徳川侍従の手にわたされたのをみて、総理官邸へ電話し、鈴木首相はすでに私邸の方へ帰っていると知らされ、やむなく、そのとき記者会見をしていた迫水書記官長を呼びだしていった。

「無事録音が終了した。これで終りですね」

迫水書記官長も、本当に何事もなくてこれで終った、いや、終りになればいい……と思った。彼は受話器をおくと、記者会見の席へ戻っていった。空襲警報中であったので、その日は特に官邸地下の防空壕で会見は行なわれていた。ラセン状の階段を降りながら、書記官長はゆっくりと深くなんども息をした。呼吸をととのえ身体のバランスをとらないと降りられないほどに、疲れた自分の脚が頼りなく、自分の身体に腹を立てた。

柴田記者は内閣より手わたされた詔書の写しをなんども読みなおした。むずかしすぎて一度でスーッと頭に入らなかったが、この一枚の紙切れのなかに、日本復興のための回復力というようなものが内包されているような気がした。全国民の上に襲ってきた不運をうけ入れてなお絶望することのないように、と詔書は語りかけているように思えた。

迫水書記官長は記者団に、正午の玉音放送の終るまで誤っても朝刊をださないよう、くり返しくり返し念をおした。書記官長ばかりでなく馬場情報官からも、二十人近い官邸詰記者に注意があった。もし放送の前に発売されるようなことがあれば、不穏の噂の高い一部陸海軍人がどんな暴挙をあえてするか計りがたい、と。昼すぎの朝刊とはまことに格好が悪いが、記者団はこれを了承した。

書記官長は不穏の噂といった。しかし、単なる噂だけにとどまるものではなかった。鶴見では要人襲撃の構想のもとに佐々木武雄大尉の活動が開始されていた。宮中で、録音盤が軽金庫のなかにしまわれ、空襲警報中帰るのは危険であるからというので録音関係者や侍従らが、常侍官候所や事務室でさまざまな雑談にふけっていたころ、非常呼集をかけた自分の大隊の四人の中隊長を相手に、佐々木大尉は大激論を展開していたのである。

中隊長たちは、渋谷に司令部をもつ直率の東京警備軍第三旅団長原田《はらだ》督《すすむ》少将の命令ならきくが、佐々木大尉の単独命令は、とくに要人襲撃といった暴動的命令はきくことができないと突っぱねた。彼らは丁寧《とうへんぼく》にしかも断固として見解をくり返した。佐々木大尉は溜息をついた。こいつら唐変木は、まだ事態を認識していない、いまは降伏するのが真の忠節ではないのだ、といって悠長に説得している時間が大尉にはなかった。

「帝国の滅びんとするとき、なぜ立上らんのだ。それでも貴様たちは男かッ」

と大尉が叱咤するのに、顔色も変えず、「なんといわれても駄目です」と中隊長たちはいい切った。

大尉の眼は怒りにもえた。「国家を護り皇威を発揚する、これが陸軍軍人の使命ではないか」

しかし、「旅団長命令がなければ動きません」。これが冷たい返答である。佐々木大尉の過激な思想や性向を理解し、なにをやるかわからないと判断した原田旅団長から、あらかじめ中隊長たちに指示が与えられていたことを、大尉は知らなかった。なにも知らない大尉は激怒した。

「よし、それでは動かんでもよい。しかし、俺のやることに邪魔をするな」

――もう一つの焦点の場所、近衛師団では、そのころ静かな話しあいがつづけられていた。師団長森赳《もりたけし》中将を前にして、井田中佐と椎崎中佐らが椅子に坐っており、中将のななめうしろに第二総軍参謀白石通教中佐がかしこまっていた。白石中佐は夕刻に荒尾軍事課長と会い、「軍の決定になんら裏のない」ことを知って安心し、明朝出発までの間を先輩知友などと懇談し、最後に義兄にあたる森中将をおとずれていたのである。

井田中佐らが参謀室で待たされていた来客とは、白石中佐であった。二人の歓談する声を耳にしながら、畑中少佐は、「もう時間がないのだ。早くしないと時間がないのだ」と躍起になり、なんどか副官川崎嘉信《かわさきよしのぶ》中尉を通じて面会を強要し、やっと零時三十分ごろくるようにという伝言をうけた。狭い廊下を押しあうようにして青年将校らは師団長室の前へきた。そのときなにを思いだしたのか、畑中少佐が不意に井田中佐に、「そうだ、自分はちょっとほかに用事がありますから」といい、窪田少佐とつれだって立去っていった。井田中佐は、少佐になにかだまされたような気が、一瞬した。

森師団長は彼らの深夜来訪の意図を察知していたのであろう。椅子にかけるなり、井田中佐がなにかいいかけるのをおさえるようにして、その人生観を泰然として語りはじめた。二人の中佐は焦躁を内に感じ、若干腹立たしい気持でそれを聞いた。森中将は大きな声をはりあげて、言論の先制によって青年将校たちの意図をまず挫折させようとところみているかのように語った。井田中佐が言葉の切れ目を待って、自分たちの来訪の意図を切りだそうとすると、きまって師団長は「まあ、待て」といった。こうして十分、二十分とたっていった。

同じころである。用事があると立去った畑中少佐は、駿河台の宿舎（渋井別館）に、すでに床に入っていた竹下中佐をたずね、現在までの計画の順調な進行ぶりを強調していた。彼は興奮と焦躁にすでにおのれを見失っているようであった。彼は竹下中佐に蹶起をお願いしますといったが、ともに蹶起するのが当然といった口調であった。

「すでに近歩二（近衛歩兵第二連隊）は軍旗を奉じて宮城内に入っているのです。彼らは午前二時に立上り、宮城を占領、ここに籠城します。近歩二連隊長とそのほか四大隊長が、私たちの計画に同意しておるのです。ここまでくればもう大丈夫です。すべてはうまくいきます」

畑中少佐の強く訴える言葉は、竹下中佐の心をすこしく動かすのに効果があった。というのは、中佐は近衛師団の出身であり、しかもかつては、いま宮城に入ったという第二連隊の連隊旗手であったのである。中佐はかがやける伝統をもつ連隊旗を偲《しの》んだ。その栄光を思った。あるときは自分の命より大切にし、愛着をいだいた連隊旗が、敗北日本の最前線ではためいている。

「いまは、森師団長のみが不同意で、これを説得しているところなのです。しかも、もう同意をえられるのは眼にみえています。これも時間の問題なのです。二時を期して私たちは蹶起するのです。同意して下さい。そこから新しい道がひらけるのです」

竹下中佐は、承詔必謹と方針が定まってから、劇中人物から観客の椅子に移されたような白々とした自分を意識していたが、いまこのごく短い時間に、ふたたび劇の主役に戻されつつある自分を感じて当惑した。時の流れは悲しい沈黙のうちに俺を眠らせてはくれないのか。しかし、冷静になって考えると、この期《ご》におよんで計画を推進することにためらいを感じるのは、自分が、汚名を覚悟してまで戦争継続の責任を負いうるほど強い男ではないためなのかという疑問となって浮んだ。あるいはまた、心を一つにしていた同志をこのまま見殺しにするほど薄情な男なのかという悲しみもあった。この両端の間を中佐の心はよろめくように往復し、とどまることがなかった。

「もうすべて終ったとみるべきじゃないか。われわれの立てたクーデター計画は、大臣、総長、東部軍司令官、近衛師団長と四人の意志の統一が大事な条件であったはずだった。いまはそれが完全に崩れている。いまさら、なにをしてもはじまらんよ」

と、竹下中佐はなおもおのれの内心の闘争に抵抗した。

畑中少佐は興奮して語りはじめた。いまは、将兵誰もが決断に迷っているときだから、われわれ中堅がふんぎりをつけ、腰をすえて断じて事を行なえばかならず全軍が立つ。われわれが陣頭に立って決断の道をひらくべきである。忠勇なる帝国陸軍の将兵が、非常事態に手をつかねて見送るはずがない。

森赳師団長

「しかし、そうはいうが、阿南大臣はそれでも立たぬかもしれんぞ。そして、そのときはどうする？」

と中佐は意地悪くきき返した。畑中少佐は「だからこそ」とますます張切った。

「それを中佐殿にお願いしているのです。われわれの後にかならず全軍が立つ、そのときわれわれがかついだ御輿《みこし》の上に大臣が乗ってくれさえすればよいのです。その説得をお願いしたいのです。中佐殿以外、それを大臣に説得できるものはいません」

竹下中佐は当惑して言葉もなく、深い自問自答に沈んだ。激しい感情の闘争に身をゆだねた。畑中少佐の顔をみては無下にしりぞけるわけにはいかないのである。いまが最後の態度をきめるべきときなのであろう。なにもかも忘れ、関係なしとして、寝てしまいたいとする考えをも棄てねばならないのであろう。竹下中佐は顔をあげた。とにかく大臣のそばにいってみようと決心した。

「時間がありませんから、近衛師団に戻ります。ここまでくれば独力でもやります。いますぐ同意してほしいといっているのではありません。計画がうまく運んだら、そのときには是非お願いしたいといっているのです」

畑中少佐は慌しく腰をうかした。

「俺もいくよ。大臣のところへいってみるよ」

竹下中佐は大臣に自分の運命を賭けようと思ったのである、井田中佐が森師団長の返事に運命を賭けたように。畑中少佐はじっと中佐の顔をみて黙っていたが、みるみる喜びの感情を湧きあがらせた。少佐は生涯の喜びをこの一瞬に凝集したように、心からの笑いを笑った。それから眼をうるませて泣きそうな顔をした。竹下中佐が沈黙を破った。

「でかけるのだろう、俺もいっしょにでる」

近衛師団長室では、このかんに、井田中佐が話す機会をつかんで森中将と静かな議論を戦わしていた。彼らが考える国体護持とはなんであるかを、中佐は一語一語に畢生《ひっせい》の情熱をこめて師団長に訴えた。天皇を現人神《あらひとがみ》として一君万民の結合をとげることが、すなわち正しい国体護持である。それは国民的信仰といってもいいのである。

「それなのに、形式的にでも皇室がのこればいいとする政府の降伏主義に私たちは反対するのです。皇室の皇室たるゆえんは、民族精神とともに生きる点にあるのです。形式ではないのです。閣下、形骸にひとしい皇室と、腰ぬけの国民と、国土さえ保全されればそれでいいという〝政府の国体護持〟は、つまるところ皇室の名を利用する自己保全でしかないと看破すべきなのです」

森中将には、しかし、天皇の言葉は絶対である。

「理屈はどうあろうと、聖断ひとたび下った今日、陛下のご意志に反する行動は絶対に許さぬ。戦うも陛下の命によって、また退くも陛下の命によって、これが近衛師団たるものの本分なのだ」

二人の意見はどこまでいっても平行線であった。近衛兵は、宮城を護るのが任務であって、よしんば陸相や参謀総長の命令であろうと、そこに籠城し混乱の渦にまきこむことは許されぬといって、師団長は微動だにしなかった。現実論として師団長は宮城占領計画を否定するのに、井田中佐は観念論としてなぜ蹶起せねばならぬか、その根因を説くのであった。また、いいかえれば、師団長は原則論をいうのに、中佐は内面的心情論をいうのである。

参謀室では、もどってきた畑中少佐を迎え、窪田少佐と上原、藤井両大尉がいっせいにほっとした表情をうかべた。師団長室で何がどう話されているのかまったくわからぬまま、彼らにはいぜんとして長い待つ時間がつづいていたのである。

そのときとなりの参謀部事務室の非常電話が鳴った。何事かと顔を見合わせたが、何事の起るはずもなかった。何事かあるとすれば、それは彼らがいままさに起さんとしているのである。電話はいつまでも鳴っていたが、誰も出るものがいなかった。藤井大尉が立って参謀室をでてとなりへ足を運び、受話器をとった。近歩二連隊第三大隊長佐藤好弘少佐の興奮したような声がとびこんできた。

「宮内省のものや放送局のものをこれより監禁する。手が足らん。誰かよこしてくれ」

藤井大尉が「俺たちのほか誰もおらん」と答えると、陸士同期の佐藤少佐はあっさりと「貴様でもいいから、来てくれ」といった。

藤井大尉がその旨を畑中少佐にいい、許可をえて近衛師団の帽子を借りてかぶり、師団司令部をでたのがもう一時に近いころであった。こうした偶然が藤井大尉を叛乱の圏外に追いやることになるとも察せず、大尉は黒々と正面に立つ乾門にむかって足をいそがせていった。

そのときにもまだ、師団長室での、井田中佐の汗びっしょりの説得はつづけられていた。説く方も受ける方も真剣を打ち合わせているかのように、目をかっと見開いていた。

「南米の小国パラグアイは五年戦争で人口の八割を失うまで戦いました。フィンランドしかり、われわれの敵国である中国またしかりであります。ひとりわが国は神州正気《せいき》の民と自負しながら、本土決戦も行なわず降伏せんとするのでは、あまりに打算的というほかはないと私は思うのです。このような中途半端で戦うことを止めるなど、玉砕し、特攻と散った英霊をあざむくこと、これよりはなはだしいものはないと考えます。……閣下、これ以上、もう申しません。美しかるべき日本の精神をとり戻すためにわれわれは蹶起します。近衛師団がいまこそ中心となるべきなのです。閣下のご決意をお願いします」

井田中佐はいうべきをいいつくして、師団長を凝視して返事を待った。熱気のこもる議論の数十分、したたる汗は首から胸もとに伝わっている。背中に、汗がつきぬけてびっしょり水を浴びたようになって軍服がはりついている。帷子《かたびら》のような涼しそうな、夏の部屋着に着かえていた森師団長も、首すじと額のあたりに汗をきらきらと光らせていた。しばらく押しつまるような沈黙と静寂が、部屋を圧している。

〝東部軍になにをせよというのか〟——高嶋参謀長はいった

午前一時——二時

やがて森師団長は重苦しい部屋の空気をさっときりひらくようにいった。

「諸君の意図は十分了得した。率直にいって感服もした。私も赤裸々な日本人として、いまただちに明治神宮の神前にぬかずき、最後の決断をさずかろうと思う」

井田中佐の肺腑にしみ通った、これほど中佐が期待していた言葉はなかった。中佐はこれでよしと思う。天皇の命令以外は、たとえ大臣、総長の命令であろうと近衛師団は動かさないと徹底していた師団長がとにかく師団長としてではなく、一日本人として、この緊急時にどうあるべきかもういちど考えてみようといった。それは井田中佐にとって十分すぎる返事である。たとえ、神宮参拝の結果、返事がやはり「否」であっても、努力の甲斐があったと考える中佐は、全身が一時に軽くなっていくように感じるのであった。

ちょうどそのとき、隣室にいた参謀長水谷大佐が顔をだした。これをみとめて師団長は当然のことのように、井田中佐に、参謀長の意見も聞いてみるようにと指示した。井田中佐は承知し、椎崎中佐をのこして師団長室をでて参謀長室に入ろうとした、そこへ汗びっしょりの畑中少佐たち青年将校がやってきた。人間の力ではどうにもならぬ偶然のいたずらが働いたのであろうか。議論の立役者が別室に退こうとしたとき、畑中少佐、窪田少佐、上原大尉らが師団長室に入ろうとしたのである。井田中佐はにっこり笑ってみせ、師団長室で待っていろといった。畑中少佐は笑顔の意味を自分たちに有利なものとしてうけとった。

事件はあっという間であった。結末は素早く、残酷に、避けられないものとしてやってきた。三人の将校が参謀長室に入り、畑中少佐が一言か二言会話をかわしたと思う、つぎの瞬間に、少佐の合図をうけたかのように、上原、窪田が抜刀した。師団長めがけて畑中のピストルが火を噴き、剣道五段の上原が師団長をけさがけに斬り倒し、さらに畑中少佐に組みついた白石中佐の首筋を上原がうしろから斬り、窪田少佐がとどめを刺したという(31)。

井田中佐は師団長室に一発の銃声が轟然《ごうぜん》と鳴るのを耳にした。床をふむ靴音の乱れ、うなるような悲鳴。井田中佐は一瞬全身を凍らせた。参謀長室を飛出した。水谷参謀長も後につづいた。二人が隣りの師団長室にふみこまぬさきに、なかから畑中少佐が蒼白な顔をして歩みでてきた。叛逆の拳銃をしっかりと手にし、悲痛の声をふりしぼった。

「時間がなくなったのです。……それでとうとうやった……仕方がなかった」

おそらく森師団長は冷静な井田中佐と対照的な畑中少佐の熱狂にとまどったのであろう。畑中少佐は、井田中佐がむけた笑顔を師団長同意とうけとったのかもしれなかった。話が食違い、剛毅な師団長は叱咤した、怒鳴られてかっとなった少佐は武器に思わず手をかけた。——井田中佐はとっさにそうした事のなりゆきをみてとった。そして井田中佐はみた、わずかにのぞかれた師団長室を。血の海で、そのなかに森師団長と白石中佐の死体が重なるようにうつぶしていた。そしてそれを見下ろすように、椎崎中佐が呆然とし、椅子に腰をかけている。ほかに二人の興奮した将校の姿が……。

叛乱が、はじまった!

もう後にひけなかった。二時蹶起の計画は早められた。支柱にしようとしていた師団長を自分たちの手で斃《たお》してしまったのであるから、冷静に考えれば〝万事休す〟といわなければならなかった。なお計画をおしすすめようとすれば、自分たちが支柱となり、偽命令によって強行せねばならない。進むか、退くか。このような危険な瞬間において は頼りになる人物が必要であった。正しく判断し、仲間の陰謀者たちの無謀を叱りとばし、いまなにをすべきかについて確信させるような人物こそ必要であったが、その役割をはたす心の余裕は誰にもなかった。彼らは退くことを考えなかった。矢はすでに弦《つる》を放たれたのだという古くからの表現を心中にかみしめていた。ままよ、あいともに刺しちがえて果つるまでだと、いちばん冷静であるべき井田中佐すらも考えた。

井田中佐は水谷参謀長とともに、事ここにおよんでは東部軍に蹶起を要請するほかはないと考え、自動車を馳せた。車のなかでわれをとりもどし落着いてくれれば、東部軍が蹶起するはずのないことに中佐は思い当った。しかし、行きつくまで行ってみるほかはないという悲しいあきらめもあった。

畑中少佐たちは瞑目《めいもく》挙手の礼をして師団長室をはなれた。彼らは活動を開始した。古賀参謀と石原参謀が師団長殺害を聞かされてうけた衝撃はかなり大きなものであった。しかしなお彼らは盟約に忠実な若い将校であった。古賀参謀はかねてから練っていた師団命令を正式に作成した。

『近作命甲第五八四号

近師命令　八月十五日〇二〇〇

一、師団ハ敵ノ謀略ヲ破摧　天皇陛下ヲ奉持
我カ国体ヲ護持セントス

二、近歩一長ハ其ノ主力ヲ以テ東二東三営庭（東部軍作戦室周辺ヲ含ム）及本丸馬場附近ヲ占領シ外周ニ対シ皇室ヲ守護シ奉ルヘシ　又約一中隊ヲ以テ東京放送局ヲ占領シ放送ヲ封止スヘシ

三、近歩二長ハ主力ヲ以テ宮城吹上地区ヲ外周ニ対シ守護シ奉ルヘシ

四、近歩六長ハ現任務ヲ続行スヘシ

椎崎二郎中佐

五、近歩七長ハ主力ヲ以テ二重橋前宮城外周ヲ遮断スヘシ
六、GK長ハTK中隊ヲ代官町通ニ前進セシムルト共ニ主力ハ待機スヘシ
七、近砲一長ハ待機スヘシ
八、近工一長ハ待機スヘシ
九、近衛機砲大隊長ハ現態勢ヲ以テ宮城ヲ奉護スヘシ
十、近衛一師通長ハ宮城―師団司令部間ヲ除ク宮城通信網ヲ遮断スヘシ
十一、予ハ師団司令部ニ在リ

近師長森赳(32)』

畑中少佐はみずからの手で殺した中将の印で、これを「認証」した。兵隊たちに異変を気づかせることなく、近衛師団の支配権は、ごく短い時間であったが、畑中少佐たち叛逆者たちの手ににぎられてしまったのである。しかも、彼らの背後には、陰謀に同意している――それがだまされているのにしても――第二連隊長ほか四人の大隊長、さらに多くの中隊長がついている。これがニセ命令と判明するまでに、東部軍へ駈けつけた井田中佐が、東部軍をうまく説得してくれれば……そしてまた、竹下中佐が陸軍大臣の出馬をやがて実現させてくれれば……。青年将校たちはそれぞれの任務をうけもつことになった。窪田少佐は陸相官邸へ報告ならびに竹下中佐の応援に、上原大尉は航空士官学校へもどりより多くの同志の結集をはかる。彼らは意気もさかんに散っていった。二時

椎崎中佐と畑中少佐は、宮城内に堂々と近衛師団司令部の車を乗入れていった。

間ほど前に、陸軍省から自転車を自分の脚で踏んでやってきたのに、いまは車を縦横に駆使する叛乱軍の総指揮官になっていた。彼らは警備司令所に芳賀二連隊長をたずねた。

「先刻お話ししましたように、私たち両名は、今回正式に、大本営から増加参謀として近衛師団に派遣せられました。まもなく宮城確保の正式の師団命令が下達せられるはずでありますから、かねての計画どおり、十分の兵力配備を願います」

芳賀連隊長は心得ていた。いくばくもなく、連隊副官曾我大尉が師団命令（口達筆記したもの）を受領してきて、その旨を連隊長に報告した。曾我副官はこれがニセ命令であり、陰謀であるとは知らなかった。連隊長の方はある意味で陰謀であることは知っていた。それも再度の聖断を仰ぐために、全陸軍が宮城を中心にクーデターを起す大陰謀なのだと思いこんで、陰謀は陰謀でも国家にたいする叛乱であり、陸軍にたいする叛逆になるなどとは毛頭考えていなかった。

芳賀連隊長の命令によって宮城は完全に外部から遮断されようとした。着々と叛乱が進行しつつあった。

同じころ、東部軍参謀不破《ふわ》博《ひろし》中佐は、近衛師団参謀古賀少佐からの電話にすっかりおどろかされていた。

「近衛師団は蹶起しました。お願いします。東部軍もぜひ立上っていただきたい。東部軍司令官が直接号令をかけて下さい。お願いします……お願いします……近衛師団は蹶起したのです。東部軍もお願いします」

不破参謀に口をはさませず、古賀参謀はお願いしますと哀願をくり返した。その調子は明らかに涙でくもっており、声をつまらせていた。一方的な通話で、電話は切れた。その調子実は東部軍が近衛師団の事件を知ったこれが最初のものであったが、不破参謀にはあまりに古賀少佐の報告が簡単すぎて、真意がわかりかねた。と同時に、昨日昼すぎに会った師団長森〝和尚さん〟中将の、終戦ときまった上は決して妄動しないとの力強い言葉を想いだし、近衛師団になにやら重大な事態が突発したことは推察されても、和尚さんあるかぎりは大丈夫だろうとの楽観をいだくのであった。

不破参謀はそれでも一応はと、田中東部軍司令官ならびに高嶋参謀長に報告した。田中大将はおどろきもせずにこれを聞いたが、なにもいわなかった。田中大将自身も事の真相を信じかね、もっとくわしい情報を知りたいらしいと不破参謀は思った。

そのくわしい情報はすぐにとどけられた。参謀長高嶋少将の部屋の扉の外で「参謀長閣下、井田中佐です」という声がしたのが、その直後で、参謀長が入室してよいの指示をあたえる必要もなく、井田中佐と顔面蒼白の水谷参謀長がもつれあうようにして入室してきた。高嶋参謀長はなにかを直感した。ひと目みたときの水谷大佐の表情はただごとではなかった。大佐は身体を前後に大きくふらつかせながら報告した。森師団長が殺害されたこと、叛乱軍が宮城を占拠したこと、自分はとりあえず東部軍司令官の指示を仰ぎにきたこと。だが、それだけいうのが、やっとだったのであろう、大佐は極度の疲労とあまりの緊張感に軽い貧血状態におちいり、その場にふらふらと倒れかかった。

水谷大佐が別室のソファーに横になり、のこされた井田中佐は、高嶋参謀長と向いあった。井田中佐の最初の希望が消え去ってしまったことは明らかである。師団長殺害をなるべく伏せておいて、東部軍の蹶起をうながそうと計略をめぐらしていたが、失神する前にいった水谷参謀長の一言がすべてをくつがえしていた。森師団長は殺害されたという事実はなにを物語るか？　森師団長は最後まで反対であったに相違なかったし、宮城占拠の連隊はニセ命令で動いているのに間違いないのである。とわかれば、中佐がどういいくるめようが、捨身の突撃をしかけようが、東部軍が動じないのは明白である。

「東部軍さえ起って下されば、全軍がかならず動きます。陛下のお気持も変られるでしょう。お願いします」

内心で、井田中佐は、いっさいの計画が駄目になるであろうことの覚悟をかため、さらには、いまの苦悩がいずれにしてもまもなく終りになるであろうことを予感しつつ、ほっとするものを内心に感じていたのである。それでも自分の信念に殉じよう、義務とするところをつくそうという努力だけはつづけた。「いま起っていただかなくては手遅れになります」と彼はいった。

「陛下の録音が放送されたらすべては終りになります。いまこそ断固たる態度をとっていただきたい。日本の真の国体護持のために……」

中佐の語気はおのずから熱をおびている。これに真ッ向から反対するのはふたたび血をみる危険があると高嶋参謀長は判断した。森師団長が殺害された直後なのである。参謀長はこの血気の青年将校を落着かせようとこころみ、中佐の語るにまかせて、傾聴していた。その結果は、井田中佐は巨大な鉄筋コンクリートの箱のなかでひとり相撲をとっているような空虚さを覚え、いつしか声も途絶えざるをえなかった。参謀長はなお中佐の語るのを待った。そして部屋に寒々とした沈黙のみがのこされた。中佐は次第にうなだれてきた。

「それで具体的に、君は東部軍に、どういうことを頼みたいというのか」

井田中佐はのろのろと答えた。

「近衛師団は師団命令で、すでに動いています。東部軍はこれを認めていただきたい。その上に一部の兵力の出動をお願いしたいのです」

高嶋参謀長は答えた。近衛師団の行動を承認することは軍司令官の許しが必要だし、兵力の直接出動については、主任参謀でないとくわしく理解も相談もできない、さっそく作戦主任を呼ぼう。これは参謀長の巧みな作戦であった。というのは、作戦主任参謀板垣徹《いたがきとおる》中佐は二・二六事件のときにも説得役として大いに活躍した経験をもつ好適の将校で、万一事件発生の場合には対談役、説得役として指名することを、かねて参謀長とうちあわせてあったのである。

しかし、板垣参謀が井田中佐を説得するのに大した努力を必要としなかった。井田中佐はすでに自分から自分を説得してしまっていたのである。クーデターは失敗である。東部軍のこの冷たい空気をみよ。天皇の意志のなんという重みか、その一言のもつ絶対的な力を考えよ、軍の烈火のような敢闘精神はその一言で吹き消されている、それを実感しながら井田中佐は、森師団長のイエスかノウに賭けた自分の運命のことを思いだした。計画が成らずとみたら、皇軍相撃つの悲劇を避けるために事件の終結をはかるのが、あのときにきめた自分の責任ではなかったか。

東部軍はついに蹶起せず、逆に制圧の態度をはっきりしている間にも、宮城内外の交通遮断は整然と行なわれ、周辺をかためて、まず皇宮警察の武装を解除し、叛乱軍は御門をすべて占領して、クーデター関係以外の者の出入を禁じた。籠城態勢はととのえられたのである。そして、思いがけなくこの叛乱をいちばんはじめに体験したのが、下村総裁と川本秘書官となった。朝は涙の御前会議、午後は論議の終戦閣議、そして夜は詔書玉音の録音と疲れきった身体をしばし控室にはこび、茶を喫しながら石渡宮相らと雑談することで癒していたが、下村総裁は閣議がなおつづいているものと思い、空襲警報下を一時半すぎ首相官邸へ帰ろうとした。

入るときと同じく坂下門から抜けようとすると、着剣した兵隊が真ッ暗闇のなかからあらわれて、下村総裁の車に停車を命じた。兵隊からの連絡をうけとった椎崎中佐、畑中少佐たちの判断は、こんなに遅く外へでようとする車は天皇の録音の関係者であろう、とすれば情報局総裁下村宏がいるはずである、ということであった。

連絡をうけた着剣の兵士が近づいて車のドアをあけ、なかをのぞき込むようにして、情報局総裁ですかときいた。いちばん近くに坐っていた川本秘書官が返事をした。

「そうです」

とたんに、ドアは強くしめられた。両脇のステップに兵隊が乗った。彼らは運転手にいった、バックせよ。鼻をつままれてもわからぬほどの黒一色の、しかも勝手を知らぬ宮城のなかである。ステップの兵はそこを右、左と指示するが、車中の男たちにはどこへ連れてゆかれようとしているのか見当もつかなかった。このまま高い所へ連れていかれ、宮城の濠につき落されるのではないかというはげしい恐怖心が川本秘書官の身体を貫いた。しかし、そうした乱暴は行なわれなかった。

やがて車は坂を登った。登りきったところで停止し、そして下村総裁らは着剣の兵士がずらりと整列している粗末な平屋《ひらや》の前におろされた。川本秘書官は「守備隊大隊本部」と書かれた古い看板をみとめた。見知らぬ伍長はいった。

「ご案内します」

総裁、秘書官、それから拳銃をとりあげられた護衛の三人は、伍長の後についていくほかはなかった。

録音関係者のほぼ全員が相前後して同じような経験を味わった。長友技師たちの場合は、筧課長の案内で歩いて坂下門を通ろうとするところで止められた。二、三質問のあと、兵たちはおだやかではあるが、誰もだしてはいけないという命令だからといった。やがて連絡がとれたのであろうか、とつぜんに事態は変った。

「着剣ッ、この六名を二重銃列で囲め」

思いもかけぬ号令のもと、長友技師らはきびしく凝集された銃口に包囲された。筧課長は勇敢であった。その無法を指揮官らしい下士官に問いつめた。彼らは答えず銃剣をつきつけて威嚇した。長友技師は「危いからもういいです。私たちは別に急ぎの用もないので、いけという所にいきますから」とハラハラしながらいった。「それでは申訳ありませんが、そのように願いますか」と筧課長はいった。

長友技師たちは誘導されて歩きだした。それを見送って筧課長はひとりだけ宮内省の庁舎の方へ歩きかけた。兵隊がこれをさえぎっていっしょに来るように命じたが、「なにをいうか。私は違うのだ」と強引に兵を突きのけて課長は歩きだした。兵隊はそれほど厳しい命令をうけていなかったのであろう、それをしいて押しとどめようとはしなかった。

長友技師たちは銃剣で追立てられるようにして二重橋近くまで歩いてきて、暗がりのなかに小さな兵舎があらわれてきたのをみとめた。彼らは兵隊に指示されたドアを開けて、びっくりした。すでに帰ったはずの下村総裁、大橋会長、矢部、荒川の両局長ら、別れたばかりの全員が小さくなってならんでいたのである。

五坪にも足らぬ小さな部屋。硬いベッドと、どこの兵舎ででもみかけるようなテーブルと二脚の長椅子がおかれているだけの殺風景なところに、十六名の人間が押しこめられたのである。庭にむいている窓はぴたりと閉めきられ、暗幕が厚くたれさがっていた。息苦しく蒸し暑くて、男たちはあぶら汗を流しはじめた。いったいなにが起ったのか？

いつまでつづくのかわからなかった。十六人の男たちは彼らのおかれた立場と彼らの将来について、希望のかけらをもつことができなかった。なにか死を宣告された人間のような気がするのである。

兵がやってきて、「この紙につぎつぎに位階勲等氏名を書いて……ウソを書いちゃいかんぞ」といいながら、テーブルの上に一枚の紙片と鉛筆とをなげだした。鉛筆はころがって、鉄製の灰皿に当ってカチンと音をたてた。

その音を心細く聞きながら、川本秘書官が鉛筆をとりあげると、代表してまず情報局関係のものたちの氏名を紙に書いていった。終ると放送協会関係の人たちの代表に鉛筆をわたした。つぎにボディ・ガードの私服警官、運転手……こうして十六名の、大臣から運転手までの男たちの〝籠城〟がはじめられた。しかも、籠城はつぎに少尉が姿をあらわしたとき、無情残酷きわまりないものとなった。少尉は表情をまったく動かすことなく一同にいった。

「私語を禁ず、喫煙してもならん」

生命を賭けた行動をしているとき、寛大な処置をとることはひきあわないとでもいうのか。川本秘書官は少しむっとして、それではとばかり、「上着をぬいでもよいでしょうか」ときいた。少尉は吐き捨てるようにいった。

「いかん。いいな、命令だぞ」

ベッドと二つの長椅子に十六人、おたがいに身体をくっつけあって坐っても、腰かけるところもない仲間がでてきた。若い放送局の技術員たちがこの役目をひきうけ、交代で、しかも無言で、立ったり、坐ったりした。扉の内側に着剣した二名の兵が立ち、一同をにらみわたした。扉は大きな音をたててしめられた。

注(31)　秦郁彦氏の著書によったが、もちろんはたしてこのとおりであったか確証はない。作家の飯尾憲士氏は別の推理をその著で展開している。

(32)　防衛庁戦史室資料による。ＧＫは近衛騎兵連隊、ＴＫは戦車。原文のまま。

〝二・二六のときと同じだね〟——石渡宮相はいった

午前二時——三時

若い放送員や技術員が歩いて帰るつもりであった日比谷の放送会館でも、まもなく常務理事生田武夫《いくたたけお》以下六十名に近い放送局員や情報局員の軟禁がはじまろうとしていた。ニセの近衛師団命令にしたがって「放送を封止」すべく、近歩一連隊第一中隊（中隊長小田敏生中尉指揮）が各自小銃弾三十発をもち占拠にむかっていたからである。兵たちは日比谷交差点で弾を銃にこめ、腰だめの姿勢で放送会館に近接していった。ニセ命令は効力を発揮しはじめた。

全陸軍が全国的に叛乱のため立上ったという報道が、各新聞社の幹部らのもとにとどけられたのは、首相官邸詰記者から終戦の詔書の原稿が送られてきたのと、相前後していた。B29最後の爆撃が高崎・熊谷・小田原方面に敢行されているまっさい中で、東京は管制停電の暗黒のうちにあった。無気味にゆらめくロウソクの灯のかげで、二つの相反した情報を手に、幹部新聞人たちは額をよせて苦悩の会議をつづけた。

あれほど強がり威張りくさっていた陸軍がおめおめとひっこむはずがないから、全軍叛乱の知らせはかなり確実性が高いぞと説く人もいれば、詔書をだしたというのも実は軍の大作戦の一環なのだ、安心して近寄ってくる敵を海岸に迎撃し、一大水際作戦を敢行するつもりなのだという説もあった。馬鹿をいっちゃいかん、終戦の詔書が政府からだされたことは明らかではないか、なにを疑うことがある、と断固として論ずる記者もあった。無秩序に、抗戦派と和平派の両方から情報が洪水のように流れこみ、冷静なデスクの判断をおし流した。本当のところなにが起ったのだ？　新聞にはどう発表したらいいのだ？　うっかり詔書など新聞にのせたら軍に焼打ちをくうのではないだろうか？

本社を焼かれ、全社員が築地の本願寺講堂に移っていた読売報知新聞政経部記者原《はら》四郎《しろう》も、右か左か推測もならぬ諸情報を眼の前に、迷いに迷っている男のひとりであった。良識の判断や理屈によって解決のできる問題ではなく、戦うのか和するのか二者択一、日本帝国の興亡のかかる〝事実〟の問題なのである。

ソ連参戦の翌日、玉砕反対つまり降伏を暗示した情報局総裁談と、敵撃滅に驀進前進を訴えた陸相告示の、矛盾した二つの発表を仲よく紙面のトップにならべてのせるという芸当を新聞はやってのけたが、かといってこんどの場合、終戦の詔書と、ただちに水際作戦を敢行するという勇ましい大本営発表とでは、ならべてトップにのせるわけにはいかないではないか。詔書をのせるべきか、大本営発表をトップに飾るべきか。論議というよりは、二つを眼の前に原記者はロウソクの灯のもとでしばし声もなかった。

同じようなことは朝日新聞社の場合も同様であった。官邸より本社に引揚げてきた吉武キャップと柴田記者は、三階の政治部の一角にロウソクを何本もならべ、キャップはポツダム宣言をどうけとるべきかについての、柴田記者は受諾までの経過についての、それぞれが念には念をいれたペンを走らせていた。はっきりした事実がわかるまで、新聞社はなお和戦両様の構えなのである。吉武、柴田の両記者がその眼で見、その耳で聞いてきたことは事実も事実、これ以上確かなことはないのであるが、同じような〝事実〟と称する全軍蜂起《ほうき》の報道も伝わってきている。そこで、それぞれがその事実とするところを書いておく、どちらがデマと判明してもいいように備えるべきだというのであった。

新聞社がこうして当惑と不安と憂慮につつまれながらも、あわただしく歴史的な紙面をつくっているとき、三宅坂の陸相官邸では静かな最後の晩餐《ばんさん》がつづいていた。日本酒とわずかばかりのチーズが、大きな紫檀のテーブルの上にのっていた。すっかりくつろいだ陸相が上機嫌で語っている。話題は楽しかった昔の日や、よりよき時代のことから、いまの心境まで多岐にわたっていた。最後の話し相手としてただひとり耳を傾ける竹下中佐は、連日の心労にもかかわらず血色もよく、壮者をしのぐ元気さをたもっている陸相の姿に、武人として平素ほんとうに心身の鍛錬を怠っていなかった証左を見出すようで、あらためて感心させられていた。

竹下中佐が陸相官邸についたのは、時間的にみれば、畑中少佐が近衛師団長室で師団長に拳銃を発射し、窪田少佐と上原大尉が殴りつけるように、師団長と同席した白石中佐参謀に軍刀をふるった、それと同じころの一時半前後であったのである。その折、出迎えた護衛の憲兵やお手伝いが、いいところへきてくれたといわんばかりの表情をするのに、中佐はとっさに大臣の〝自決〟の決意をかぎとった。

　竹下中佐は、畑中少佐に説得され同意して大臣宅をおとずれたわけではなかったが、胸の底には、万が一のときには西郷隆盛に対する桐野利秋たらん、とする微妙な心の動きのあったのも事実であろう。そしてもう一つの心には、畑中少佐にたいする底知れぬ友情もあった。クーデターの直接責任の一端をになおうとする積極的な気持はなかったにしても、宮城を占拠し、全軍蜂起の先頭たらんとする計画にたいして、いわば黙認を与えたことは明らかである。竹下中佐は自分の選ぶべき道についてこれほど長く、これほど深く考えこんだことはなかった。

　思えば、畑中少佐に陸相官邸へゆくと返事したのも、陸相の顔をみて自分の決心をきめたいと考えたからにほかならなかったが、同時に、ある一つの予感を不意に感じたからでもあった。午後三時に、陸軍省全

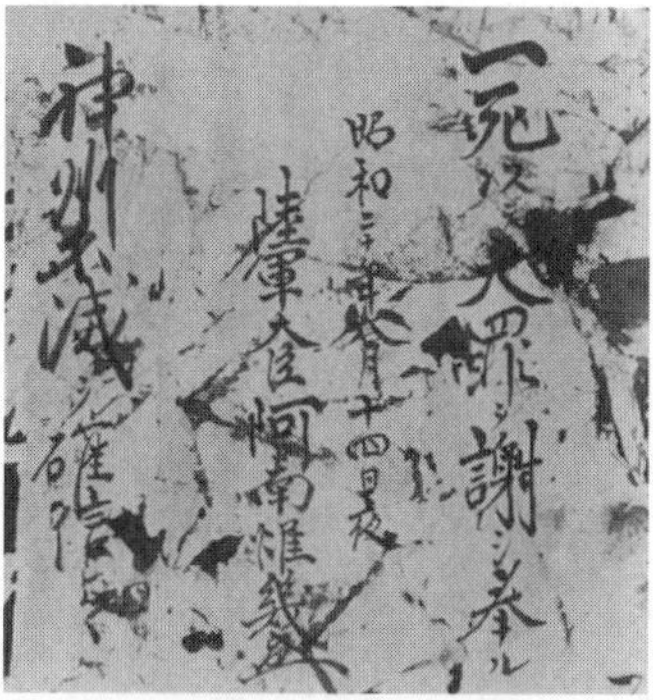

阿南陸相血染めの遺書

職員に与えた告別の辞でも察せられたように、陸相が自決の覚悟を定めているのは誰の眼にも明らかであったが、それが今夜なのではあるまいか、と竹下中佐はそんな気になったのである。

中佐は粛然たる気持になっていた。死んでゆく大臣にこれ以上なにを余計なことをいう必要があると思った。いまさらクーデター計画をもちだし、その澄みきった心境を乱すことは、部下として義弟としてすべきことではない。そう強く強く思いこむことで、畑中少佐たちが策するクーデターにたいするおのれの心の決着をつけた。

大臣の居間の前で入室の許可を乞うと、なかから大臣は咎めるような声でなにしにきたかときき、すぐまた、「よくきたな、入れ」といい直した。次の間つきの十二畳の日本間には、隅に床がのべられて、白い蚊帳《かや》が吊ってあった。陸相は床の間を背に、机に向って書きものをおえ、しばらくそれを見やっているところであった。同じ机の上に、盃と徳利をのせた簡単な膳がおかれている。

大臣は大事なものをとり扱うように書きものを背後の違い棚の戸袋にしまうと、中佐の方にふりむき、

「かねての覚悟にもとづき、本夜、私は自刃する」

とあっさりいった。

「わかっていました」と中佐は答えた。「事ここに至った以上、あえておとめいたしません」

陸相は、「そうか、それで安心した」といい、盃をひとつとりだし中佐にわたしながら、「実はとつぜん君がやってきたので、妨げにきたかとカン違いしたところだったが、それならいい、かえっていいところにきてくれた」。そういって、まあ飲めとばかり盃をさした。

酒盛りがはじめられ、陸相はいよいよ闊達《かったつ》になり、中佐はともすればもの思いにふけった。心の奥底に、まだなにか不安なものがわだかまっている感じである。気にかかっている重要なことがある。畑中は二時に蹶起といった。その二時が近づいている。中佐は、なんとしても止めるべきだったものを、あえて止めなかったことで、ひどく不安な気持に襲われるのであった。自刃を胸に泰然たる陸相に、それとも察知せず、自分の運命のすべてを賭けるつもりでやってきたことを、中佐は泣きたいくらいに恥じた。

「これから死ぬ身だというのに、いつものとおり、疲労回復薬の注射をしてもらったよ。これから死ぬからいいともいえなかった」

陸相の恬淡《てんたん》たる話はつづいていた。竹下中佐はいった。

「さきほどなにか書きものでもしておられたようですが」

大臣はああ、あれかといいながら、戸袋にしまった二枚の半紙をとりだした。墨痕《ぼっこん》あざやかに、二つに折った半紙の上に陸相の字がおどっている。一枚は遺書、遺書には辞世の歌が書かれている。

『大君の深き恵に浴みし身は

言ひ遺こすへき片言もなし
昭和二十年八月十四日夜　陸軍大将惟幾』（原文のまま）

この辞世の歌は、昭和十七年七月、陸相が満州第二方面軍司令官として対ソ作戦準備に専念していたころ、戦死を覚悟して作ったものであるという。

遺書は三行に書かれていた。

『一死以テ大罪ヲ謝シ奉ル
昭和二十年八月十四日夜
陸軍大臣　阿南惟幾〔花押〕』（原文のまま）

辞世には単に陸軍大将と署名、遺書には陸軍大臣としたところに陸相の面目があった。公の人間としての陸相は天皇の聖断に抗し、あくまで陸軍の意志の代弁者として生き、ついに国を滅ぼした軍の代表者として死んでいく。私人としての大将は決して皇室にたいする崇敬の念を失わなかったと、それをいいたかったのである。竹下中佐は眼がしらの熱くなるのを覚えた。中佐はいわず語らずのうちに、大臣の心を読みとったのである。

陸相は、このとき、なにか思いついたように、また墨をすって、二つに折った遺書の裏、まっさらの白地のところにこう書き足した。

『神州不滅ヲ確信シツヽ』（原文のまま）

自分が滅んでも、祖国は亡びることがないと信じる。生き残る人々には、あらゆる苦難が待ちうけるであろうが、すべての人たちがいっしょになって、義務の命ずるところ

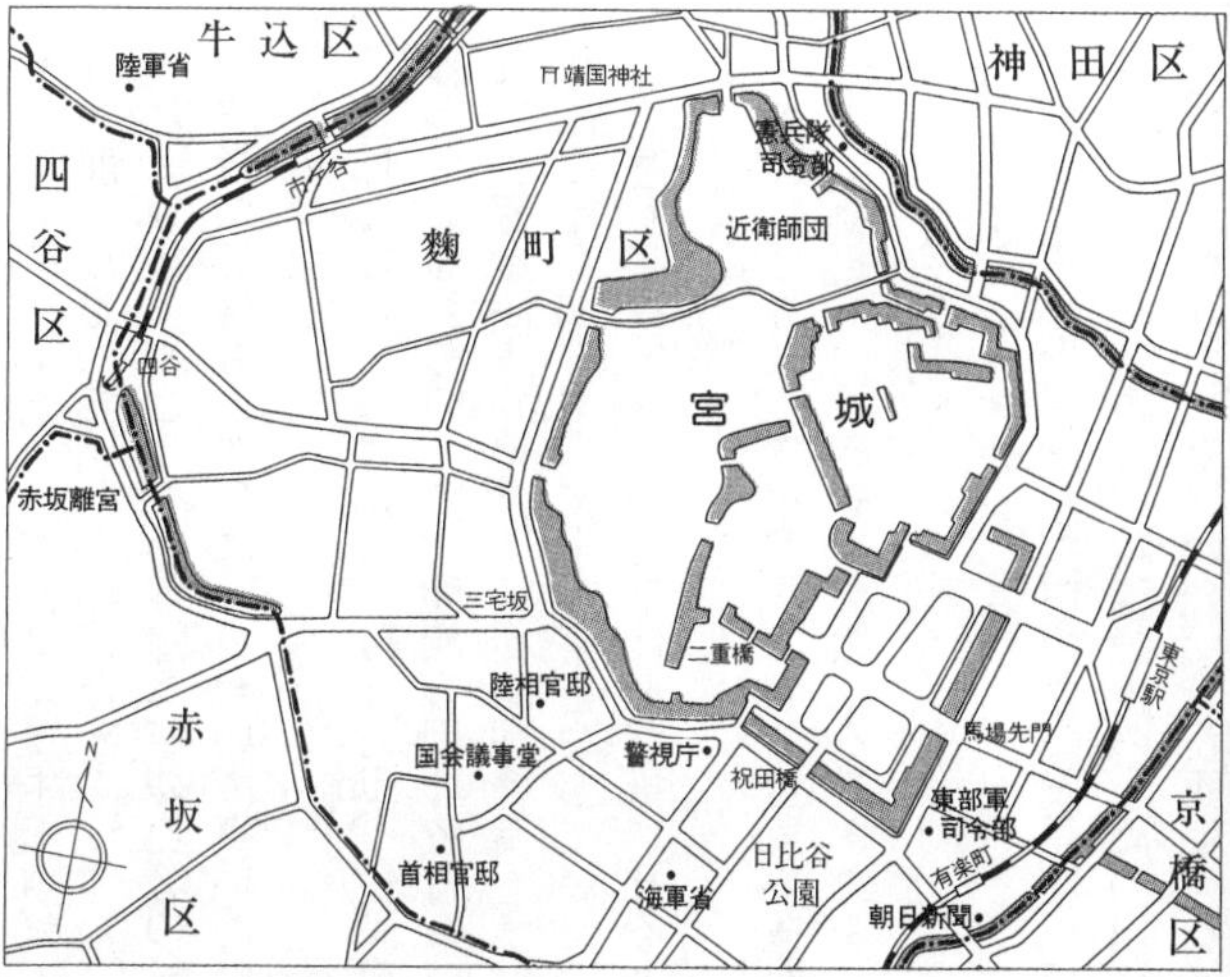

で祖国を救う、このこと以外に、亡国を阻止する魔術的な方式のあるわけがない。これからの日本人は、なにを目的として生き、そして、やがて死のうとするのであろうか、また、多くの将兵がなんのために戦い、そして、死んでいったのであろうか。生き残る人々がこの問いに正しく答えるときにのみ、日本は救われるであろう。陸相はそんなことを語った。

「おや、もう二時を廻ったのだね」と陸相は時計をみた。

「暦の上では十五日になっているが、自決は十四日のつもりでするよ。はじめは二十日が次男の惟晟《これあきら》の命日だから、その日にしようかとも思ったが、それでは遅くなると思い直した。十四日は父の命日だから、それでこの日と決めたのだ。それに十五日の正午には陛下の御放送があることになっているのだが、自分としてはそれを拝聴するに忍びない。その意味からも、十四日に死のうと前から思っていたのだ。だから……」

といって、ふところから陸軍省の自分の机の上で書いた辞表をとり出し、

「辞表の日付も十四日にしておいて貰いたい」

といった。

宮城をなかにはさんで、陸相官邸、近衛師団司令部、東部軍司令部は大きな三角形を作っている。その一点、陸相官邸の夜はこうして静かにふけていった。だが他の一点では、古賀参謀より口頭で近衛師団命令をうけた近衛歩兵第一連隊長渡辺多粮《わたなべたろう》大佐が、にせ命令とも知らず、非常呼集を命じていた。残る一点の東部軍司令部からは、井田中佐が翻意し、責任をもって事件を収拾させると約し、単身で宮城内におもむこうとしていた。

それにともなって東部軍として至急処置をとらねばならず、指令が飛び、電話が鳴り、伝令が馳せて、ようやく騒然たる動きをみせはじめた。東部参謀稲留勝彦《いなとめかつひこ》大佐（民間防空主任）が竹橋にあった防空作戦室から、東部軍司令部にかけつけたのは、午前二時十分すぎころであった。

参謀長高嶋少将は、井田中佐の説得を板垣参謀にまかせると田中軍司令官室に入り、簡単に状況を報告し、現場説得のための出発はいますこし状況が明らかになるまで、お待ちいただきたいといった。状況不明のまま田中軍司令官は現場へおもむき、叛乱軍を

説得鎮圧しようとの強い気構えであったのである。高嶋参謀長は司令官の同意をうると、軍参謀室に入り着任いらいはじめての陣頭指揮をとった。稲留参謀、不破参謀、板垣参謀らはその指揮のもとで黙々と任務をはたした。こうした息づまるような空気のなかに、近衛歩兵第七連隊長皆美《みなみ》貞作《ていさく》大佐が軍司令部をたずね、「ただいま電話で、師団参謀から重要命令が下達せられましたが、不審の点がありますので万一の場合を考慮して、軍司令官のご意図をお伺いにまいりました」と報告した。

いっさいの状況が判明した。陰謀者たちは、師団長を殺害、ニセ命令によって宮城占拠を企てているのである。高嶋参謀長は、まず東部軍憲兵隊司令部に、軍司令官出動の場合の護衛憲兵の派遣を要請、不破参謀に近衛師団司令部の状況そのほか、軍司令官現場指導の下準備の視察を命じた。ついで、近衛師団各部隊の部隊長または命令受領者に至急直接参集を命じた。

石渡荘太郎宮内相

憲兵司令部の塚本中佐が事件を知ったのもこの時刻であった。森師団長殺害さるの報告をうけ、塚本中佐は真偽をたしかめるべく、伊藤憲兵大尉に師団司令部への斥候《せっこう》を命じ、さらに非常呼集をかけ全員警戒体制をとった。

こうして東部軍や憲兵司令部が万全の処置をとっているとき、活発にこんごの作戦をねっていた陰謀者たちは、二重橋をへだて、東部軍司令部に面とむかいあった位置にある宮城内警備司令所に本部をおき、軽機関銃を各御門にすえ、ものものしい占拠態勢をとっていた。その司令所の奥の一室に、下村総裁、大橋会長らが軟禁されている。ここは陰謀と叛逆の巣でもあり、監獄でもあったのである。陰謀の中心に畑中少佐が坐り、参謀長格に椎崎中佐があり、この二人は活発に動きまわる古賀少佐、師団司令部にのこり外部の連絡に応じ第一連隊を指導している石原少佐とともに、近歩二連隊を陰謀の網の目のなかにとりかこんでしまうことに、ともかくも成功したのである。

宮城は外部とのいっさいの連絡をたって孤立した。そしてこれからが難しかった。東部軍に走った井田中佐の説得が成功するか、どうか。陸相説得にでむいていった竹下中佐がうまく話してくれるであろうか。この二つの点に彼らのクーデターの成否がかかっていた。しかし、事実は、そのいずれもが、スタートで幻影となって崩れてしまったのを、彼らは知らなかった。彼らの目的は、屈辱の敗戦をひっくり返すための全軍蹶起の導火線に火をつけることであった。しかし、その火は逆に彼らを噴きとばそうとしていた。

二時十分ごろから三十分までの間、B29はこの段階ではまだ静かな動きをつづけていた。熊谷市その他は空襲で猛火につつまれていたが、東京にはなんらの被害もなく、また敵機来襲の気配もなく、空襲警報中であったが、多くの人は床についていた。戸田、三井、徳川らの侍従も、あまりにも長い空襲警報に、はじめは解除まで起きていようなどといっていたが、あきらめて、それぞれ眠りに入っていた。こうして宮城全体が、さざえのようにぴたりと口をとざし、ひっそりと静まりかえった。

このなかで、畑中少佐たちの不屈の活動は活発になっていった。窪田少佐が陸相官邸にいる竹下中佐へその後の状況連絡にでていき、上原大尉が豊岡の航空士官学校へと去ったあと、監禁した下村総裁らの〝捕虜〟をひとりひとり呼びだして訊問がつづけられた。宮内省総務局長加藤進が最初に呼びだされた。

畑中少佐がきいた。「内大臣と宮内大臣はどうしているか」

加藤局長は平然として答えた。「内大臣は常時輔弼《ほひつ》の方で、とくにこんな騒ぎが起っていると知ったら、当然陛下のおそばにいるだろう。また宮内大臣は宮内省の防空本部できけば居場所がわかるだろう。なにせ大臣と別れてこんなところに放りこまれてから大分たつ。わたしにわかるはずがない(33)」

答えながら、加藤局長は、内大臣が彼らの目標の一つであり、しかも現在無事であることを察することができた。

つづいて、放送協会の矢部局長、荒川局長、大橋会長の順に呼びだされ、彼らの話から畑中少佐たちは天皇の録音が夜おそく行なわれ、しかも、録音盤を〝捕虜〟の誰ももっていないという事実を、たしかめることができた。

主な人たちの訊問がつづけられている間にも、宮城内の電話線は、外線内線を問わず兵隊の手によってつぎつぎと切られていた。石渡宮相秘書官石川忠《いしかわただし》は宮内省地階の防空本部に宮相、大金次官、筧課長らとともにあり、近衛師団への直通電話のダイヤルをなんどもぐるぐるまわした。近衛師団の各御門占拠と、下村総裁たち録音関係者の連行、ならびに事情をたしかめにいった加藤局長の行方不明を、近衛師団長に抗議しようと懸命になっていたのである。それは近衛兵たちの電話線切断がはじまるほんの数分前であった。近衛師団と連絡がつかず、電話口にでる男は不得要領の返事をした。いったいどういうわけなのかと憤慨しつつも、なにかを予感して、たがいに顔を見合わせているところへ、白ダスキの近衛兵がとつぜん闖入《ちんにゅう》してきた。彼らは「命令です」といったほかは、一言も喋らず、そして宮相や秘書官たちに眼もくれず、消防用の斧で電話線を強引に断ちきると、引揚げていった。

石川秘書官は、「これはただごとではありませんな」と、石渡宮相にいった。宮相もうなずいた。逃げ道のない地下にいることはなにより危険ではないであろうか。石川秘書官は石渡宮相を護るのは自分の務めだと思った。彼は機転をはたらかした。一階の大臣官房宿直室へ宮相をつれていき、そこにかくまった。これからどうなるのかわからないが、しばらく様子をうかがうことにした。外には砂の上を走る兵の靴音、砲車のきしる音、甲高い号令。「クーデターじゃないですか、この動きは普通じゃありません」と、石川秘書官が大臣にいうと、低いおさえた声で大臣が答えた。

「石川君、間違いないよ。もう駄目だな。私はのこる。君は若いのだから、これからのこともある。すぐ逃げるといい」

いわれて秘書官は、はいそうですか、と逃げるわけにはいかなかった。恐怖がはげしく襲ってきた。やがて大臣がポツリとひとり言のようにいった。

「二・二六のときと同じだね」

三井侍従は夢をみているのかどうか、もうろうとして、半ば無意識の状態で耳もとにささやく声を聞いた。「近衛の兵隊が宮城を占拠したようだ、電話線がみんなやられているので、吹上に連絡できない」……しばらくして大金次官の押殺したような声であることがわかった。三井侍従はおどろいて跳び起きた。近衛兵が暴れているといわれてもどうしたらいいものか？　とにかく隣室の戸田侍従をすぐに起さなければならない、とそれだけを思った。しかし腰から下に力がなかった。抜けたかなと情けなかった。いや、這《は》ってでも隣室にいかねばならない。

戸田侍従も夢のなかで、大金次官と三井侍従の会話を聞いたように思った。「近衛師団が……」という言葉を耳にしたようであった。この侍従はすぐ起きて足どりもしっかりと隣室へいった。大金次官と三井侍従の吸いとられたように青白い透明の顔をみたとき、なにごとが起ったのであろうかと不安を感じた。

午前三時、B29の大編隊は日本本土への最後の爆撃を終えると立去り、空襲警報は解除された。空からの恐怖はなくなったが、炎上中の諸都市の市民には猛火に追われるという恐怖がつづき、そしていまや宮城内にはまったく予想もしなかった恐怖がうまれていた。

陰謀は騒動と化した。宮城を護るべき近衛兵が、宮城の中で暴れだすというあきれはてた事実を、そのまま素直に信じかねる人が多かった。信じようが信じまいが、近衛兵が叛乱をはじめたのは明らかであった。窓外を走るのは近衛兵ばかりであり、彼らは暗黒の中の目印に、一様に白いタスキをかけていた。そして銃剣をきらめかしていた。

注(33) 加藤局長は、皮肉なことに、放送協会、情報局の十六人の男たちの間にあとから加わったのである。下村総裁らが坂下門で止められたころ、石渡宮相も乾門から帰宅しようとして止められ、宮内省に戻った宮相は下村総裁らの身を案じ、近衛師団に電話して調べようとしたが応答がなかった。そこで、加藤局長と護衛の巡査の二人に警備司令所にいって調べてくるように命じたのである。加藤局長らは命令を実行しに走った。それは十六人の男たちの仲間入りしたくて走っているようなものであった。警備司令所についた局長はあっさり監禁されてしまったのである。

〝いまになって騒いでなんになる〟——木戸内府はいった

午前三時——四時

三井侍従は這っていった。なかば腰をぬかしながら必死の気持が、度の強い眼鏡をかけたおとなしい侍従を動かしている。(34)徳川侍従を起し、さらにその隣りの武官室に忍びこんだ。眠っていた清家武夫侍従武官はゆり動かされ、「大変です。兵隊が侵入してきました」というひそやかな声にはね起きた。「本当ですね」と落着いて聞いた。眼鏡の侍従は唇を震わせながらうなずいた。

清家武官はすぐ下のベッドに寝ている中村俊久侍従武官を——いや、これは起すまでもなく彼はすでに目覚めていた。二人はすぐ武官長室へ走った。蓮沼侍従武官長は、清家武官たちに起されたとき、なにかの間違いであろうと思った。夕刻、森師団長と会ったとき、師団長が確言した「近衛師団のことはご心配なく」という言葉に、「警備隊の配置換えをするかもわかりません」といった報告とを重ねあわせて考えるとき、兵隊がなにやら外で騒がしく動いているということは、師団長のいった配置換えなのではないかと、とっさに、いい方へと判断したのである。

しかし、清家武官は武官長の甘い推断と想像をひっくり返すように真顔でいった。

「近衛の兵隊が通信所を占領破壊し、外部との通話をいっさい遮断し、御門を護る皇宮警察の武装解除をし、どうやら宮城を占拠したようであります」――宮城を占拠する、近衛兵がその気になれば容易なことである。蓮沼武官長も事態のただならぬことを知ると、あわてて寝巻を軍服に着がえた。

侍従武官長、清家、中村両武官は飛ぶようにして武官事務室にいった。クーデターがなんであるか、三人の軍人は熟知していた。彼らにも二・二六事件の記憶は生々しい。窓の外には着剣の兵隊が右へ左へと散開している。電話にとびつくと、清家武官はあわただしく陸軍省と参謀本部のダイヤルをまわした。電話機はいくつもあったが、すべてが通ぜず、それでも二人の武官はあきらめずにダイヤルをまわし、外部と連絡をとり、事態を報告するとともに制圧を依頼しようと、空しい努力を重ねた(35)。

クーデターに対処するのは軍人にまかせて、文官の三井侍従の活躍は別の面でつづけられた。気がつくかぎりのあらかたの人を起してまわると、つぎに考えたことは、陛下のお側にいかねばならない、この事態を連絡し、お護りしなければならない、ということである。必死の侍従は兵隊の包囲をくぐりぬけようと試みた。恐ろしいという気持を捨てていた。そして着剣の兵隊の大勢たむろする表玄関を敬遠し、北口からそっとぬけでようとする冷静さも保っていた。

侍従はそろりと暗闇に足を踏みだした。とたんに鼻先に無気味な光を放つ銃剣を突きつけられ、へなへなとその場に坐りこみそうになった。「出てはいかん、命令だ」と兵の怒声で追いかえされたが、戻ってからもしばらくは恐怖で声もでなかった。

いくらか恐怖がおさまると、侍従はまた真ッ暗な廊下をうろうろとし、なんとか吹上の御文庫へいく方法はないものか、と右往左往し、窓から着剣の兵の姿をみとめては首を亀のようにひっこめた。大金次官に起されてからもう一時間以上もたったような気がしているのであるが、実のところわずかに十五分程度しかたっていない、三時五分ごろのことであった。

同じころ、宮城完全占拠に成功し、いまは叛乱軍総司令部となった警備司令所の前に、「責任をもって事態を収拾するために」東部軍から直行してきた井田中佐が車を乗りつけてきた。車を降りる彼は、大きな期待に眼を光らせた畑中少佐の、心からなる歓迎を受けた。しかし、井田中佐は歓迎にこたえるための土産《みやげ》をなにひとつもってきていなかった。むしろ中佐は、畑中少佐から否応なしに希望を奪いとってしまうことになる使命をおびている。純真の少佐を絶望に追いこむような自分の役割を中佐はのろった。いっぽう、畑中少佐は東部軍の去就について、暗い中佐の表情から、すばやく、否定的な答えを読みとっていた。なにもいわれなくてもわかった。一本の命綱の切れたことを少佐は実感した。

井田中佐は投げだすようにいった。

「畑中、もういかんよ。東部軍は冷却しきって、まったく起つ気配はない。これ以上、宮城籠城《ろうじょう》はおぼつかないことだ。失敗とあきらめて兵をひけ。もしこのまま籠城をつづければ、国家非常事態を前に、東部軍との一戦は必至となるぞ」

畑中少佐はストイックな平静さで聞いていたが、

「一戦おそるるに足らずです。私たちは宮城を占拠しているのです。背後には陛下もおられる。おそれるものはありません。それに下村国務相らの捕虜もおります」

井田中佐は一喝した。「馬鹿をいえッ」。いらざる混乱をひき起そうというのか、それは最悪のことであろう。なるほど、たとえ内戦をひき起すとも、近衛師団の団結さえ確保しうるならば、全軍を蹶起させることはかならずしも難事ではない。しかし、と中佐は思うのである。

「師団長を殺しておいて、近衛師団を団結させられるとでも思うのか。団結なくしてなにが内戦だッ。もし師団長の死が師団内に伝われば、指揮はいっきょに崩壊する。籠城はただ混乱をまねくばかりだ、それが貴様にはわからんのか」

激しい言葉に畑中少佐は無言で答えた。眼は怒りに燃えていた。

「夜が明けるまでに兵をひけよ。そしてわれわれだけで責任をとろう。なあ、畑中、それでいいじゃないか。世の人々は真夏の夜の夢をみたといって、笑ってすましてくれるだろう」

と、井田中佐が言葉を和らげていったとき、畑中少佐はがっくりと肩を落した。彼らの足もとに絶望と悲惨の網が閉じられてきたようであった。少佐は弱々しく疲れ切った声で、承知しました、とぽつりといった。わかってくれたかといいながら、井田中佐はこのことを陸相に報告せねばなるまいと考える。宮城事件を知らされた陸相の心痛が手にとるようにわかった。中佐は撤兵の処置を講ずるよう念をおしてから、ふたたび車に乗りこんだ。車のエンジンがかかったとき窓をあけて、

「いいか、夜明けまでにかならず兵をひけよ」

と、もう一度、見送るともなくそこに立つ畑中少佐に念をおした。

中佐が立去ったあと、畑中少佐は、彼の立つ大地が音をたてて崩れていくのを感じた。にもかかわらず、とり乱すことなく、警備司令所の椅子の上に静かに坐っていた。精魂こめた努力がいかにはかなくつぶれるものかをなげいていたかもしれないが、悲しみに沈みきったり、これからどうすべきかにためらうことはなかった。天皇を擁しての籠城であるから、東部軍であろうが、第一総軍であろうが、日本人を相手にするかぎり天下無敵であるとの確信が底にあった。そして支えとなる不屈の精神がなお燃え立っていた。彼は椎崎中佐、古賀参謀らと協議し、籠城をあくまでつづけ、そして最後の切り札として、宮城内のどこかにあると思われる〝録音盤〟を奪取しよう、時間をひきのばすことだ、時間をひきのばすことによって情勢の転回を待とうと

古賀秀正少佐

した。彼らは、追いつめられ不利となった自分たちの立場を逆転すべく、ふたたび行動を開始するのであった[36]。

古賀参謀[37]は「放送局の主任」を呼んでくるように兵隊に命じ、矢部局長が代表して呼びだされてきた。古賀参謀は局長にきいた。「玉音の録音はうまくいったのだな」。「うまくいった」。「その録音はどうしたか」。「宮内省におさめた」。「いつ放送するのか」。さっきと同じ質問がくり返されている。矢部局長は冷汗ともなく額《ひたい》から汗がふきだし、全身はびっしょりと濡れていた。「十五日の正午、ニュースのはじめとなった」。次にはじめて新しい質問がでた、「それは宮内省からか、放送局からか」。「放送局からだ」。「放送局でやるのをなぜ宮内省においてきたのか」。これこそ彼らの知りたい〝なぜ〟であった。

矢部局長は特に意識せずありのままに答えた。

「はじめは午前七時ということであったが、その後正午に変更されたので、夜陰貴重なものを運ぶにもおよぶまいから、ということで宮内省におあずかりねがったのだ」

「それでは、たしかに」と古賀参謀は〝たしかに〟というところに力をこめていった。

「宮内省に保管してあるわけだな」

「さよう」

古賀参謀は立上った。「相浦中隊長」と一大尉に向って命じた。「この人を案内人として宮内省にゆき、その玉音盤をさがしてこい。貴重品であるから粗略に扱わぬように[38]」

矢部局長は指名された中隊長について室外にでた。そこには一隊四十名ばかりの兵が、着剣して整列していた。中隊長と列間にはさまれて、局長はこづかれるように一点の灯もない真ッ暗闇のなかを、宮内省表玄関まで連行された。草むらに鳴く虫の音に、虫なんてものはなんと呑気なものか、とつまらぬことが考えられた。中隊長は大声で兵隊に命じた。

「弾こめ！」

近衛兵たちの宮内省への侵入探索がはじまったのである。なんらの妨害もうけることなく、兵隊は五、六人がひとかたまりとなって、人ひとりいない階段を上り、ひっそりした廊下を伝わり、ひとつひとつ部屋をしらみつぶしに、開かない戸は蹴破って調べていった。連行されながら矢部局長は、なんども録音盤を保管した相手を追及されたが、はじめて会った侍従の名など知るはずがないではないか、と突っぱねた。

戸田康英侍従

この間にも、侍従たちの目ざましい活躍はかくれるようにつづけられていた。戸田康英侍従は大金次官の声で目覚めてから、「兵隊たちが内府と宮相をさがしている」ということを知らされると、ただちに三階の内大臣室に駈上っていった。木戸内大臣は、侍従の急いで逃げなければという言葉に、どういうわけか、こうした危険なときに口もとをほころばせて笑った。

「そうか。やっぱり心配していたとおりだったのか。まったくしようのない奴らだ。いまになって騒いでなんになる」

戸田侍従は、木戸の渋柿でも食って吐きすてるような表情にも口調にも同感するものがあった。しかし、いま自分たちはそのしようのない連中に追いたてられているのである。騒ぎのあげくに血祭りにされるかもしれないのである、死の舞踏のような情景がくりひろげられるかもしれないのである、と恐れた。とはいえ、突発的な騒動に応ずる心の用意がないわけでもなかった。二・二六事件を連想した。急いで逃げなければ……何処へ？　戸田侍従はとっさに、侍医の部屋へ木戸内府を隠そうと考えた。内大臣室よりも、そこの方がはるかに安全であろう。

真ッ暗ななかを手さぐりでいく途中で、木戸内府が立止った。「そうだ、奪《と》られたら困る書類を部屋においてきてしまったよ。とってこよう」といった。二人は、蚊帳の吊ってあるもとの部屋に引返した。すでに階下まで兵隊の侵入捜索がはじまったらしく、軍靴の床を踏みあらす音が、狼狽《ろうばい》する戸田侍従の耳にとどいてきた。

木戸内府は部屋からでるとそのまま便所に入った。その落着きが、戸田侍従にはたまらなかった。なじるような視線にたいして、「破いて捨ててしまった方がいいだろう」というのが、木戸内府の答えである。そして重要書類をゆっくり、ゆっくりと破きはじめた、内府にしては精一杯に急いでいるのかもしれなかったが、戸田侍従にはどうにも我慢のならぬ緩慢さと印象された。緊急のさい、不必要な危険をおかすことはないではないか。

やっと無事に木戸内府が侍医室に入るのを見とどけたとき、戸田侍従は心から、ここまでくればもう大丈夫だろう、と安堵した。

大変な大仕事をしたあとのように、疲れきって侍従室に戻った戸田侍従を、抜刀した将校、着剣した銃をもつ兵隊五、六人が迎えた。侍従は一瞬あわててひき返そうと思ったが、観念した。逃げだして背後からやられるよりはと、ひっかきまわされ、乱雑に物が散らかされた部屋に侍従は恐れず入っていった。

「お前はなにものか」と将校が怒鳴った。「侍従です」。平気で答えた。「録音盤がどこにあるか、知らないか」。そんな質問に答えられるはずはない。「木戸、石渡たちはどこにいるか」。戸田侍従は大袈裟《おおげさ》に首を大きく左右にふって、無理によそおった快活の調子でいった。

「ぼくみたいな若僧にはわからない」

石渡宮相は、このとき徳川侍従にみちびかれて、木戸内府よりも、もっと安全な場所に身を隠していた。それはまったくの偶然であった。徳川侍従は、侍従職事務官室の前の廊下にでたとき、石川秘書官につれられ宿直室に身を隠そうとする石渡宮相に出会ったのである。石川秘書官が侍従にいった、「宮相がねらわれている」。徳川侍従は、「いい隠れ場所がある」と答えた。すぐ事務官室で鍵をうけとると、宿直室へでむき、宮相、石川秘書官、鹿喰《ししくい》清一秘書官、側衛の二宮巡査の四人を、徳川侍従は地下の金庫室に案内した。

そこは三階の女官の物置からだけ直通階段で通じている奇妙な地下室であった。これを侍従たちは金庫室と呼んでいた。扉をあけると女官の衣類などがおかれてあり、この一見なまめかしい部屋に奥にみえないように階段があり、そしてこれを降りきった地下室の入口には岩乗な扉がついていた。

こうして、木戸や石渡らの要人たちが侍従の活躍で難をのがれているころ、宮城の外、濠をへだてた東部軍司令部では、混乱をおさめようとの懸命な努力がつづけられていた。近衛師団は編制上からは東部軍に属している。したがってその叛乱は東部軍が直接鎮《しず》めるのが当然である。いまの場合、鎮めるよりは事件の拡大するのを防がねばならなかった。高嶋参謀長が発した命令によって、近衛師団各部隊の命令受領者は三々五々、司令部に集められた。彼らは参謀長から各別命令をうけとった。

『一、近衛師団長は一部策動者のために殺害せられたり。

二、近衛師団の指揮は別命あるまで東部軍司令官直接これをとる。

三、先刻下された師団命令は、一部策動者の偽命令である。即刻この偽命令を取消す。

四、さしむき宮城護衛部隊はその囲みを解くべし。』

命令受領者たちは、口々に、下達された各別命令にもとづいてこんごの行動をとることを誓った。宮城事件には参画しないであろう、と。こうして複雑になりかかった情報はたちまちに収束された。宮城内に燃え上った炎がほかに引火することもなく、一つの危機はひとまず去った。

三時半になるころには、警備司令所にいる〃偽命令〃の発令者たちには、彼らの最初の野望の消え去ってしまったことがもう明らかになった。東部軍は蹶起しなかったのみならず、宮城占領の即刻中止を麾下《きか》各部隊に命じているのである。つまり東部軍は、叛乱軍にとって同調者としてでなく、敵として、反撃してきた。しかも、陰謀者たちの命令と、それを無効だとする命令とが同時に伝達されていながら、近衛師団各連隊は、冷静に、後者の命令にしたがった。叛乱者たちがはじめに企図したように、去就に迷っているものがかならずやつづいて起つであろうということが、妄想の産物であったことが明確となった。一揆の最初の計画は悲しくなるほど間違っていた。陰謀の命数は急速に尽きつつあったのである。

事件が拡大することなく、単なる局部的叛乱で終りをとげようとするのには、森師団長のはたした役割が大きかったのである。師団長が死ぬことによって、全体的な混乱状態におちいる可能性の強かった事件も、あっさりと終止符を打たれたといっていい。叛乱者たちは師団長を葬ることにより、自分たちの失敗を運命づけることとなった。

高嶋参謀長が第一、第二連隊をのぞく近衛師団各連隊に、つぎつぎと軍命令を下達しているころ、板垣、不破両参謀は、いわば森師団長の尊い犠牲を確認するため、師団司令部に赴いていた。ニセ命令によって動いている敵地に乗りこむのである。両参謀は軍装をととのえ、必死の面持で車中の人となった。

車を竹橋から師団司令部にむけた。竹橋は近歩一連隊の占領、封鎖下にあったが、二人の参謀は車を徐行し、「東部軍参謀、通る」と一声で、強引に突破し、灯火管制で明りのみえない近衛師団司令部に到着した。闇を手さぐりで二人の参謀は、参謀室にたどりつき部屋に入った。廊下の各所には歩哨が立ち、誰何《すいか》をたびたびうけたが、二人は強引におし通った。

師団参謀室には小さな電灯がただ一つ、黒い布で覆われ、弱い光を投げかけていた。その下でひとりの若い参謀が机にむかってしきりになにか書きものをしていたが、二人の入室に顔を面とむけて、冷やかな、疑い深い眼で迎えた。不破参謀はつかつかと歩み寄った。そして、まっさきに口を切り、身分を名乗り、さらに、このたびの暴挙を詰問《きつもん》し、叛乱軍の動静をただした。先手をとられた参謀は、黙して答えなかったばかりでなく、すっくと立上るなり、異様な殺気をただよわせ、軍刀の柄《つか》に手をかけ両参謀を睨みかえした。二人の参謀も戦おうと身構えたが、埒《らち》もないことをして時間を費すより、師団長殺害の現場をみとどけるべきだと思い直した。

師団長室の入口に立っていた歩哨は銃剣できびしく二人の入室をこばんだ。二人の参謀はたじろいだ。すると、殺意をみせたさっきの参謀が、後についてきていて、「かまわん、お通ししろ」といった。不破、板垣両参謀はこのとき、その参謀が、司令部にこって外部との連絡ならびに第一連隊の指導に当っていた叛乱軍主謀者のひとり石原貞吉少佐であるとは知らなかった。

黒い蔽《おお》いのかかった電灯の光に、丸く照らされた師団長室の内部は酸鼻《さんび》をきわめていた。森師団長は部屋着のまま肩を半分切りとられ、胸に拳銃弾をうけて、机の前の血の海に斃《たお》れていた。白石参謀の軍服姿は、一刀のもとに首を打落され、血を浴びていた。二人の参謀は思わず息をのんで声もなかった。

この間にも、宮城内では録音盤捜索の騒動がつづけられ、休みない不安が宮内省全体を支配していた。しかし、事実上、捜索は次第にゆきづまりになりつつあった。叛乱軍兵士たちは、まるで濃霧のなかで道を見失ったように、右往左往しはじめた。下士官ひとりに兵隊四、五名のグループが同じ場所で、いったり来たりし、白ダスキが暗闇の廊下でぼんやりと、しかし、急速な動きをみせて、室のなかにひそむ侍従たちの眼に映った。

一つには宮内省の建物の形容しがたい複雑な構造に原因を求めることができる。表御座所のある建物は、省の本館と空襲で焼けおちた表宮殿とのつなぎになっていたから、廊下の片側に同じような室がならび、どの部屋も鰻《うなぎ》の寝床のように長かった。これはもと省員の泊り部屋だったのを、宮殿焼失後は改装して侍従室などにした。しかも斜面に建てられていたので、本省に近い側は三階建てであるが、奥の方へくると地下一階、地上二階となった。三階のつもりで捜索してくると、いつの間にか二階であったりする錯覚におちいるのである[39]。

その上、省全体を通じて、兵隊たちにはその意味を解しかねる名札のついた部屋がならんでいる。式部職、掌典職、宗秩寮、内匠寮、蔵寮、さらに侍従職の方へくると内舎人室、縫手室といった部屋の名札などをみていると、彼らにとっては、外国でさがしものをしているかのような、頼りない感じが与えられることになった。

二重橋や坂下門など内濠の線に配置をもち、外郭から宮城を守備する近衛師団としては、建物内にかんする知識はなかった。もと省員の泊り部屋が侍従室となり、寝具入れであった粗末な戸棚が、そのまま重要書類入れとなっている事実など、誰ひとりとして知るものもなかった。いわんや粗末な戸棚の中におかれた見るからに不景気な小金庫、そこに玉音盤が納められていることなど、察せられるはずもなかった。

迷路のうちの飽くことを知らない追及は、やがて焦躁、倦怠、憤激をうみ、陰鬱な感情の渦となり、沸騰しようとしていた。彼らは扉を蹴破り、引出しを放りだし、いつか、録音盤にたいする憎悪が血の渇きとなって増大しつつあった。それはもう狂気の道化芝居に近くなった。

そして、彼らの相手になるのが、いつの場合にも悠揚迫らざるといった感じの大宮人ばかりである。侍従はもとより宮内省の課員にいたるまで、連絡が寸断され、おのおのが臨機の行動にでていたが、それらをつなげてみると、ある一つの太い線によって緊密に結びつけられているようであった。要するにそれがこの世界のもつ自然な風格なのである。兵隊たちはこの馴染《なじ》みのない風格に接し、いたるところで巧みに体をかわされ、

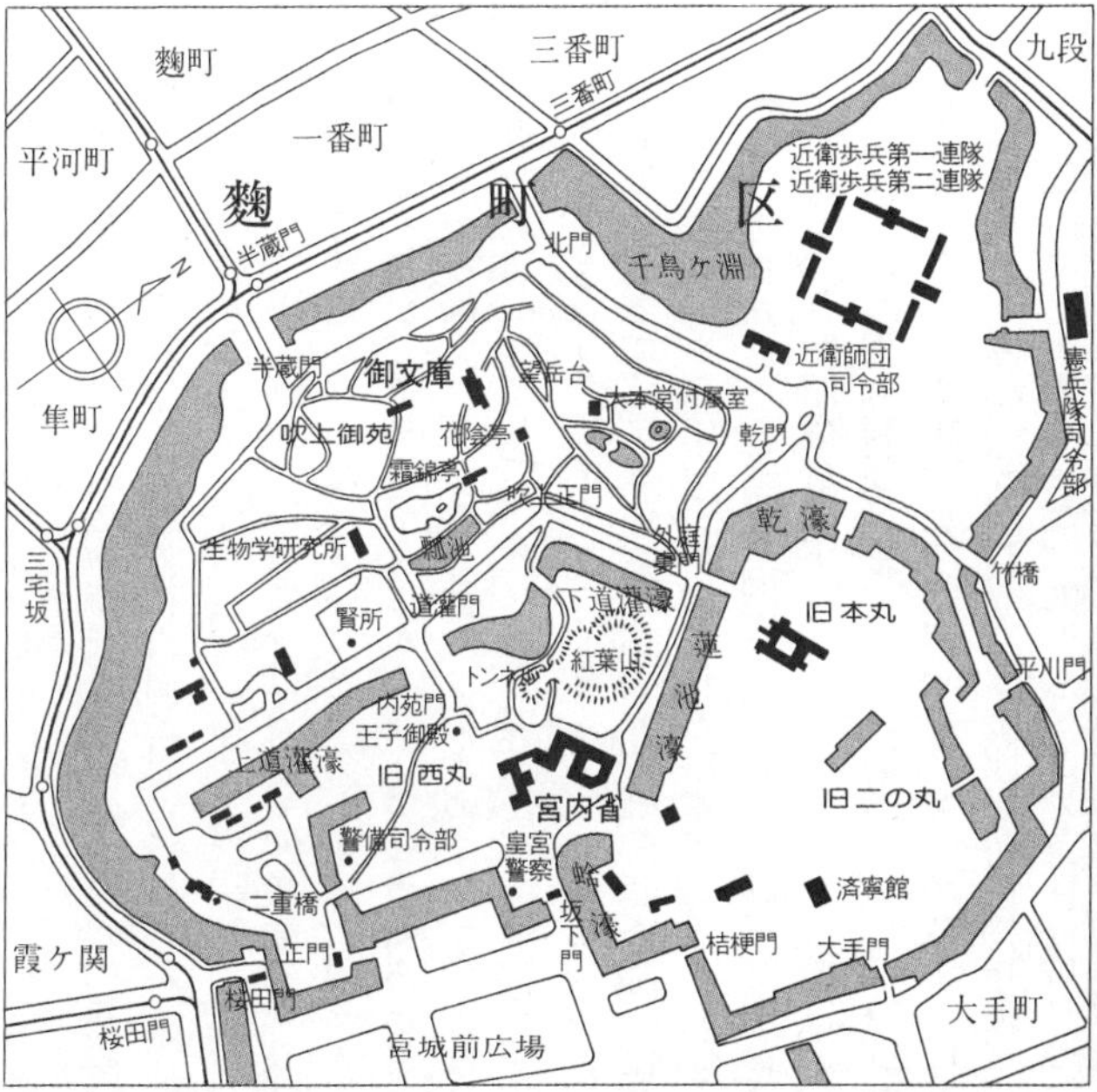

とらえどころのない底なし沼であっぷあっぷする具合となっていた。

もう一つ侵入者たちをまどわしたものに、彼らの洋服があった。宮内省防空服といったこの官給品は、大臣以下省員にいたるまで同質同形、折襟の紺一色である。星や金筋の数で身分をならされている叛乱軍にとって、これは偉大な迷彩の役割をはたしたのである。戸田侍従が、兵隊に引きたてられた矢部局長に、侍従室の前で出会ったときなど、兵隊が「録音盤をわたしたのはこいつではないか」といった。

矢部局長は平然と答えた。

「いや、もっと背の大きい、鼻

の大きい人だったと思います」

実は戸田侍従より大きい侍従はいなかったが、兵隊はそれを信ぜざるをえなかった。何度出会ってみたところで初対面と思えるほどに、洋服のため、誰が誰だかわからなくなっていたのである。

畑中少佐が、絶望的な勇気をふるって、最後の切り札としてだした録音盤奪取計画も、こうして暗色が濃くなっていった。第一大隊、第三大隊の将兵がつぎつぎに応援として投入されたが、その甲斐《かい》もなかった。主謀者たちが息つく間もなく打った一手一手は、片っ端からはずれていき、計画は行きづまり状態となった。しかも彼らにとって、最悪の事態が起ろうとしていた。芳賀連隊長がようやく彼らに不審の念を抱きはじめたことである。

宮城に籠城するにさいし、畑中少佐は芳賀連隊長にこういった、「阿南大臣も今夜ここにこられ、さらに聖断を仰がれるはずである」、あるいはまた師団参謀の古賀少佐の言はこうである、「師団長閣下も同意せられ、師団命令を下達せられる運びとなった」――なるほど師団命令は下達された。ただし口頭によるものであった。のみならず同意したはずの陸相も師団長も、すでに籠城いらい三時間ちかくなろうとするのに姿をみせないのである。陰謀者たちと運命をともにするようになっていた芳賀連隊長は、実は、天皇を擁し、陸相が先頭に立ち、師団長が直接指揮することを条件として、自分の連隊を宮城内にとどまらせた。しかし、この条件は破れつつあった。運命をともにしようとする動機も薄れつつあった。

連隊長は畑中少佐に詰問した、「大臣はまだこられないが、いったいどうしたのか」。柔順に、あやつり人形の地位を保っている自分に叛逆するような、強い言い方である。

畑中少佐の顔に苦渋の色が走った。しかし、どんなことが起っても前進しなければいけないと自分にいいきかせた。

「電話で、もうでかけられたかどうか問いあわせてみましょう」

そこへ師団司令部に連絡にいっていた古賀少佐が戻ってきてすべての事情を察した。最後の段階にたちいたって、なお巧言によって不信の連隊長をいいくるめるのは不可能であるとみてとった。彼はありのままをいった。

「師団長は死亡せられた……」

そして芳賀連隊長の情緒をかきたてるように、「ただいまより、大佐殿が師団長にかわって師団の指揮をとっていただきたいのです……」といった。

入江相政侍従

芳賀連隊長は愕然とした。はじめてこの青年将校たちの背後にある動機を疑い、警戒心をいだいた。「師団長のかわりをやれというが、それより師団参謀長はいったいどうしているのか」

古賀少佐は狼狽を感じながら、「参謀長は東部軍司令部に軍の蹶起を要請のためでかけている」と答えた。

「師団長はなんで死せられたのか」と連隊長はなおも聞いた。古賀参謀の顔に一瞬暗いものが走った。「師団長が死なれたのは、なぜであるか。またなんで死せられたのか。古賀参謀は当然承知のはずであろう。教えてもらいたい」と連隊長は追及していった。

不名誉な会談は沈黙をもって終った。叛逆者たちは彼らにできるだけのことはしたが、頼みの連隊長に疑惑をもたれたことは致命的であった。それは急速に終末へ近づいていく定めとなった。

そうした叛乱軍指導部の眼にみえない分裂は末端にはなんらの関係もなく、宮内省内では侍従たちと、指揮をとった第一大隊長北畠暢男大尉、同隊小山《こやま》唯雄《ただお》准尉、同隊第二中隊渡辺《わたなべ》進《すすむ》曹長、第三大隊石川《いしかわ》誠司《せいじ》兵長ら、捜索隊の将兵との極度にはりつめた、おたがいの真剣と真剣がぶつかりあった重苦しいせり合いは、なおつづけられていた。末期の、一億特攻が叫ばれている戦局の下にあっては、軍人と民間の差はなかった。ともに命がけのところで激突した。

ついさっきまでの闘争の焦点は、録音盤と木戸内大臣、石渡宮内大臣のゆくえをめぐって、であったが、いまは侍従たちの機智と奮闘で、すべてが安全な場所に隠れ、侍従たちの動きは天皇のおられる御文庫はいったいどうなっているか、そしてそれといかにして連絡をとるかということに移っていた。

木戸内府を侍医室から、さきに石渡宮相を隠した地下の金庫室に案内すると、[40] 戸田侍従と徳川侍従は、御文庫への連絡の方法を相談した。

宮内省から御文庫までの道は三本あった。右方の乾門《いぬいもん》にむかい、さらに左に折れるいちばん大きな道、左方の内苑門から賢所《かしこどころ》をとおる道、そしてまん中の紅葉山《もみじやま》トンネルから道灌濠をわたってゆく新道である。

もともと二人の侍従の判断は、本道ともいうべき乾門の道は兵隊で厳重に見張られているであろうから、残る二本のうちのどちらが安全であろうかということにつきた。しかし、徳川侍従が木戸内府を金庫室に案内している間に、戸田侍従が内苑門から賢所をとおる道をいこうと試み、見事に撃退されてもどっていた。残るのは紅葉山トンネルをぬける道だけであった。しかし三本のうち二本までが叛乱軍に押えられているから、残る一本の道が放っておかれているはずがなかろう。

戸田、徳川両侍従が相談をしたのは、危険な道を突破することのほかに、なにか連絡方法はないか、ということであった。吹上御苑の黒々とした森が窓ごしに眺められる。御文庫はつまり指呼の間にあるのである。それがいまの場合、いかにしてもとどかぬ彼方にあって、しかもそこでなにが起っているのか、かいもく見当がつかなかった。電話は切断され、誰かを派遣するというわけにもゆかず、みずからがでむくよりほかはない。

徳川侍従は戸田侍従にいった。

「いっしょになんとか突破しましょう」

身の安全を考慮して、用心深く背後に隠れているわけにはいかない。勇気をもって行動するほかはない。

ホタル電灯を手に、徳川侍従がさきに立った。道灌濠の水は涸《ひ》上《あが》って、水たまりのように、ところどころにうす明りをうけて水面を光らせていた。月もないのに、いったいなにを反射しているのだろうかと戸田侍従は妙なことを思った。通用門のところで、二人は数人の兵隊の姿を認めた。機先を制して一か八かのつもりで徳川侍従はいった。

「侍従職のものですが、御文庫に用がありますので……通していただけませんでしょうか」

兵隊たちは黙って道をあけた。

御文庫はひっそりと高い木立にかこまれて眠っていた。八月九日いらい、連日にわたって数多くの人々をのみこみ吐きだした御文庫の東の入口から、二人の侍従はなかに入った。常侍官候所で、気持よさそうに睡りをむさぼっている御文庫当番の入江侍従の姿をみたとき、御文庫が無事であるのを喜びながらも、二人の侍従はこれほど腹立たしい想いを味わったことはなかった。いままでどんなにか生命の細る気持を味わっていたことか。それで彼を起すとき、ついつい手荒になった。

「なにをぼやぼや寝ているか」

入江侍従は、興奮しきった二人の侍従の話を聞いて、戦慄的にはっきりと目覚めた。

徳川、戸田侍従はついで拝謁の間の侍従永積寅彦《ながづみとらひこ》に事件を報告し、さらに奥へ入って女官長保科武子《ほしなたけこ》に同じように報告をおえた。

「いますぐ陛下にご起床を願って、申しあげるにはおよびません。しかし、心得ていていただきたいと思います」

こうして、いままで叛乱の圏外にあった御文庫も事件にまきこまれた。あるひとは恐怖に戦《おのの》き、顔色を失ったが、御文庫全体としては、徳川、戸田両侍従の励ましをうけて、勇ましくも叛乱軍と戦おうとする身構えをみせた。窓という窓の鉄扉をぜんぶ閉めることにした。長年閉めたことのない鉄扉はさびて容易なことでは閉まらなかった。力の強い佐野、片淵の二人の側衛が汗びっしょりになって閉めてまわった。敵の空襲のときにも閉めたことのない鉄扉を、日本兵にかこまれて閉めるとは、入江侍従には皮肉なものが感じられた。その日本兵が近衛兵であることなど入江侍従らは知らなかった。外部の兵隊の叛乱であろうと考えていた。とっさにそう考えたほどに信頼しきっていた近衛兵、それがいま、暴動を起している。それと知っていたら、さらに皮肉な感が強かったであろう。

陸相官邸では、畑中少佐たちがあれほどまでに出陣を待ちのぞんでいる阿南陸相が、動こうともせず、竹下中佐との別離の酒盛りをつづけていた。二時をやや廻ったとき、竹下中佐は機会をとらえてクーデターの計画があり、畑中少佐ら一派が宮城に籠城したことを陸相に報告したが、陸相は別に動ずる色もなく、「そうか。しかし、東部軍は起たないだろう」といった。

死んでいこうとする陸相に慰めをあたえるものは、間際になっても、ほとんどなかった。陸軍の名誉は灰燼《かいじん》に帰し、のみならずその陸軍が依然として無秩序と混乱をつづけている。そして明日にでもなれば、徽章《きしょう》は棄てられ、勲章は泥にふみにじられ、ありとあらゆる嘲罵《ちょうば》を投げつけられるであろう。悲しくもまた淋しかった。

しかし、そうした感情をおし殺して、「そうそう、よく頼んでおかないといけないな。もし死にそこなってバタバタしたときは君が始末してくれ。いいな頼んだぞ。しかし腕は、まあ、確かなつもりだから、その心配は万《ばん》あるまいが」と陸相はいった。竹下中佐はこれを了承した。

また陸相は、用意してあった家伝の短刀二振《ふり》をとりだし、そのうち細身の一振の鞘《さや》をぬき放つと、

「切腹にはこれを用いるつもりだが、卑怯のつもりではない」

といった。武人として軍刀を用いないことを断わったのである。最後まで武人としての名誉を重んじる将軍であった。竹下中佐は形見に他の一振をもらいながら、常日頃酒を絶っていた大臣がその夜にかぎりいつになく過ごし、ほんのりと頰を染めている姿に崇敬のまなざしを送った。

ちょうどそうしたところへ、畑中少佐よりの連絡者として窪田少佐が、竹下中佐をたずねてきた。中佐は応接間で少佐と会った。軍服を血でぬらした少佐は、意気軒昂として、計画が着々と進行している旨を伝えた。

「森師団長は同意されたのか？」

「いや、蹶起を肯《がえ》んじないので畑中少佐がこれを射殺し、またいあわせた某参謀も制止しようとしたため、同じく斬殺しました」と少佐はいった。

それは計画の成功ではなく、自己否定ではないか、と竹下中佐は思ったが、興奮の少佐を前にしては黙っていた。少佐はさらに勢いこんでいった。

「東部軍の去就は不明ですが、間もなくこれも蹶起するでしょう」

いや、陸相のいうように東部軍は起たないだろう、中佐は事態が絶望的となったことを自覚した。この絶望を救えるのは、ひとり大臣の蹶起命令が全軍にだされたときにおいてのみだ、と中佐は理解した。大臣にそれをお願いできないだろうか。駿河台の旅館をでるとき、大臣の説得を確約してきたわけでなく、計画についての責任があるようでもあるし、ないようでもある曖昧《あいまい》な立場をとっていたが、事態が絶望的と知るにつけて、クーデターが彼の強い希《のぞ》みででもあるように感じられてきた。あわただしく去っていく窪田少佐を見送りながら、彼の心は動揺していた。はたして、畑中をこのまま見殺しにしておいていいのであろうか。

森師団長射殺の報《し》らせをうけたとき、阿南陸相はひどく淋しい顔をした。そして、盃をおくと、

「そうか、森師団長を斬ったか。このお詫びもいっしょにすることにしよう」

といった。さらに陸相はぽつりと妙なことを口に出した。

「米内を斬れ」

竹下中佐はびっくりして陸相の顔を見た。陸相はそれ以上何もいわなかった。(41)

注(34) 三井安彌氏は語る。「あとで中村俊久武官にいわれましたよ、まるで三井さんは夜這いのような格好で部屋へ入ってきましたな、って。本当におそろしかったのですよ、二・二六を思い出しましてね」

(35) この当時の電話は、はじめに0を廻すと外部へ通じるようになっていた。

(36) これはさまざまなデータを基にした推理である。しかし宮城を占拠してから、約二時間、彼らは電話線を切り門をおさえ、宮相と内大臣をさがしていたほか、とりたてて乱暴な行動にでなかった。井田中佐が宮城へ戻ってきたのが三時ごろ、兵が録音盤捜索をはじめたのが三時三十分から四十分の間ぐらいと思われる。いろいろな証言から明らかである。ということから考えて、畑中少佐らは東部軍起たずの情報を得てから急激に焦りだしたとみることができる。

(37) 下村宏氏の記録その他には畑中少佐となっているが、矢部謙次郎氏はたしかに参謀懸章を吊っていたといった。ならば、古賀参謀とするのが正しい。畑中少佐、椎崎中佐とも懸章は吊っていないし、石原参謀はこのとき師団司令部にいた。

(38) 一般に八・一五事件を録音盤奪取事件と同意に扱っているが、それは正しくない。くり返して記したように、宮城占領による徹底抗戦事件ともいうべきなのである。録音盤の有無、その捜索は少なくともある段階までは第二義的なものであった。

(39) このため、天皇の録音された部屋は、それぞれの記録においてまちまちになっている。あるものは三階といい、あるものは二階と書いてある。しかし、そのいずれもが正しいことは、建物の構造からみて、明らかなのである。

(40) 結局、入口の部屋が女官の衣類などでうまく擬装された地下金庫室には木戸、石渡両大臣のほか、石川忠、鹿喰清一の両秘書官と護衛(当時は側衛といった)の二宮氏の五名がひそんだ。また、特に木戸内大臣の生命が狙われた。それは木戸内府が天皇の御璽《ぎょじ》を保管していたからである。

(41) この点について、拙著『戦士の遺言』(ネスコ刊)でつぎのように書いた。
「阿南陸相は絶対主義天皇制を信じていた。生命を賭けてそれを守り抜くことを大義と観じた。しかし、現実の歴史の流れは、言うところの国体の護持であるが、和平派の腹を探れば、戦敗の恐怖にたいする自己保全以外の何ものでもないと思われた。

『原子爆弾やソ連の参戦はある意味では天佑だ。国内情勢で戦いをやめるということを出さなくても済む。私がかねてから時局収拾を主張する理由は、敵の攻撃が恐ろしいのでもないし、原子爆弾やソ連参戦でもない。国内情勢の憂慮すべき事態が主である。今日、その国内事情を表面に出さなくて収拾ができるというのはむしろ幸いである』

と側近に語っていた米内の言葉も陸軍の耳に入っていた。

米内の言う憂慮すべき国内事情とは何なのか。政治上層部や官僚や財閥は、明らかに共産革命を考えている。内大臣木戸幸一、近衛、岡田啓介ら和平派が恐れていたのは、本土決戦による混乱であり、それにともなう革命である。和平派が望んだのは、革命より敗戦を！　であった。

機関としての天皇。彼らは、軍部や絶対天皇主義勢力を切り捨て、天皇制を立憲君主制としてでも残し、なんとか機構の存続を図ろうとしたのである。

阿南は、軍人でありながらこれに与した米内をついに許せなかった。将来の天皇の保障なくして、期待や可能性で終戦を推進するとは、阿南からすればこれ以上の不忠はないのである」

〝斬ってもなにもならんだろう〟――徳川侍従はいった

午前四時――五時

横浜警備隊長佐々木大尉のひきいる兵ならびに学生四十名が、乗用車一、トラック一に分乗して、第二国道から東京に入ろうとしていた。鶴見から深夜の町を突走ること約一時間。彼らはみずからを「国民神風隊」と名づけ、無条件降伏をさけるための閣僚抹殺を企図、首相官邸にむかっているのである。敗戦という非常事態を前に、おそらくつづけられているであろう閣議の最中を襲撃するつもりであった。

彼らの第一の目標は鈴木首相である。四月七日、鈴木内閣の組閣をおえた直後の首相談話を、佐々木大尉はしっかりと記憶にとどめている。彼はなんといったか――固《もと》より老軀を国民諸君の最前線に埋める覚悟で、国政の処理に当ります。諸君も亦、私の屍《しかばね》を踏み越えて起つの勇猛心をもって、新たなる戦力を発揚し……。大尉はその首相談に忠実たらんとするのである。首相を斃《たお》し、その屍を踏みこえて、本土決戦への道を切りひらこうと決心しているのである。

佐々木大尉は直率する中隊長にそむかれ、兵力を使用することは断念したが、なおあきらめず、軽機関銃を有する小隊を説得することに成功したのである。全員がはじめて会う兵隊ばかりであったが、大尉はまったく意に介さなかった。ついてくるものがあれば、すべてをひきいる決心であった。

また、大尉は以前より時局懇談などでつながりをもっていた横浜高工の学生たちを煽動することにも成功していた。勤労動員で川崎の軍需工場に働いていた尾崎喜男《おざきよしお》、石井《いしい》孝一《こういち》、上田雅紹《まさあき》、村中諭《むらなかさとし》、川島吾郎《かわしまごろう》たち応用化学科三年の学生は、戦局悪化に対処するため「必勝学徒連盟」(42)をつくっていた。佐々木大尉はこの学生たちの参加を求めたのである。

「実は明日ポツダム宣言受諾が発表される。腰ぬけの重臣たちが自分の生命を惜しむばかりに、日本を滅亡させるのも平気で、これを発表しようとしているのである。発表されれば万事は終るのである。われわれの美しい祖国は滅びるのである」

と佐々木大尉は涙をうかべて訴えた。

「祖国日本は滅びない。徹底抗戦をつづけることでおのずから道はひらけるであろう。発表された後ではそれすらも不可能である。鈴木首相はわが屍を越えてゆけといった。軍政をしいて戦いをつづけよう。自分はすでに東京、犬山、九十九里などの防衛隊長とも連絡をおえた。彼らもいっせいに蜂起する。……危急存亡の秋《とき》だ、民間人にもその参加を強くのぞむのである」

学徒連盟の学生たちは、身は民間にあろうとも、すでにして心は兵士であったから、否応はなかった。大尉に蹶起をもとめられて、これに応じた。尾崎喜男が代表していった。

「およばずながらやりましょう」

こうして兵士三十名、学生五名、さらに東方会横浜青年隊長山口倉吉《やまぐちくらきち》、同隊員福田重夫《ふくだしげお》が乗用車一、トラック一をもって参加した。武器は軽機二、ピストル、日本刀などであった。学生たちは辛うじて拳銃の扱い方を知っている程度であったが、自分のうちにわき起りつつある大きな力を祖国のために、天皇のために、そして佐々木大尉のために捧げようと強くねがうのである。

出発するとき、決定的な行動を起すことにより、ふたたび生きては帰れぬだろうと尾崎喜男は覚悟した。いま、深い闇の底で音をたてながら燃えはじめようとする祖国防衛の導火線たらん。学生たちはトラックにゆられながら、緊張に顔面をこわばらせて無言であった。ヘッドライトを消した行動隊は、道のはしにある溝を目印に、闇のなかを一路東上をつづけた。なんのためらいもなかった。

この血気の一団によってねらわれているとも知らず、首相官邸では、迫水書記官長が重要な任務を無事にはたした心の安らぎから、仮のベッドの上で手足をのばし、眠りをむさぼっていた。彼にとって今日の日は「敗北」というよりも「終戦」という実感である。ポツダム宣言受諾を、悲しみというよりも十分な勇気をもって具体化した。むしろ理想の実現ということに近かった。なによりも戦争が終り、空襲がやみ、多くの国民が救われねばならなかった。そしてそれが成功したのである。もちろん、成功はしたがいぜんとして多くの難問はある。それを予測し見通すことは困難であった。いまは、ゆっくりと休みたい、思いきり眠ってみたいと思うのである。

同じころ、その蹶起がもう「真夏の夜の夢」と化そうとしていることをまったく知らない上原大尉は、空襲警報下の真ッ暗い六十キロの道を、近衛師団の側車《サイドカー》にのってとばして、埼玉県豊岡の航空士官学校へもどってきていた。警報下の不寝番に立っていた少尉は、上原大尉の姿が自分が区隊長をつとめる第三中隊の建物に消えていったのをみとめた。大尉がこれからなそうとすることはすでに無意味に近かったのであるが、大尉はまったく関知しなかった。

阿南陸相はなさねばならないこと、すなわち永遠の眠りにつこうとする準備をはじめた。「さあ、そろそろ仕度にかかろうか」といって盃をおいた。陸相は上半身裸形《らぎよう》となって立上る。腹には純白のさらしが幾重にもまかれてあった。

「閣下、家族に対して何か伝えることはありませんか」

竹下中佐はそれをたずねておくのが義弟としての自分の義務であるような気がした。

陸相はちょっと考えるようなまなざしを上に向けたが、

「綾子には、信頼し、感謝していると伝えてくれ。よくつくしてくれた。惟敬《これたか》にはああいう性格だから過早に死んだりせぬよう、くれぐれも伝えてくれたまえ。惟正《これまさ》以下男の子が三人もいるから大丈夫、私も安心して死んでいける。惟晟《これあきら》は本当によいときに死んでくれたと思う。惟晟といっしょに逝くんだから、私も心強い」

淡々としてそれだけをいった。

畑中少佐に兵をひけと説き、その足で陸相官邸の前に車を乗りつけた井田中佐が、玄関さきにいた護衛の憲兵下士官に、自刃直前ですから面会謝絶ですといわれたのは、ちょうどこのときであった。ちょっと押問答をしたものの、中佐がやむなくひき返そうとしたところへ竹下中佐が顔をみせた。許されて井田中佐は汗とほこりにまみれた軍服姿を、陸相の前にあらわした。

上半身裸の陸相は、廊下に膝行《しっこう》した井田中佐の姿をすぐ眼にとめた。一瞬の間沈黙が流れたが、やがて井田中佐はほとんど自制心を失い、挨拶の言葉もなくその場で涙にくれるばかりになった。切腹直前の陸相を前に、なにもいうことはなかった。中佐はどうにもならぬ敗北の現実をみた想いにかられた。もはやクーデターも陰謀もあったものではなかった。全陸軍軍人の心のなかになおのこっているあきらめきれぬなにものか、その残滓《ざんし》を断ち切るために、陸相は自刃しようとしているのであろう。そう思えばただ中佐は泣くほかはなかった。

頭をたれている中佐に、陸相は機嫌よくいった。

「井田、よくきたな。もっとなかへ入りたまえ」

井田中佐は二人の膝がふれんばかりの位置までにじり寄った。陸相はなおも上機嫌で、これから死のうと思うがどう思うかと中佐にたずねた。部屋にとおされるとき井田中佐は、竹下中佐から、まだ畑中らのことは話してないと耳うちされていた。(43) それで井田中佐はとっさに、宮城事件は報告せずにおき、陸相をこのまま安らかに死なすべきだと決心した。

「結構であると思います」

陸相は中佐の手をかたく握った。

「そうか、君も同意してくれるか」

中佐はうなずいた。涙でかすれて声にならなかった。いま運命が賭けられているのは、祖国の存続と名誉であって、ひとり井田のそれではなかった。彼が死のうが生きようが、祖国の運命にかかわりがない。慟哭《どうこく》のなかで、中佐は殉死ということを考えた。祖国存続のため、ギリギリまで奮闘した陸相をひとり淋しく死なせることは、忍び難いことである。叛逆者のおのれがひとりくらい黄泉路《よみじ》への供をしても当然であろう。

「私もあとからお供いたします」

いい終らぬうちに、馬鹿をいうなと陸相の怒声があびせかけられ、中佐は強くその頬を二つ三つと張られた。撲《なぐ》られて思わずつむった眼をひらいてみると、そこに陸相のおだやかな顔があった。にっこり笑った。

「そういうことをいってはいかん。俺ひとり死ねばいいことなのだ。君が死ぬ必要がどこにある？　よいか、死んではならんぞ」

陸相は両腕で中佐をかたく抱きしめた。抱かれたまま中佐は涙で、陸相の白い胸を濡らした。わかったな、わかったな、と陸相はくり返した。死をいそぐ気持は中佐の胸をふさいでいた。撲られても蹴られても陸相のあとを追おうという決心は変らなかったが、理由を説明するには宮城事件の報告をせねばならなかった。万死を覚悟して加わったのである。しかしそれを陸相にいうことはできなかった。陸相を偽り、自分を偽って中佐は、「わかりました」と答えた。

陸相は耳もとでささやくように、「そうか。わかったか。それでよいのだ。将来の日本を頼むぞ。死ぬより、その方がずっと勇気のいることなのだ」といった。

国民の精神と魂とを混乱させ、絶望を祖国に生みだしてはならないというのである。勇気をもって、日本の将来をきりひらけと命ずるのである。その勇気をもたなければ、父祖に顔むけができなくなるであろうし、子供たちから軽蔑されねばならないであろう。

やがて、陸相は中佐を離して、「さあ、泣くのはもう止めよう。最後の酒を汲《く》もう。君たちとあの世で酒盛りをするのは、いつのことかわからないからな」といって、高い声で笑った。

訣別の宴は再開された。陸相の童顔はますます桜色を呈し、さかんに盃はかさねられた。竹下中佐が心配して「そんなに飲まれると、手もとが狂って、仕損じると困ります」と注意すると、陸相は、

「まだまだ……飲めばかえって血行がよくなるから、出血十分で確実に目的を達するよ。

それに自分は剣道五段だから仕損じるようなことはない。その点は大丈夫だ」

といって、またしても豪傑笑いをはりあげた。

竹下、井田と二人の中佐は、高笑いに和して微笑みながらも、それぞれが「宮城事件」を考えつづけていた。陰謀は確実に終りであった。失地回復の余地はのこされていなかった。陸相動ぜず、東部軍は鎮圧にまわり、占拠軍の指揮官芳賀連隊長は疑惑の念をもちはじめたのである。

そのなかで悠然と談笑をつづける陸相の偉大さを二人の中佐は思った。せっぱつまった帝国、追いつめられた陸軍、それを考えれば事件の二、三は当然起るであろうし、人力をもってそれを制止できるものではない。罪は陸相ひとりが負えばよい、と考え、この阿南が死ねば軍はおのずと慴伏《しょうふく》するであろうと強く確信する。その人格の偉大さを思うのであった。

そしてまた二人の中佐は、宮城内にあり奮闘をつづける畑中、椎崎ら陰謀者たちのことを考えた。彼らに陸相自刃すと知らせれば、おそらく絶望的な叛逆をあきらめるであろうに、それを知らず、不安と絶望と追いつめられた情勢のうちに、運命と時間とを相手に競争するあまり、自暴自棄に陥り、完全な暴徒と化すようなことがないであろうかと、二人は心配した。

午前四時から二十分までの間における陸相官邸の模様はこんな風であったが、同じころの宮城内では、大きな、非常に大きな変化が生れようとしていた。椎崎中佐、畑中少佐たちの手ぬかりのため、彼らは新しい決断を迫られることになった。計画が予想通りに進行した場合を考え、外部との連絡をとるために、警備司令所と東部軍司令部間の電話線を一本だけ彼らは残しておいた。これを断ちきることをためらった結果、彼らは頼みの芳賀連隊長を失うことになってしまったのである。芳賀連隊長こそが彼らの全行動をささえる大前提になっていたが。

別の面からみれば、東部軍参謀長高嶋少将の忍耐強さの成功であった。容易につながらなかった宮城内警備司令所への電話連絡をあきらめようとせず、参謀長はつながるまでじっと待ちつづけた。石橋を叩いてわたるような慎重さが特色であった。現場へ直行、鎮圧せんとする田中軍司令官をおしとどめ、不破、板垣両参謀が近衛師団司令部より帰って事件の全貌が明らかになったとき、焦点ともいうべき宮城内にこもった第二連隊の連隊長芳賀大佐との連絡こそ先決と、ねばりぬいた参謀長の慎重さが、局面に変化をもたらすことになった。ついに参謀長は、芳賀連隊長との電話連絡に成功したのである。

高嶋参謀長は、師団命令が一部策動者のニセ命令であり、即刻このニセ命令をとり消すことを、この電話で芳賀連隊長につたえた。

「ただちに、宮城護衛部隊はそのかこみを解くように」

しかし、通話が不明瞭で、芳賀連隊長はすべてを聞きとることはできなかった。参謀長と連隊長の間には、なんども同じ言葉のやりとりがあった。そして、そのあげくに、どうやら、「師団命令は古賀参謀らが専断でつくったニセ命令である」ことと、「命令受領者をすぐ軍司令部にだすように」という参謀長の言葉だけが、辛うじて連隊長につたわった。

高嶋参謀長はさっぱり要領をえない通話に、別なことを連想した。連隊長が奥歯にもののはさまったような返事をするのも、そばに誰か上司のものがいるからにちがいないと思ったのである。この勘違いが怪我の功名となった。連隊長のそばに畑中少佐がいたのである。かわるようにという参謀長の注文で、少佐が電話口にでた。いきなり少佐はいった。

「畑中少佐です。参謀長閣下、どうかわれわれの熱意をくんで下さい。お願いです」

ふるえるような熱誠あふれる声を耳にしながら、高嶋参謀長は叫ぶようにいった。

「君たちの気持はわかる。しかし、大勢はすでに決しているのだ。東部軍は正しい大命によって動くばかりだ。君らもどうせ実現の見込みのないことを、これ以上無理するな。それは犠牲を多くするだけだ。君たちは自分の周囲だけをみて、かなり成功しつつあると思っているかもしれんが、それは、一つの洞窟のなかで降伏せずに頑張っている敗残兵みたいなものだ。いっさいの私情を捨てた君たちの気持には頭はさがるが、日本では大命にしたがうことが、もっとも正しい道理であり、最高の道徳なのだ。君たちはいまの程度ならばまだ叛乱というほどのものではない。いまからでも決して遅くはない。よく聞いてくれ。わかってくれたか」

「よくわかります。考えさせていただきます。が、一つお願いがあるのです」と、畑中

徳川義寛侍従

少佐の返事が戻ってきた。「それは陛下のご放送のある前に、十分間だけわれわれに放送させて下さい。われわれがこの挙におよんだ気持を、せめて一般国民に聞いてもらってから、こんごの行動をきめたいのです。この十分間、十分間だけでいいのです」

少佐は泣かんばかりであった。

「十分間だけ、東部軍のご尽力で、放送局にいかせてください」

受話器をとおして、畑中少佐の追いつめられた気持が、高嶋参謀長の胸にしみ入ってきた。しかし高嶋少将はきっぱりといった。「それが未練というものだ。このさいはなるべく犠牲者を少なくする。それが君たちの正義というものなのだ。大勢はすでに動かし難いところにきているのだ。畑中少佐、それがわからないのか」

畑中少佐の手から受話器が力なくおかれた。チンと一つ鳴った。それは少佐にとって弔鐘を意味した。彼の顔は硬直し、この瞬間だけで何歳かの齢を重ねたかのようにみえた。少佐の視線は、あたかも援《たす》けと力づけとを哀願するかのように、芳賀連隊長にむけられた。しかし畑中少佐がそこに見つけたものは芳賀連隊長の顔でなく、〝絶望〟であった。連隊長はすべてを察していた。いまは怒りをその瞳に燃やして、椎崎、畑中、古賀たち青年将校にいった。

「君たちは叛乱を企てているのだ。阿南大臣も、東部軍司令官もこないのはそのためなのだ。くるはずはない。自分をだましていたな。今後いっさい、君たちの指導にはしたがわぬ。君たちにはただちにでていってもらう。もしこれ以上叛乱行為をつづけたいのなら、私を殺せ。殺してから……」

といって連隊長は言葉をきった。適当な文句をさがしているようであった。〝国賊〟という言葉がうかんだが、首を深くうなだれて立ちならんでいる青年将校たちをみたとき、それを胸にのみこんでしまった。

挫折はあまりにも簡単におとずれてきた。抵抗はうち破られた。畑中少佐は、芳賀連隊長に即刻宮城から退去するように命ぜられ、昂然《こうぜん》と頭を上げた。いまの彼にはすべてが敵となった。敵を欲することによって最後の闘志をかきたてる。戦いを欲するものは、みずからにたいして戦いを挑む。追いつめてきた恐怖にたいして畑中少佐は激しく戦おうとするのであった。

宮城占領計画は画餅《がべい》に帰した。しかし、計画は終ったが、実行の方はなおつづいていた。大隊長、中隊長たちは兵をひきい、宮内省内の捜索をなおつづけていたのである。第一大隊、第三大隊の数多くの将兵が録音盤捜索に手わけして当った。第三大隊石川誠司《いしかわせいじ》兵長は、いかなる手段をつくしても録音盤をさがせと厳命されたことをおぼえている。いずれにせよ、血眼になっている捜索隊に連絡がとどき、平常に戻るまでにはまだかなりの間があった。

御文庫との連絡に成功した戸田、徳川の両侍従がふたたび宮内省にもどってきたのは四時五、六分前ごろである。御文庫無事を知らせるため、戸田侍従は階上の侍従室へむかい、徳川侍従は、侍従武官室に直行した。中村、清家両武官は御文庫無事を喜んだが、高声で話す徳川侍従にはへきえきして、部屋からでていってくれと頼んだ。

徳川侍従がその将校にであったのは、侍従武官もやはり軍人だ、敵か味方かわからんぞと思いながら、部屋をでて数歩のところであった。いきなり侍従は、「止まれ」と怒鳴られた。たしかに、その将校は御文庫へ連絡の帰りに玄関外で会った少尉だと、徳川侍従は思った。少尉もしきりに出たり入ったりする侍従に注目したのであろう、「こいつをつれていけ」と廊下にいた哨兵にいった。

徳川侍従は、小柄だが、骨の太い男である。心理的にも骨の太いところがあった。哨兵の銃で押されながらも、彼はまけずにやり返した。「ゆく必要はない」

少尉は「命令だ。命令だ！」と連呼した。

録音を行なった御政務室の真下であった。その上の階には内大臣室があるという要所で、階段の昇降をしきりに数人が一組で、くり返していた。徳川侍従はそうした様子をみながら、「用があるならば、ここで聞いてもよい」といった。

「録音盤と大臣を探しているのだ。知っているだろう」と、将校はつめよってきたが、壁を背に腕組みしながら、侍従はやり返した。

「知るものか」

さらに三人の将校が加わった。そのうちのひとり北畠大尉が、少尉にいった。

「かまわん、手向う奴は斬ってしまえ」

背後からそれに和すものが、「そうだ。斬れ」と二回ほどいい放った。徳川侍従はびくともしなかった。一瞬の間をおいて、

「斬っても何もならんだろう」

とすましていた。「ウム、刀が錆びるだけだから、よしておいてやろう」と、少尉は気まずそうにいった。

徳川侍従と将校たちのにらみ合いはつづいた。一部の将校が兵をつれて階下へ去っていった。残った将校が、こんどは侍従に説教しはじめた。それは五・一五事件や、二・二六事件のときにもちだされた論理とまったく同じもので、天皇は側近の者たちによって誤った助言をうけている、これを除くために不服従の態度を一時はとらねばならない、というそれであった。長い説教のあとに結論のようにして将校はいった。

「貴様は日本精神をもっているか」

この場合も、徳川侍従はへこまなかった。自分も侍従であることを告げ、「君たちだけが国を護っているのではない。国を護るためには、われわれみんなが力をあわせていくべきだ」とやり返した。

こうして押問答が狭い廊下でつづいた。そのとき別の方向からきた一隊が立ちどまって、弁じている徳川侍従をとりかこんだ。侍従は恐れなかった。黙ってきいていた第一大隊機関銃中隊若林《わかばやし》彦一郎《ひこいちろう》軍曹の頭に血がのぼった。軍曹はわれを忘れて力いっぱい

に手をだし、往復ビンタを張った。徳川侍従はつぶされたような声をだし、眼鏡が飛んだ。

機関銃中隊藤田《ふじた》忠志《ただし》曹長がわって入った。

「もういい、若林、よせ」

四時二十分、徳川侍従が殴られて倒れたころ、外には、朝がそっと忍びよっているかのようであった。暗黒が濃灰に変り、さらに灰色から深い青色へと、空にはゆるやかな転換が行なわれている。そうしたなかで、佐々木大尉のひきいる「国民神風隊」の前に、首相官邸が灰色の姿をぼんやりと浮べて立ちふさがっていた。あたりは奇妙なほど静まりかえっていた。彼らはてきぱきと軽機関銃二挺を正門の前にすえた。佐々木大尉は低い声で命じた。

「射て、射ちまくれ」

迫水書記官長が機銃の音に目ざめて、とっさに感じたのは、敵の機銃掃射かということである。隣室の書記官長秘書室では、池田綜合計画局長官の秘書官赤羽《あかばね》宏治郎《こうじろう》がやはり機銃の音で眼ざめ、観音開きの窓をあけて仰天していた。眼と鼻のさきに、夜眼にもはっきりとカーキ色の服の兵隊を認めたのである。しかも叩きつけるように側壁に銃弾が当ってはねかえっている。

飛びこんできた実弟の久良《ひさよし》に日本兵の襲撃だと教えられて、二・二六事件の経験のあった迫水書記官長は、すぐ首相を私邸に帰しておいてよかったと思った。しかし、それにしても、終戦となったいま死ぬのはバカらしいとつぶやいた。赤羽秘書官の考えたことともまったく同じで、ここまで生きのびてきて、あげくに日本兵に殺されては大変だということであった。

迫水書記官長は、総務課長佐藤朝生に万事を託して逃げのびることにした。地下道を通り非常出口から兵隊のいないのを確かめて、通りへでた。地下の防空壕に逃げ込んでいた赤羽秘書官は小さなのぞき窓から、廊下を、迫水書記官長が弟の久良と側衛の中村袈裟男《けさお》巡査をともなって走っていくのを、活劇映画でもみるように眺めていた。

佐々木大尉、学生尾崎喜男らは、機銃の一連射のあと、挑戦や抵抗をうけることもなく、官邸の門の前に殺到した。そして門をあけろと命令した。官邸護衛の巡査は黙って門をあけ、そして佐々木大尉にささやいた。

「私もあなた方のお考えには同感です。君側の奸を葬らねばなりません。首相はいま丸山町の私邸に帰っています。あちらを襲撃するといい」

佐々木大尉は思わず、まじまじと巡査の顔を見た。握手してやりたいくらいであった。すぐに私邸に向うことにして、憎むべき首相官邸を焼きはらうため持参してきた油を廊下の絨毯《じゅうたん》の上にまいた。迂闊《うかつ》にもほどがあった。せっかくの油は重油であったから、容易に火はつかず、大尉は往生して天を仰いだ。ようやくにして火がパッと燃え上るのをみとどけてから、彼らは私邸の方へと車を走らせた。しかし彼らの立去ったのをみて、職員や巡査が備えつけの防空用具で難なく消しとめてしまった。

襲われたのは首相官邸ばかりではなかった。四時半、すっかり夜も明けはなたれたころ、放送会館は叛乱軍近衛第一連隊の第一中隊[44]の将兵によって包囲されていた。正面と内玄関の出入口をかため、外部との連絡を絶ち、宿直していた職員（生田武夫常務理事をはじめ約六十名）を第一スタジオに軟禁した。古賀参謀作成の「近衛命令」はなお生きていたのである。

女子技術員保木《やすき》玲子《れいこ》が[45]異変に気づいたのは厳密にいえば四時ごろである。放送会館前の大通りに数十人の軍靴の音を聞いたとき、天皇放送による終戦を知っていた保木技術員は、早くもアメリカ軍が進駐してきたのかと思った。三階の宿直室の窓からおそるおそるのぞいてみた保木技術員は、それが日本兵だと知って心から安心した。

しかし、それから三十分後、午前五時からの放送開始のラインテスト（放送中継線のテストと確認）のため階下の第十三スタジオの副調整室に入った保木技術員は、一人の将校と二人の兵隊を発見して愕然とした。そこは外部の人間の容易に入れるところではなかったからである。将校はいった。

「これから自分たちが放送するのだから、すぐに放送の準備をせよ」

ちょうどこのとき、空襲警報解除されたあと警戒警報の東部軍情報が、スピーカーから流れていた。保木技術員は「防空情報がでているときは、放送できないことになっているのです」と突っぱねた。将校は割れるような大声をはりあげた。

「なにをいうかッ！」

保木技術員は震え上った。

放送局のいたるところで同じような情景が展開されていた。報道部室には、国内局報道部副部長柳沢恭雄《やなぎさわすみお》にピストルを突きつけて、放送を要求する将校もあった。威嚇《いかく》しているわりには元気なく、むしろ哀願するような口調であった。

このとき業務部庶務課員朝倉正憲《あさくらまさのり》は叛乱軍の占拠の隙を巧みにみつけて、放送会館から脱出することに成功した。彼は人通りのない夜明けの道を走って、第一ホテル五階に分宿していた報道部長高橋武治《たかはしたけはる》に急を知らせた。放送会館が占領されたとなれば、天皇放送が不可能になる。知らせをうけた高橋部長は顔色を失った。そしてすぐに思ったことは、宮城へいったまま帰らない大橋会長に知らせねばならない、ということであった。彼はこのとき会長たちが軟禁されていることなどつゆ知らなかった。会長たちはもてなしをうけ、宮内省に泊ったのであろうと簡単に考えていた。

演芸部員森永武治《もりながたけじ》が宮城内の会長たちに急を知らせる大役を負わされたのは、彼がかつて宮内省に勤務していたという経歴が買われたからである。宮城内の事情にくわしいということは、時が時であり、場所がまた場所であるから、きわめて重要なことであった。森永部員は気軽に大任をひきうけて、身仕度をすると新橋駅から省電に乗った。省電はいつものように走っていた。

こうして混乱がいたるところで展開されていたころ、宮城内と外部との連絡が、たった一本切断されずにのこっていた電話によってはじめてとられたのである。海軍軍令部と海軍武官室を結ぶ秘密直通電話で、米内海相秘書官古川勇《ふるかわいさむ》少佐と、海軍侍従武官野《の》田六郎《だろくろう》中佐とが、情報を交換し、はじめて全貌をたがいにつかむことができたのである。

森師団長が殺害され、ニセの師団命令によって軍隊が動き、近歩二連隊の主力である第一、第三の二個大隊が宮城内の要所を占拠した。しかし、それもまもなく東部軍によって鎮圧せられるであろう……というものであった。

戸田侍従と、顔をはらした徳川侍従は、侍従武官室でそうした情報を陸軍の中村武官から聞いた。中村武官は徳川侍従の顔をみて、狂気にかられている連中だから、気をつけた方がいい、といいながら、「でも、もう外部との連絡がとれたから大丈夫だ。もうすぐすべては終る。もう少しの辛抱だ」となぐさめた。

徳川侍従は応じた。「名誉の負傷だよ」

「ところで内大臣らは大丈夫か」と中村武官はきいた。

徳川侍従は、そもそも侍従武官不信任であった。部屋から追いだされたので、こんなバカな目に会ったのだぞとうらみにも思い、中村、清家両武官をにらみつけながらいった。「大丈夫だ。安全なところに隠れている。ただし場所はいえない」

中村武官は、「とにかく明るくなったら、東部軍司令官田中大将がやってくる。それでおしまいだ」と嬉しいことをいった。

注(42)「必勝学徒連盟」は横浜高工の学生が自発的に結成した奉仕団体である。敗色濃

い戦局に、何らかのプラスになりたいという趣旨であった。休日を利用して焼跡の整理など勤労奉仕にはげんでいた。佐々木大尉と学生たちとの結びつきは、彼らがともに横浜高工の同窓であり、初代校長鈴木達治に私淑し、指導をうけていたからである。

(43) 井田正孝氏の談話より。「しかし、戦後知ったところによれば、このとき大臣はすでに宮城事件を知っていたという。私はそれで大臣はより死を急がれたと思う。事件の発生を知りながら、その対策を講じなかったのは職務上の怠慢であると批判する人もいるが、むしろそこに私は人間の大小をみる。大臣は、真ッ先に自分が死ねば万事は解決するという大きな自信、大きな信念をもっていたのだと思う。眼中にあるものは全陸軍であり、宮城事件のごときは局部的なものにすぎない、としていたのだと思う」

(44) さまざまな記録によると、放送局を占拠したのは近衛歩兵第七連隊とあるが、連隊長だった皆美貞作氏はこれを否定している。「師団命令」どおり近歩一連隊の第一中隊が正しいのである。

(45) 当時は男子技術員の応召や徴用が多くなったため、女子技術員を多量に養成し、音声調整室の操作をさせていた。

〝御文庫に兵隊が入ってくる〟——戸田侍従はいった

午前五時——六時

午前五時半の起床時間前の五時に、第四区隊員を起し自習室に集めた上原重太郎大尉は、若い隊員の眼にも颯爽としてみえた。軍衣には返り血らしい血痕が付着しているのが誰にもわかった。大尉は彼らを前に国体護持のための蹶起を訴えた。ポツダム宣言受諾は君側の奸の謀略であり、皇軍に降伏はなく、陛下に直諫《ちょっかん》していまや断固抗戦の道がひらけつつある、と胸を張って大声でいった。すでに第三中隊の週番士官であった成瀬《なるせ》辰美《たつみ》大尉には「やって来たぞ……」と森師団長殺害のことを語っていたが、大尉は区隊員にはそのことをいわなかった。しかし、誰にも何事かがはじまっていることは容易に察せられていた。

東京中央から離れた上原大尉とは異なって、畑中少佐たちは進路を失っていた。戦争か平和かに直面し、もうすこしで国家の舵をとることができそうにみえたが、結局は歴史が彼らをふり捨てた。あと一歩、ということが彼らにはなぐさめとはならなかった。

しかし、悲哀と屈辱の盃を飲みくだしながら、なお彼らは自分たちの道を進もうとした。宮城籠城に失敗したとはいえ、放送局を占拠した一個中隊（近歩一第一中隊）の指揮をとり、彼らは日本国民にたいして、なにかを訴えかけることができる。陸軍が相手ではなく、国民を相手に、日本がポツダム宣言を無条件に受諾してはならない理由をのべようというのである。弁明でなく、歴史にたいして抗議しようというのであった。

宮城から追放された畑中少佐は少尉と兵二人をつれて、放送会館の第十二スタジオで、放送員館野《たての》守男《もりお》に拳銃をむけていた。「五時の報道の時間（ニュースのこと）のとき、自分に放送をさせてくれ」と苦痛にゆがんだ表情でいった。

館野放送員は、五時の報道をこのままとりやめても、放送させてはいけないと覚悟をきめていた。それには陸軍報道部嘱託平井《ひらい》政夫《まさお》から十四日の夜にうけていた〝軍による放送局占拠〟の情報が役立った。拳銃を前に、たとえ殺されても、狂気の軍に放送局を自由にさせてはならないであろうと思った。

「まだ現在警戒警報は発令中なのです。警報の発令中に放送をするには東部軍管区に連絡することが必要なのです。また、全国中継でだすなら各放送局と技術的なうちあわせをしておかないといけないのです」

館野放送員はこういって断わるのにかなりの勇気がいった。少佐は、しかし、納得しようとしなかった。五時の報道のために放送員がマイクの前に坐っていたのである。それは放送をはじめるためではないのか。とすれば、少佐がかわってどうして放送できないことがあろうか。そして事実、彼の声を電波で流すことはできたのである。

館野放送員は、しかし、東部軍の許可がなくては放送できないという同じ言訳をくり返した。東部軍に許可をもとめれば、許されないであろう。そのことは畑中少佐の方が痛切に承知している。左手に放送用のザラ紙の原稿をもち、右手に拳銃、畑中少佐は館野放送員とにらみあいがつづいていた[46]。

五時十分、宮城内にある侍従たちがひさしく待ちのぞんでいた田中軍司令官が、塚本副官、不破参謀の二人をしたがえ、近衛師団司令部に車を乗りつけてきた。暗くては将兵の掌握に不利であるとの高嶋参謀長の意見をいれ、黎明を待ちに待っていた軍司令官が暴動鎮圧に乗りだしてきたのである。

近衛師団営庭では、ニセ命令にしたがって、近衛歩兵第一連隊の将兵が完全軍装もいかめしく、これも同じ鉄兜姿の連隊長渡辺多粮大佐の指揮で、宮城内にむかい行進をはじめようとしているところであった。車をその直前で止めると、不破参謀はころげるようにして降り、「軍司令官閣下だ」と叫んだ。

館野守男放送員

部隊はそのまま待機させられた。田中軍司令官は、連隊長を連隊長室に同行した。命令がニセの命令であり、森師団長は殺害されたなどということをつゆ知らない渡辺連隊長は、軍司令官から事実を知らされると驚愕した。連隊長の報告により、隣室に師団参謀石原少佐がおり、その指導を第一連隊はうけていたことが判明した。(47) 田中軍司令官は不破参謀に石原参謀の連行を命じた。

叛乱の指導者のひとり石原参謀は悪びれるところがなかった。顔面を蒼白にし、唇を嚙みしめていた。直立不動の姿勢で立つ参謀をにらみつけて、軍司令官は荘重な語調でいった。

「貴様らが、今日やったことはなんというざまだ。帝国軍人たるものは、聖断ひとたび下れば、絶対にこれにしたがわなければならない。貴様らの行為は叛逆罪だ」

石原参謀は一言も抗弁しようとはしなかった。軍司令官の怒声を面とむかってあびていた。沈黙のうちに敗北をみとめているかのようであった。

「検挙せい」と軍司令官は不破参謀に命じた。すべてをあきらめている石原参謀に抵抗はなかった。肉体的にも精神的にも破産していた。のこされたただ一つの願いごとは早く最後の瞬間がくればいい、といいたげな顔つきをしていた。室内に待機していた憲兵曹長に、不破参謀の手より叛逆者は引きわたされた、名誉ある軍人でなく罪人として。

田中軍司令官はさらに乾門《いぬいもん》より宮城に乗りこもうとした。石原参謀逮捕とともに、軍司令官は渡辺大佐をとおして電話し宮城内の芳賀大佐を呼びだし、乾門において軍司令官を出迎えるよう命令した。事件は急速に解決の道を歩んだ。黒々とした門は閉ざされていた。その前に軍司令官の車は進んだ。ものものしく着剣した歩哨がするどく、「誰か」と銃を擬して誰何《すいか》した。

「軍司令官だ！」

田中軍司令官の凜然《りんぜん》とした応答であった。

戸田康英侍従は、たった一本のこされていた直通電話で辛うじて知りえた〝間もなく東部軍司令官が鎮圧に乗りだしてくるであろう〟という情報を、御文庫の入江侍従らに知らせようと、石原参謀が逮捕された時刻、紅葉山トンネルの道を御文庫にむかって歩きだしていた。やはりひとりでは恐怖がさきにたち、大重側衛をうしろにつれていた。

吹上門に達したとき、予想どおりに、きびしく誰何された。「侍従の戸田といいます。お通しください」と頼んだが、通すことはならぬ、と少尉がいった。押問答しながら、徳川侍従のはれ上った顔を戸田侍従はふと想いうかべた。鬱蒼たる吹上御苑の樹々の上に、烏が一羽、とぼけた鳴声を一声あげた。戸田侍従は自分の悲鳴を聞いたように思った。

そこへ来あわせた第一大隊小山唯雄准尉は、少尉の話を聞くと無造作にいった、「かまわん。こんな下ッ端は通してみたところでどうということもない。われわれはいま、御文庫に入ることになるかどうか協議しているところなのだ。多分、入ることになると思うが、そのさい、こんな木ッ葉みたいな奴はなんの邪魔にもならんでしょう」。

戸田侍従が耳にしてきたこの情報で、はじめて深刻沈痛なものが御文庫にもちこまれた。「……というわけで、いよいよ御文庫に兵隊が入ってくる」と戸田侍従は暗い表情をした。広幡忠隆皇后宮大夫、入江侍従、永積侍従らは寝足りない表情をよせ集めた。

していると、想像を絶するような不祥事がはじまろうとしている。護衛官の拳銃と刀で守りぬくか、それとも城を明けわたすか。藤田侍従長は一つだけ鍵をかけてない鉄扉をおしあけて、外をそっと見わたした。(48)吹上門から御文庫にかけ、兵隊がぞくぞくと集められ、周囲に配置されていた。機関銃がすえられようとしている。そして銃口は御文庫の方にむけられていた。第三大隊の石川誠司兵長は「天皇をよそへ移す計画がある。天皇を護るために、天皇を連れだそうとするものは何人たりともただちに射殺せよ」と命じられたのを記憶している。

このころになって、ようやく事件の全貌を伝えられた陸軍省は騒然とした。多くの将校たちがただちに思いうかべ懸念したのは、事件の先頭に陸相がかつぎ上げられているのではないか、ということであった。兵務局長那須義雄《なすよしお》少将は真ッ先に事件を知り、大臣擁立を心配した一人で、相前後して登庁してきた若松次官と相談すると、大臣を血気の青年将校の手からつれ戻さねばならないと決心した。陸相を西郷隆盛にしてはいけないのである。全陸軍の支柱たる忠誠な将軍に国賊の汚名をきせることは、全軍の崩壊を意味すると判断した。

那須局長に寸秒の躊躇《ちゅうちょ》はなかった。車を陸相官邸へと走らせた。那須局長の立去ったあとの陸軍省のうす暗い廊下で、荒尾軍事課長は、参謀本部作戦課長天野正一《あまのまさかず》少将と、口角泡をとばして真剣な議論をつづけていた。事件鎮圧の責任をめぐって、軍を動かした以上は作戦課長がこれに当ると天野少将が主張するのにたいし、たとえ軍が動こうが国内問題だから軍事課が担当すべきだと荒尾課長はやりかえした。

こうして遵法《じゅんぽう》精神旺盛なる議論がはてしなくつづけられているころ、那須少将のむかった陸相官邸ではようやく酒盛りをおえた陸相が立上り、純白のワイシャツの袖に腕をとおしていった。

「これはな、自分が侍従武官をしていたころ、陛下から拝領したもので、お上が肌につけておられたものだ。これを着用して自分は逝こうと思う。武人としてこの上ない名誉だよ」

さらに陸相は、すべての勲章を軍服に佩用《はいよう》してそれをいちど着たのち、やがてその上着をぬぐと、丁寧《ていねい》にたたんで床の間の正面においた。

「自分が死んだら、これを身体にかけてくれ」

天皇のお肌にふれたワイシャツを着、天皇から下賜された勲章でおのれの亡骸《なきがら》を飾ろうとする。井田中佐は黙って見上げながらふたたび涙のわき上ってくるのを覚えた。陸相は次男惟晟《これあきら》の写真を、床の間においた軍服の両袖の間にのせた。中支作戦で父よりさきに花と散った二十一歳の若桜であった。そうした大臣をみながら竹下中佐はふと乃木大将を連想した。

五時半、憲兵司令官大城戸《おおきど》三治《さんじ》中将が近衛師団の変を報告に来邸したのを機に、竹下中佐に「憲兵司令官には君が会ってくれ」といって去らせ、井田中佐には廊下の外をよく見張ってくれと陸相は命じた。二人の中佐の姿がみえなくなってから、陸相はワイシャツのまま静かに廊下にでた。

東京の日の出は五時三十分である。同時刻、ふたたび空襲警報が発令された。陸相官邸の雨戸はしめられていたが、夜も明けて陽の光が割れ目から射しこんでいた。陸相は冷やかな感触ののこる廊下に端坐した。陸相の真の心は、罪人としてのおのれを裁くことであった。なろうことなら庭で、陛下の大罪人として死にたいと思った。畳の上で死ぬことを、謹厳なる将軍は許さなかったのである。陸相はゆっくりと細身の短刀をとった。

竹下中佐が座敷へもどってきたときは、すでに陸相は割腹をおわり、左手で静かに右頸をなで頸動脈をさぐっていた。中佐は背後にうずくまって見守った。陸相の身体はゆらゆらと揺れていた。短刀が右頸におしあてられ、力強く前に引かれた。血がほとばしりでたが、身体はそれでも立ったままであった。

竹下中佐は静かにたずねた――介錯《かいしゃく》いたしましょうか、と。陸相はいつもの声調でいった。

「無用だ。あちらへいっておれ」

庭では、井田中佐が土の上に正坐して低く頭をたれていた。肩がこまかく動くのは、中佐が泣いているからにほかならなかった。

陸相がワイシャツ姿で廊下へでたころ、佐々木大尉たち「国民神風隊」の機関銃は、本郷丸山町の鈴木首相の私邸を襲っていた。だが、彼らはここでも首相をとらえること

当時の陸相官邸

はできなかった。彼らが私邸に到着する直前に、危機を知らされた鈴木首相夫妻、一、武の両秘書官は身をもって裏口からのがれでていたのである。

「叛乱軍が官邸を焼いている。その兵隊はいまそちらへ自動車でむかいました」

電話をうけて首相らを逃した私邸には、お手伝いの原百合子《はらゆりこ》だけがのこった。佐々木大尉、学生尾崎らは表玄関からなだれこむようにおし入ってきた。原は十四日の夕刻すでに敗戦を知り死の覚悟をきめていた。米軍は女という女はすべて凌辱《りょうじょく》するといいふらされていたのを、そのまま信じこみ、手ごめにあうくらいなら死んだ方がいいと素直に考え、薄化粧をし、新しいモンペをはいていた。死を覚悟しただけに度胸もよかったのであろう。

薄化粧した女に、刀をつきつけて佐々木

大尉は総理はいないかときいた。原は答えた。「いらっしゃいません」。落着いていったつもりであったが、自分の耳にはこれが自分の声かしらと疑われるほど上ずってきこえた。

学生尾崎や兵士たちは、部屋という部屋をしらべあげ、押入れには刀を突き刺した。

学生尾崎は原にいった。

「君には害を加えないから表へでていなさい」

いうより早く兵隊たちは襖の紙を破ると、火をつけはじめた。原は夢中でバケツに手をかけた。

「消したら殺すぞ」

兵隊のひとりがもの凄い形相をして彼女を突きとばした。

焔はさわやかな明け方の空気のなかで高く燃え上った。空襲で焼けのこった家が、暴徒の手で灰にされるのを黙ってみていることは、原は身を切られる想いであった。すぐに消防車もかけつけてきたが、眼の前に突きつけられた機関銃には抗しきれなかった。これも手をこまねいて、柱が燃え、梁が落ち、そして大きく右に傾きながら屋根が焼けおちるのを、眺めているほかはなかった。(49)

宮城にむかい、廊下に坐している阿南陸相の身体もわずかに右に傾いていた。そしてゆらりゆらりと揺れていた。那須少将がみた陸相の後姿からは、とうてい割腹の終っていることなど考えられなかった。陸相を青年将校の危険な手からとり戻そうと駈けつけたはずの少将には、拍子ぬけするほど静かな陸相官邸である。叛乱軍の本陣として当然多くの兵隊や機関銃などに囲まれているのを予想して、いわば決死の覚悟で乗りこんできたのに、玄関に近い間で、竹下、井田両中佐がひそひそと話をしているだけで、あたりに一人の兵隊の影もみなかった。それでも那須少将は陸相の後姿に、いおうと思っていた一言をいった。

「お迎えにまいりました」

あとで考えればどこからあれほど力強い声がでたのかと思われるほどの大喝を、陸相から少将は浴びせかけられた。

「なにしにきた。帰れッ」

少将はその怒声に思わず陸相を注視した。少し下側になっている右頸に真ッ赤な、さめるような色をみた。陸相自刃す、それは少将の腹に響くような深い感動となった。

こうして那須少将が、生ける神を伏し拝むように、陸相の後姿に両手をついたころ、別室では竹下中佐がなにを考えたのか悪魔のささやきを、井田中佐の耳に吹きこんでいた。

「俺はいまここに大臣の印鑑を預かっている。やろうと思えば……全軍蹶起を大臣命令でだせるのだ。おい、やろうじゃないか。このままおめおめとひき下がれるか」

井田中佐は耳を疑った。思わず竹下中佐の顔を凝視した。それが大臣の意志とでもいうのであろうか。なるほど自分が死にさえすれば万事が収まるという大臣の心境を表とすれば、自分が死んでもなお決然として立つならばそれもまた頼もしい、という期待があるいは裏の心であったかもしれぬ。だが、と井田中佐は思うのである。従容《しょうよう》たる陸相の死は、大河の流れに身をまかして人生を達観した姿にほかならないだろう。いまさら悪あがきをしてなんになる。

「ニセの大臣命令などすぐばれる。それに、そんなことをしても大臣がはたして喜ばれるだろうか」

竹下中佐はすぐ言をひるがえして、「いまのは冗談だよ」といった。

竹下中佐は、淋しく罪人として大臣を死なせたなにものかにたいして、それがなんであるかわからなかったが、憤《いきどお》りを思いきりぶつけたかったのである。悲しみを、心の底の憤りを、なんらかの形で爆発させたかったのである。たとえそれが無謀であるとわかっていても……。

演芸部員森永武治は東京駅で電車を降りると真ッすぐに宮城に向った。敗北の朝のきかたはいつもより遅いのであろうか、電車を降りる人もまばらで、駅前の広場は墓場のように森閑と動かなかった。太陽は早くも焦土にその日の暑さを予告するかのように照りつけていた。森永部員は汗を拭いながら宮城を間近にみた。日本敗れたり、明日からはここに星条旗がひるがえるのであろうかと妙なことが考えられ、彼は打消すように頭をふった。

坂下門には外にむかって機関銃がすえられていた。銃口がきびしく外部からの入門者を拒否するかのように旭日に耀《かがや》いている。思わず森永部員は逃げだしたが、彼は宮城の地勢には熟知していたからとっさに判断した。坂下門と大手門の間にある内桜田門から入ろう、あそこなら安全であろうと。

彼の判断は正しかった。なるほどその門にも武装の兵隊がいるにはいたが、それも二人、そしてかたわらに立っている皇宮警察官は顔なじみの男である。この男が「入るのは無謀だ、もどった方がいい」と忠告したが、森永部員は「特命があるからそうはいかん」とおし入ってしまった。二人の兵隊もしいて止めようとはしなかった。

彼は、そこがクーデターの本拠であり、計画は放棄されたが、なお混乱のつづいている終戦劇の檜舞台《ひのきぶたい》であることを理解しなかった。そうした彼の眼には宮城内のすべてが異様に映じた。宮内省庁舎の前にある丸池のところで、非協力的な皇宮警察官が、着剣の兵隊たちに囲まれて武装解除されているのをみたとき、これは大変なところへ入ってきたのかなと一瞬自分の立場を考えたが、すぐに自分のことより、大橋会長へ早く伝えねばならぬ特命の方を大切に思うのである。彼は任務に忠実な、そして元気な男であった。

注(46)　放送局を占拠し放送を強要した「少佐」は、一説に、小松少佐（留守第二師団第三連隊補充隊の東部第六部隊所属）であるというのがある。しかし、時間的に畑中少佐ではあり得ないというのは理由にはならない。宮城を追放されてから、放送局

に乗込んでも十分間に合う。また、後に田中軍司令官が宮城より帰り、すぐに「畑中少佐放送局にあり、直ちに逮捕すべし」と命じたことが、参謀稲留勝彦大佐の手もとの資料に残されている。しかし、NHKの放送史編修室で、畑中少佐の写真を示し関係者の記憶をよび起そうとしたが、この人だ、いや違うの両説があって、確認するにいたらなかったという。依然として謎となっているのであるが……。

（47）第一連隊を石原参謀、第二連隊を古賀参謀が指導というのが叛乱軍の計画であった。ある意味でそれが成功していた。高嶋参謀長らは必死に第一連隊長へ連絡をとろうとしたが、不得要領のまま、ついに連絡がとれなかったのであるから。

（48）侍従長藤田尚徳はこの日旧本丸内の官舎に帰って寝ていたが、事件を皇宮警察から知らされると、すぐ御文庫に赴いてきた。銃剣の兵の間を、低く腰を折って「御苦労さまです」といいながら、御文庫まで通りぬけたという。小柄な老人を侍従長とは誰も気がつかなかったのである。

（49）首相逃亡は非常に幸運だった。第一に佐々木大尉らの車は路地を一つ誤って通りすぎ、あわてて引き返してきた。この間に首相らは逃げるチャンスをつかんだのである。第二に自動車がいつもなら逆に入っているのに、その日に限って逃げやすい方向にむけたままにしてあった。坂道を一気に登れず空転する車を、私邸警固の警官たちが押しあげているその隙に、誰もいない私邸に佐々木大尉らは侵入したことになる。それほど危機一髪だったのである。

このときの幸運な逃亡劇については『聖断――天皇と鈴木貫太郎』(文春文庫一九八八年刊)でくわしく書いた。

〝兵に私の心をいってきかせよう〟——天皇はいわれた

午前六時——七時

御文庫では、兵隊侵入にさいしての処置について、討議がなおつづけられていた。森永部員と違って、すでに四時間、叛乱軍の暴動と直面している侍従たちは真剣であった。すこし前に三井侍従がひょっこり姿をみせ、「誰にもとめられず、こんどはうまくいった」と非常に得意そうにいったが、戸田侍従に兵隊乱入計画を知らされて、さすがに参ってしまった。悪い方へ、悪い方へと自分は動いているようではないか、と思った。たしかに事実は、悪い方へとむかっているようであった。兵隊がいまにも御文庫に侵入してくるかもしれないのである。対策を考えても、いい知恵のでるはずがなかった。もし侵入してきたら、たくさんある部屋をぐるぐる案内し、その間に天皇と皇后を逃がそうというまことに頼りない案に、どうやら落着きそうなのである。

機銃や小銃の前にまともに立ちむかえるものなど、彼らのまわりになかった。武器があるとすれば皇宮警察のそれであるが、それすらも近衛兵によってとりあげられようとしていた。側衛の隊長である小菅《こすげ》警部が武装解除の告知をうけたがという相談のために、御文庫に顔をだしたときは、さすがに全員暗澹たるものがあった。

小菅警部はいった。「近衛の大尉がきて、武装解除すると強要するのですが……」

入江侍従は小菅警部を元気づけた。「皇宮警察部長が命令するならともかく、軍の命令ではサーベルをとることができない、といって突っぱなしておやりになるといい」

小菅警部は、「そうですな、そういってやりましょう」と威勢のいいことをいいながらも、しょんぼりと御文庫をでていったが、そのまま帰ってこようとしないのである。侍従たちは顔を見合わせた。あまり大きなことをいったので、かえって情勢が悪化したのではないか。近衛兵は小菅警部を殺害したりしないだろうか。そしてこのように武器をとりあげられて攻めこまれたら、ひとたまりもないであろう、と侍従たちは恐れた。

森永部員がみたのはこの武装解除である。上着からズボンまでぬがされて、警察官たちは朝日のなかに立たされていた。

御文庫は鉄扉を厳重にとざしているので、外の物音は聞えなかった。小鳥のさえずりも、蟬の声もとどいてはこなかった。それればかりでなく、灼熱のような真夏の太陽とも無関係であった。彼らは薄暗い電灯のもとに息を殺して逼塞《ひっそく》していた。

戸田、三井、入江らの侍従が考えたことは、クーデターは凶暴なものとなり、もはや自分たちの力ではなんともしがたいということである。御文庫に兵隊が乱入してくる前に、「陛下をお起しせねば……」と戸田侍従がいった。三人の侍従の顔は兵隊の乱入の恐怖でこわばっていた。胸が痛いように苦しく、そして腰から下の力がぬけてしまったようである。三井、戸田の二人の侍従はならんで御文庫の奥へと歩みよりながら、三井は戸田に、戸田は三井に笑われたくないばかりに、辛うじて崩れそうになる身体を保っているのであった。

天皇はすぐ目ざめて姿をみせた。三井侍従がうやうやしく頭をさげて、宮城が占領されたことを報告した。

天皇は、とつぜん、「クーデターか？」といった。

戸田侍従が、内廷庁舎での兵隊の乱暴狼藉を告げ、しかし木戸、石渡両大臣とも無事であることを伝えた。

天皇はしばらく考えに沈んでいるようであったが、やがて「私がでていこう」といった。

「兵を庭へ集めるがよい。私がでていってじかに兵を諭《さと》そう。兵に私の心をいってきかせよう」

二人の侍従は泣きたいくらいに鮮烈な感動をおぼえた。頭をあげることがどうしてもできない気持になった。

「とにかく、侍従武官長を呼ぶがよい」

と、天皇はいい足した。

侍従武官長は宮内省庁舎の方に軟禁されていた。これを呼びにいくのは大変な仕事であった。誰もが御文庫の外にすえられた機関銃のことを思った。その前を突破していくのである。三井侍従が、いちばん若い戸田侍従に「お願いしますよ」と頼んだ。戸田侍従は軽く、「それは庶務課長であるあなたがおやりになられたらいい」と応じた。

　御文庫での相談が深刻につづけられているとき、乾門を入ったところで田中軍司令官は芳賀連隊長と会い、昨夜のいっさいの命令がニセ命令であることを伝え、さらに近衛師団長が畑中少佐たち叛逆者によって殺害されたことを伝えた。連隊長は、大きく息を吐いて、

「師団長閣下はやっぱり殺害されましたか……」

　といった。それをうけるように、田中軍司令官は、「以後はこの田中が近衛師団の指揮をとる」と厳命した。

　事件は正式にこれで終った。田中軍司令官は芳賀連隊長に「すみやかに兵を撤して原配置にかえれ。処置が終れば、軍司令官まで実行報告せよ」と命令した。

　田中軍司令官は事件収拾を陛下に報告しようと、宮城内の御文庫の方へいそいだ。道は広い一本道である。その広い道のむこうからひとりの侍従が小走りに近づいてきた。侍従は度の強い眼鏡をかけていた。

　三井侍従は決死の勇をふりしぼって、天皇に命ぜられたとおりに、蓮沼侍従武官長を呼びに内廷庁舎への道をいそいでいたのである。その道のむこうから、将官と思われる軍人が近づいているのを見出したとき、思わず歩調が小さくなった。あれこそ叛乱軍の

大将だと思ったのである。

すれ違おうとしたとき、田中軍司令官はいった。「侍従長はいるか？」

御文庫にいるのはたしかだが、とっさに嘘が飛びだした。

「おりません」

「侍従武官長はいるか」

「これもおりません」――これは本当である。武官長をいま呼びにゆこうとしている。

「陛下は？」

「陛下はいらっしゃいます」

田中軍司令官は笑った。「君、そうおろおろすることはないよ。もう叛乱はとり鎮めたから、心配することはない。自分はこういうものだ」と、名刺を三井侍従の前に差出した。侍従は名刺の文字を読んだとき、身体中の力が失われていくようになった。張りつめていた気がゆるんで、大きく溜息をついて、いった。

「ああ、そうでしたか、助かりました」

この人はまさしく東部軍管区司令官田中静壹大将なのである。

「陛下がいらっしゃるのに、侍従長も侍従武官長もいないのは、おかしいではないか」

三井侍従はにやにやとした。「いや」と頭をかいて、「実は侍従長はいます。が、武官長は表の方だから、いま呼びにいくところなのです」といった。

三井侍従がつれてきた田中軍司令官の手によって、御文庫の窓の鉄扉があけられたとき、これほど強烈で真ッ赤な太陽をみたことはないと入江侍従は思った。まぶしく、大きくて、しかも溶けおちるような色彩で中空にかかっていた。

「大変お騒がせしました。無事とり鎮めました。もう大丈夫です」と、田中軍司令官が力強くいった。

畑中少佐は第一中隊がすでに占拠中の放送局にでむいていったが、このとき椎崎中佐らは宮城内にのこっていた。田中軍司令官の鎮圧で彼らの計画が絶望となったと知るや、椎崎中佐は軍刀をぬきはなった。一瞬形相を変えて、いきなり松の木に切りつけた。全身の力をこめた、刀も折れよとばかりの一刀両断である。そうして自分の妄執を断ちきったのであろう。一声、なにごとかを叫んだ。森永部員はこれを眼前にみせつけられたとき、思わずぶるぶると身体をふるわした。

宮城内の騒ぎが鎮まると同じころに、放送会館での畑中少佐たちの最後のあがきもようやく終りに近づきつつあった。少佐たちは拳銃をおさめ、脅迫というよりも哀願によって、自分たちの気持を全国民に訴えさせてほしいとなんどもくり返した。柳沢副部長、放送員和田信賢らは、同じ理由をこれもくり返すことによってはねつけていた。

「空襲警報がでている間は、どんな放送でもできないのです。東部軍の了解がいるのです」

そういいながらも、放送局側は万が一のときにそなえて万全の手を打っていた。技術局現業部主調整係長西島実《にしじままこと》は、すでに、放送会館から放送所への連絡線を断っておいた。

かりに畑中少佐が放送を強行しても徒労でしかなかったのである。

報道部長室での静かな睨みあいはしばらくつづいていた。畑中少佐はあるときは意気銷沈《しょうちん》し、あるときは威丈高になり、そして神経的に完全に参っていた。そのときに畑中少佐に東部軍参謀より電話がかかってきた。

少佐は受話器をとった。君臣一如の国体護持のためには徹底抗戦のほかに道がないことを、少佐はくどくどかきくどくようにいった。拳銃を手に、眼を血走らせたはじめのころの少佐ではなかった。いらいらと、しかもなにかに怯《おび》えている男であった。瘦せこけた頰と土色に変った唇の、ひとりの敗残者でしかなかった。

館野放送員は少佐をぼんやりと眺め、机の上に少佐がおいた放送の草稿を職業意識で、その一行目だけを読みとった。それには「宮城を守備しありしわが部隊は」と書かれていた。少佐の哀願はなおつづいている。電話の相手が誰かわからぬが、あきらめろ、と説得しているのが館野放送員にも察知された。少佐はまけずに「五分だけでいいのです。われわれ青年将校の気持を国民に伝えたいのです」と懇願をくり返していた。疲れを知らぬ少佐の最後の努力であった。

やがて「では、やむをえません」と少佐は受話器をおいた。しばらくその姿勢で虚空《こくう》を眺めていたが、ふらふらとうしろへ倒れかかった。辛うじて脚を二、三歩うしろへ送ってこらえ、むこうをむいたまま拳で眼の辺をぐいと拭《ぬぐ》った。そしてふりかえって、ほかの将校たちに力強くいった。

「やるべきことはすべてやった。これまでだ」

最後の最後までつづけられていた畑中少佐らの組織的な抵抗はこうして終った。雄図はすべて空しかった。

活躍をつづけているのは佐々木大尉らの「国民神風隊」だけであった。畑中少佐らが放送局を引揚げようとしていた午前七時にあと五、六分のころ、男爵平沼騏一郎枢密院議長の西大久保にあった家は猛火につつまれていた。首相私邸を焼尽させ、横浜へ引揚げるその途中で平沼邸を襲ったものである。彼らの襲撃もさすがに巧妙になっていた。

「平沼という男は米英びいきの奴らの悪名高い頭株《あたまかぶ》で、わが神国を滅ぼそうとかかっているのだぞ」

佐々木大尉は大声で、猛火の平沼邸にジェスチュア入りの罵声をなげかけていた。火事がおさまったとき、宏大な平沼邸もガレージの一部をのこすだけとなった。平沼男爵が死んだかどうかわからなかったが、佐々木大尉らは乗用車一、トラック一に分乗し、投げかかる朝日をあびて風のごとくに引揚げていった。平沼はすぐ隣りの国本社本部の建物のなかに逃げこんで無事であった。

同じ朝日で銀翼を光らせながら、太平洋上の機動部隊から発進した米艦載機百三機の第一次空襲部隊が、このころ関東平野の上空に姿をみせていた。攻撃がはじまろうとしていた。しかし、それより早く戦艦ミズーリ艦上にあった〝猛牛《ブル》〟ハルゼイ大将は、太平洋艦隊司令長官よりの命令をうけとっていた。

「航空攻撃を中止せよ」

これが六時十四分である。それは第二次攻撃隊が目標地区にむけての前進中、そして第三次攻撃隊が各空母の甲板上で暖機運転を開始しつつあるときであった。

ハルゼイが「日本降伏せり」の報にまず思ったことは「勝った《ヴィクトリー》」の一語であったという。猛将中の猛将も、もはや死ぬことを命ずる必要のなくなったことを神に感謝した。そして全攻撃部隊指揮官に、ただちに攻撃をやめ帰投せよ、との命令を送った。

〃謹んで玉音を拝しますよう〃——館野放送員はいった

午前七時——八時

その朝のギラギラとした太陽を、さまざまな人が、いろいろなところで、それぞれの感慨をもって仰ぎみた。

私邸からのがれた鈴木首相は、本郷西片町の実妹の邸に身をよせたが、そこから私邸に電話をかけ、本郷へきた旨をつげると電話口の相手は、ああ、あなたが貫太郎さんかと反問した。さてはもう叛乱軍に占領されていたのか、それではこの家も気どられたことになる、また逃げだすという始末であった。まさに流転荒茫、敗北の国の首相にふさわしい逃亡となった。彼らは芝白金の実弟鈴木孝雄大将邸にむかった。やっとたどりついて、門を入るとき、秘書官一《はじめ》は雲一つない朝の青空を仰いだのである。陽はキラキラとかがやいて彼の眼を射た。生きぬいたこと、危険を脱したことの喜びを語りかけてくるようであった。

竹下中佐は、陸相官邸から陸軍省にむかう途中で、同じ太陽を仰いだ。朝からその日の熱気を象徴するかのようにギラギラと照りつけ、中佐はそこに強靭なる陸相の生命を思った。割腹してから一時間余をへてなお、陸相はややのめってはいたが正坐した姿勢を保ち、呼吸音ははっきりと聞かれた。おどろいて中佐は「苦しくありませんか」と呼んでみたが、意識はないようである。中佐はそばへ寄って短刀をとると、念のために右頸部深く介錯した。

官邸をでる前に、三鷹の陸相私邸に電話し、陸相夫人つまり実の姉に、陸相自刃を告げ、すぐ来るようにといったが姉は覚悟していたかのように冷静であった。中佐はこれでよしと思った。そして官邸をでようとしたとき、すべてが終ったと感ずる眼に、これからはじまろうとする朝の日がまぶしかったのである。

陸軍省で、中佐は若松次官以下に大臣自刃の旨を報告したが、聴き終って次官は「遺書に『一死以て大罪を謝し奉る』とあるそうであるが、その大罪とはなにをさしているのであろうか。貴官はどう思うか」ときいた。近衛師団の宮城事件と大臣とが直接のつながりがあったかと、その点をふくめての質問であろうと竹下中佐はうけとった。後日のためもある、中佐は事件と自刃とが、なんら関係のなかったことを明らかにしておかねばならぬと思った。

「〝大罪〟について、私は特に大臣に質問はしませんでしたが、おそらくは、満州事変以後、国家を領導し、大東亜戦争に入り、ついに今日の事態におとしいれた過去および現在の陸軍の行為にかんし、全陸軍を代表してお詫び申しあげたのだろうと思います」

いいつつ、中佐は、われわれ陸軍軍人は全員罪に服さねばならないのではないかと反省するものがあった。敗戦の罪はすべて陸軍が背負うべきであろう。統帥権《とうすいけん》の独立を呼号し、政治を無視し、自分の意のままに事後承諾の形であらゆることを遂行してきた陸軍こそ、罰せられてしかるべきなのであろう。

警備司令所の奥まった一室から釈放されたとき、十七人(50)の男たちの感じた陽のまぶしさは、鈴木一秘書官や、竹下中佐の感じたそれとは大分異なっていた。息づまる暑苦しい部屋に「私語を禁じ」られ、眠ることもできず、外界の状況はいっさいわからず、六時間も軟禁されていたのである。クーデターが起ったらしいということはわかっていた。陛下はどうなったか？　放送局は？　新聞社は？　鈴木首相や東郷外相の顔が浮んではまた消えた。不安は限界を越して彼らの心をしめつけてきた。

川本秘書官はのどが渇いて、このまま渇《かつ》え死にするのでは死んでも死にきれないと思っていた。一時間ごとに見張りが交代するさい、戸の隙間からちらりとみえる衛兵所では、将校たちが歓談しながら茶をのんでいた。川本秘書官は怒りにはらわたを煮えくり返らせていた。こっちには年老いた人も多いのだ。それらも考えてみよ、そうした配慮がなくてはならない。しかし、興奮することでますますのどが渇いてしまうことを、秘書官は思い知った。

そして夜が明けた。とつぜん、兵隊が入ってきていった。「長い間、お待たせしました。どうぞこちらへ」――それで彼らは釈放された。なにが、長い間、お待たせしましただ。それが十七人の実感であった。部屋をでるなり川本秘書官は「水をいっぱいください」と怒鳴った。

十七人は外にでた。太陽は美しく輝いていた。森の緑は美しく、小鳥が朝の唄を歌っていた。空気は甘く、さわやかで、森羅万象《しんらばんしょう》生きていることの素晴しさを教えるようであった。深夜、着剣の銃が林立した警備司令所の周囲には、そのときは数人の兵がのどかにあくびなどをしているではないか。十七人のうちのなん人かが大きく背伸びしてあくびをした。

森永部員はここでやっと大橋会長に会うことができた。宮城内をあちらこちらと引っぱりまわされ、「特命」とはなんであるか執拗に尋問されたが、頑固に返事をこばみとおした部員は天下晴れて、特命を会長に報告することができた。しかし会長や矢部局長には放送局が占領されている、という不吉な知らせも、解放された喜びの前には、実感として感じられないようであった。

十七人の男たちに最大の喜びをもたらした殊勲者田中軍司令官は、このころ藤田侍従長の前で低く頭をさげていた。「侍従長から深く、陛下にお詫び申しあげておいてください。田中の出動が一歩おくれたために、陛下にまでご迷惑をおかけして申訳ない」

藤田侍従長は、あまりになんども丁寧にお詫びの言葉を語る軍司令官を、このまま規則に違反してでも、陛下の御前におつれしようかと思うのであった。

田中軍司令官は、御文庫をでると副官ならびに三井侍従をつれて、宮内省に車を走らせた。そこにはまだ叛乱の余燼がくすぶっていた。蓮沼侍従武官長は軟禁されていたし、木戸、石渡の両大臣は金庫室からでることもならないでいた。そして一室には、ひとりのこった叛乱軍の主謀者古賀少佐が、無力感にさいなまれながら、ぼんやりと椅子に腰かけていた。そして外部は着剣の歩哨がとりまいている。しかし田中軍司令官はすこしも恐れなかった。車を乗入れると、「軍司令官だ、道をひらけ！」と叱呼しつつ、宮内省のなかに入っていった。

蓮沼侍従武官長は、田中軍司令官の姿をみとめた瞬間、夜来の緊張のとけていくのを感じた。「まことに申訳ないことをしました。恐懼《きょうく》の至りにたえません。深くお詫び申しあげます」と軍司令官はいった。「困ったことをしてくれたな。それでいったいどうした事情なのだ」と蓮沼武官長が聞くのに、田中軍司令官はいままでのいきさつを説明した。

蓮沼武官長は、はじめて知った危険な事情に、思わず嘆声をもらした。「それは本当によくやってくれた。それにしても森には気の毒なことになった」

「いや、まったく惜しい軍人を殺しました。責任を痛感しております」といいながら、軍司令官は表情に悲痛な翳《かげ》を走らせた。

七時三十五分、蓮沼武官長は御文庫に参上、天皇に拝謁した。武官長は昨夜の模様を報告、田中軍司令官の適切な処置で事件は収拾されたこと、森師団長が殉職したことなどを言上した。天皇は、森師団長の死に暗然とした。

天皇はいった。「それで田中にはいつ会ったらよいか」

侍従武官長は答えた。「午後五時ごろではいかがでございますか」

天皇は承諾した。「田中にその旨伝えておくように──」

その十四分前の七時二十一分、国民をおどろかすような〝予告〟が、電波に乗って全国に流れていった。第一中隊の占拠のため予定より二時間二十一分遅れていた。昨夜の九時最後の報道の時間に予告されたことと、同じ内容を意味するのであるが、夜九時の報道で〝重大放送〟となっていたものが、このときには〝天皇陛下みずからの御放送〟といいかえられていた。

館野放送員は静かに予告放送の全文を読みあげた。それが終戦を意味するのだということを館野放送員は知っているだけに、口調はおのずと荘重になった。

「謹んでお伝えいたします。畏《かしこ》きあたりにおかせられましては、このたび詔書を渙発《かんぱつ》あらせられます。……畏くも天皇陛下におかせられましては、本日正午おんみずから御放送あそばされます。まことに畏れ多いきわみでございます。国民はひとりのこらず謹んで玉音を拝しますように」

館野放送員はここで同じ文句をもういちどくり返した。「国民はひとりのこらず謹んで玉音を拝しますよう」

ここでちょっと息をのんで放送はつづけられた。「なお昼間送電のない地方にも、正午の放送の時間には、特別に送電いたします。また官公署、事務所、工場、停車場、郵便局などにおきましては、手もち受信機をできるだけ活用して、国民もれなく厳粛なる態度で、畏きお言葉を拝しえますようご手配ねがいます。ありがたき放送は正午でございます」

流れおちる汗をふいて、館野放送員はくり返した。

「ありがたき放送は正午でございます(51)」

作家高見《たかみ》順《じゅん》は日記にこの放送への不審の念をなげこんでいる。

「警報。

情報を聞こうとすると、ラジオが、正午重大発表があるという。天皇陛下御自ら御放送をなさるという。

かかることは初めてだ。かつてなかったことだ。

『何事だろう』

明日、戦争終結について発表があると言ったが、天皇陛下がそのことで親しく国民にお言葉を賜わるのだろうか。

それとも、――或はその逆か。敵機来襲が変だった。休戦ならもう来ないだろうに……。

『ここで天皇陛下が、朕《ちん》とともに死んでくれとおっしゃったら、みんな死ぬわね』と妻が言った。私もその気持だった。

ドタン場になってお言葉を賜わるくらいなら、どうしてもっと前にお言葉を下さらなかったのだろう。そうも思った」

また、作家長与善郎《ながよよしお》は、その日記におどろきを書きるした。

「なんということになったものだ。

二、三日前まで想像でいっていたこと、もっとも、いよいよ天下分け目、日本が死の一瞬前に立ち至った程には、陛下御躬《みずか》らラジオで御放送なさるより手はない。それが、暴動鎮圧、救国の唯一の残された道、最後の切り札だということは、俺は一昨年ごろから考えもし、いいもしていたことだった。誰か友達とそんな話をしたことも覚えている。しかしそれはただ空想で、まさかかく実現されようとは信じえなかった。あらゆる情実の障害が、ここを先途《せんど》とそれを妨げるだろうと思っていた。しかるにそれが比較的簡単にでもあるまいが早く現実となろうというのだ。開ビャクいらいもなにも日本の天地が、ひっくり返ったような出来事だ」

大橋会長、矢部局長らは別の感慨をもってこの予告を聞いた。放送局が無事であったこと、そして自分たちも無事であったことを心から喜んだ。

七時四十分すぎ、警戒警報も解除された。

注(50) 途中で、放送局へ案内として荒川局長が青年将校に連れだされていた。

(51) 当日、午前七時二十一分から三十分までの放送の内容を、当時の記録は示している。

・陛下の放送をきくように
・十三日鹿島灘の航空部隊の戦況
・十三日夕航空部隊の沖縄本島東海岸の艦船攻撃
・七月二十四日から八月十二日までの間、中部太平洋方面の潜水部隊の戦果
・満州・朝鮮方面の戦況（八月十二日、ソ連軍の羅津上陸、ソ連洮陽包囲。八月十三日、牡丹江の激戦。八月十一日チャムスハイラル樺太エストル上陸）
・ビルマ・シッタン河の主力の合流
・パリクパパン方面の戦況（八月十日、十一日サマリンダ）
・陛下の放送をきくように
・延安、新華社電
・ワシントン電
・グアム島電
・モスクワ大使館員の状況
・原子爆弾

〝これからは老人のでる幕ではないな〞――鈴木首相はいった

午前八時――九時

近衛歩兵第二連隊の将兵は堂々と宮城をでていった。

田中軍司令官はきびしい表情で、連隊旗が乾門から消えていくのを見送っていたが、最後の一兵の姿が消えたとき、ほっと大きな溜息をもらした。二個大隊の兵士たちが、軍旗を先頭に隊伍をととのえ、粛々《しゆくしゆく》と皇居から退出していったのである。

下級兵士たちはなにも知らなかった。自分たちが、この数時間のあいだ、叛乱軍の一員として行動していたこと、クーデターに参画していたことを、知る由もなかった。彼らは命令にしたがって配置につき、行動を起し、定められた午前八時の交代時間に整列して引揚げる、それだけのことであった。彼らは叛乱軍ではなかったのである。すくなくとも軍司令官にそうみとめられ、そうみとめられることにより堂々と交代時間に去っていった。

これで宮城内には新たに勤務についた一大隊がのこるのみである。昨夜の暴動は完全に忘れられた。――田中軍司令官は深い感慨をこめて、重く垂れて動いてゆく軍旗をみつめていた。

もう大丈夫だという感慨は侍従たちの胸にもあった。三井侍従は急いで地下の金庫室へおりていった。重い鉄の扉が、ガッチリとなかの五人を守っている。三井侍従は力まかせにその扉をなぐりつけた。三つ叩いたら味方の合図だ、と前もって石川秘書官と打ちあわせてあった。[52] しかし、なかからなんの応答もない。二度、三度叩いたが、扉が厚すぎて聞えないらしかった。三井侍従は靴をぬぎすてると、こんどはそれを右手にもって扉へ叩きつけた。やっと扉があいて、憔悴《しょうすい》し切った石川秘書官の顔がのぞいた。

「もう大丈夫だよ」

と三井侍従がいった。

この一言は石川秘書官を喜ばせた。無事であったのも嬉しいが、なによりもこれで、ものが喰えそうだという喜びであった。空腹で、我慢ができなくなっていたのである。食糧をあさりに金庫室からでようとしては、「一晩ぐらい我慢しなさいよ」と、石渡宮相にたしなめられたのもいまはいい想い出となった。地下室をでた木戸、石渡両大臣が徳川侍従と顔をあわせて、おたがいの無事を喜びあっている横合いから、「大臣、朝食はどういたしましょうか」といったのもそれが本音であったからである。無情にも、「いまはそれどころではないッ」と大臣に一喝された。

お召しをうけて、藤田侍従長は御文庫書見室へまかりでた。八時十分である。天皇は灰色の顔で深々と椅子によっていた。連日の御心労がありありと見てとれる顔に、その朝は力弱い表情が漂っていて、侍従長は、はっと胸をつかれた。面《おも》をあげることができなかった。天皇は、声をおとしていった。

「藤田、いったい、あのものたちは、どういうつもりであろう。この私の切ない気持が、どうして、あのものたちには、わからないのであろうか」

しばらく、沈黙のときが過ぎた。侍従長は、天皇の背後にリンカーンとダーウィンの像が飾られているのにあらためて気づいた。朝の太陽が、二つの像を白く照らしている。木戸、石渡の両相が拝謁し、天皇のご無事をお喜び申しあげるころには、銃剣の響きの去った御文庫のまわりは、いつもの静寂をとりもどしていた。

横浜に引揚げた国民神風隊の佐々木大尉は、横須賀鎮守府の小園大佐へ連絡にいくことにした。同志の大佐に一同の蹶起をつたえ、行動をうながすのが彼の使命である。横須賀へ入る手前で、大尉は海軍の巡邏《じゅんら》に捕まった。聞けば、頼みの小園大佐は、厚木基地へいってしまっている、そして海軍は承詔必謹の大方針にまとまっているといった。若い少佐参謀の前で、怒りと失望に身体をふるわせて大尉は怒鳴った。

「ふがいないじゃないか。海軍は消滅するが、それでいいのか」

「しかたありませんよ。ここからお帰りください」

少佐は下手にでて、大尉の気を抜いた。

学生尾崎は、蹶起隊が落着いた横浜新子安の兵舎から、ひとり、弘明寺《ぐみょうじ》の学校へひき返してみた。学校には人気《ひとけ》がなかった。寮にも人影はなかった。嘘のような静けさがあたりを支配していた。静けさのなかに入ってはじめて熱していた自分の心がさまされるようであった。

すべてが終ったわけではなかった。八時三十分、出勤してきた岡部《おかべ》長章《ながあきら》侍従は自転車を侍従室の前に乗りすてた。事件を知らされたとき、すぐ考えたのは録音盤は無事であったろうかということである。皇后宮職の事務官室の扉をあけると、三井侍従と筧庶務課長が額をよせて何事か相談している。どこか沈んだ雰囲気が漂っていて、〝やられたな〟〝安全だったな〟と、正反対の二つの感慨が、いちどに岡部侍従を襲った。二つの感慨が、一つの言葉になって口をついてでた。

「何かありましたか!?」

「ゆうべ明け方にねえ」

三井侍従は低い、ゆったりとした口調で答えながら、眼鏡の奥の眼を細めて岡部侍従の眼をみた。「で、いまどこに」と岡部侍従がせきこんでたずねるのへ、三井侍従は、くたびれた制服の腕をまげて、腰のうしろのほうを指していった。

「ここ」

そしてにっこりとした。

指さされた背後の軽金庫のなかに、二枚の録音盤は入っていた。机の上には、紫の袱《ふく》紗《さ》と、広蓋《ひろぶた》ご紋章入りの角形盆がおいてあった。二人が相談していたのは、無事であった録音盤を運びだす方法についてである。叛乱部隊が宮中を去ったといっても、安心はできなかった。この部屋から本庁の総務課までもちはこぶにも、幾まがりもして長い廊下をたどってゆく。その途中に狂気の将兵がひそんで、録音盤をねらっていないとはかぎらないのである。

相談しあった三人は結局、岡部侍従の思いつきにしたがってことをはこぶことにきめた。最初に録音された盤を「副」と定めて、広蓋盆に入れ、麗々しく紫の袱紗をかける。筧課長がこれを捧げもつと、うやうやしい足どりで廊下を歩んでいく。おとり作戦である。そして岡部侍従が、自分がさげていた雑嚢《ざつのう》から大豆団子の弁当をとりだすと、かわりにもう一方の「正」と定めた録音盤を入れ、さりげなく肩にかけると、すこし間をおいて廊下へでる。岡部侍従と筧課長の二人が落ちあうさきは総務課の一室、と打ちあわせてあった。

同じ時刻に、東部軍司令部へ帰りついた田中大将は、すぐさま命令を発した。

「畑中少佐放送局にあり。ただちに逮捕すべし。怪放送はせしめざること」

憲兵隊司令官へ命令を伝達し終った稲留大佐の電話に、こんどは不破参謀のあわてた声が飛びこんできた。「録音盤が行方不明になったそうです……」。情報は混乱しているようである。稲留参謀はずっと電話機の前に坐り、つぎつぎと飛びこんでくる情報に対処していた。それがいつ終るのか、参謀にはわからないことであった。

あやうく私邸をのがれでた鈴木首相の一行は、そのころ避難先の鈴木孝雄大将の私宅で朝食をとりおえたところであった。あたたかい味噌汁の香りに、一同がほっと緊張をといたのをみはからって、鈴木一秘書官は首相にむかって話しかけた。

「正午の御放送の見とおしもつきました。これで私たちの任務は終ったと考えていいと思います。総辞職を願いでる時期ではないでしょうか」

長い混乱と激動の暦日《れきじつ》の間に、はじめて父と子がしみじみと心をかよわせたときである。首相は、すぐさまそれに賛成した。辞表の案文は秘書官が書くことになった。いずれこういうこともあろうか、と一秘書官にはかねての心づもりもあった。——曩《さき》に重任を拝し戦局危急を打開せんことに日夜汲々《きゆうきゆう》たり。しかるに臣微力にしてついに戦争終結の大詔を拝するにいたる。臣子として恐懼するところを知らず……運ぶ筆先にはよどみがなかった。老首相は、読みあげられる案文を、瞑目《めいもく》して聞き終ると一言、

「よくできた」

といった。そして言をついで、

「これからは老人のでる幕ではないな。二度までも聖断を仰ぎ、まことに申訳ない。新帝国は若い人たちが中心になってやるべきだね……」

憔悴しきった老首相の顔にも、かすかに安堵の影が漂っている。天皇の信頼によりかかって首相がうった大芝居は終ったのである。

このころ、すでに終戦劇の舞台からおりてしまっている陸軍省に、阿南陸相自決の報が伝えられた。省内の雰囲気はみるみる一変していった。陸相の従容《しようよう》たる最期が、士官

たちの沈み、荒んだ心に、かすかな灯をともしたようであった。敗戦——この冷厳な事実にたいして、ふっきれない軍人的心情は変らぬとしても、省内の統制は恢復しつつあった。陸相の死が、武人の義務をひとびとの心によみがえらせた。陸軍省は心に喪章をつけて喪に服した。

注(52) 三井侍従にはこの打合せの記憶がない。たぶん戸田侍従だろうとのことだが、石川氏には、三井氏と相談した記憶がある。

〝その二人を至急とりおさえろ!〟——塚本憲兵中佐はいった

午前九時——十時

首相をかくまって、ひっそりと静まりかえった芝白金の鈴木大将邸に、迫水書記官長が飛びこんできたのは九時をわずかにまわったときである。九時間ぶりにみる茫洋とした、いつもの首相の顔がそこにあった。無事を祝する挨拶もそこそこに、口ばやに報告をつづける書記官長にむかって、首相は静かにいった。

「今日の閣議で、全閣僚の辞表をとりまとめて総辞職したいと思っていますから、そのつもりで……」

その言葉を耳にしたとき、書記官長の心を、さあっと、安堵の思いが満たしてきた。この日に総辞職をすることは、多忙をきわめる彼の念頭には浮んでいなかったから、首相の言は、ある意味では意外であった。しかし、意外の念よりさきに、深々とした安堵感が書記官長をつつんでしまっていた。つみかさなった心身の疲労は、それほどに深いようである。

その日の日程の詳細を、首相と打ちあわせて門をでた書記官長の足どりは軽かった。最後の義務をはたすのである。就任いらい四か月で、六十六キロあった体重が八キロも軽くなっていたが、減ったことにいまは満足を感じた。

六時間の軟禁から解放された下村総裁と川本秘書官は、薄茶一杯でのどの渇きをとめると、とるものもとりあえず、首相官邸へむかっていた。あるいは、まだ閣議がつづいているかもしれない、日本帝国の命運を決する歴史的な閣議は徹夜で行なわれていることであろうと考えた。

車の中からみる官邸は、いつもと変りなく森閑と静まっていたが、すでに一度煮え湯をのまされている二人は油断はしなかった。あるいは、ここも叛乱軍の手におちているかもしれないのである。

「左近司君はどうなったか、みてきてくれたまえ」

と、官邸内の下村総裁の事務室は、左近司国務相のとなりであることから心配して、総裁は命じた。

川本秘書官は邸内に走りいった。外からはそれとわからなかったが、鎮火のための水びたしの内部は廃墟さながらに陰気だった。走りこんだ川本秘書官は、「国民神風隊」が流した重油に足をとられて、廊下へしたたか叩きつけられた。全身、ベトベトと重油まみれになった秘書官は、悪態をついて、思わずガランドウの邸内をにらみまわした。なにがどうなっているのか事情はわからないままに……。

塚本憲兵中佐がこの時間に部下からうけていた報告は、彼を悲しみに突き落していた。それは二人の将校が、それぞれ馬と側車に乗って、宮城周辺を走りまわり、徹底抗戦の檄文《げきぶん》を刷り込んだビラを撒布しているというのである。なお徒労の戦いをつづけているものがいる。聞きながら中佐の頭には、いくつかのけわしい顔が浮んでは消えた。

それは四日前のこと、陸軍省を訪れたとき、自分をとりかこんだ強硬派の将校たち、井田、畑中、椎崎——彼らは口々にいった、「鈴木内閣はバドリオ政権だ。天皇をバドリオ内閣の手から救いだすのがわれわれの任務であろう。塚本中佐はこれをいったいどう思うかッ」。中佐は答えた。

「ことを起すなら挙軍一致、それも御聖断がくだる前だ。それなら憲兵隊も蜂起する。しかし、御聖断がくだったら、絶対に動くべきではないと思う」

そのときの彼らの顔を思いだしたのである。殺気だった表情の底に、ひとしく悲痛の翳があった。そしていま、御聖断はすでにくだり、彼らの行動の意味は完全についえ去っている。これ以上行動をつづけることは国家に対する無駄な叛逆というほかはない。やんぬるかな、塚本中佐は部下に命じていった。

「その二人を至急とりおさえろ！」

そのころ、米内海相は陸相官邸へと車を走らせていた。

「惜しい人だったなあ」

左近司政三国務相

車中、同乗の麻生孝雄秘書官にいうともなく海相はそういって、おおきな溜息をつくと、海相はそのまま深い沈黙に沈みこんだ。たしかに海相は「軍人」といわず「人」といった、と麻生は妙な感慨をいだいた。

陸相夫人綾子と美山要蔵《みやまようぞう》高級副官が二人を迎えて、遺体を安置した奥の一室へ案内した。部屋の中央からやや奥よりに、フトンをかけられた遺体がある。フトンに隠れて血はみえなかったし、顔に苦悶のあともない。海相はつかつかと枕辺へ歩みより、その顔に目礼すると、黙ってその場に坐した。なにも喋らなかった。そしていまは語らぬ陸相の安らかな顔をじっとみつめていた。それはずいぶん長い時間であった。

やがて入口に立つ秘書官をうながして、外へでた。海相は、そのときも一言も発しなかった。車中でも引結んだ口元は、ついにほころびることはなかった。後にしたがいながら、麻生秘書官は、整頓され、血の臭いをほとんどのこしていないあの部屋で、わずかに眼に入った血の色を思い返していた。遺体の側に墨痕をとどめた紙がおちていた。陸相が辞世をかく前の筆ならしに使ったらしいその紙に、飛びちった血がかすかに滲んでいたのを、麻生秘書官は見のがさなかった。それは、かすかなだけにいっそう印象深い、あざやかな色であった。

しばらくして、また海相がぽつりといった。

「本当に惜しい人だった」

陸軍省の中庭からは、また煙が立昇りはじめた。機密書類の焼却が再開されたのである。係員たちは黙々と書類を運んだ。焼いても焼いても焼きつくせぬ書類の山であった。輝きをます夏の太陽のもとで、書類を焼く炎は暗く猛りつづけた。

〝これから放送局へゆきます〟――加藤局長はいった

午前十時――十一時

十一時に宮中で枢密院本会議がひらかれることになった。その打ちあわせ、準備のために迫水書記官長は宮内省の門をくぐった。玄関のところで加藤総務局長が、供奉服《ぐぶふく》に巻ゲートル姿、肩から雑囊をさげてでかけようとするのに出会った。局長は雑囊をしっかりおさえるようにして書記官長に近づくと、「これから放送局へゆきます」と、顔を緊張にこわばらせていうと、警視庁の車に飛び乗っていった。十数分後、「正」の録音盤は、岡部侍従の雑囊に入れられたまま、無事に放送会館の会長室へおさめられたのである。

筧課長の捧持した「副」盤は、宮内省の車ではこび、放送会館の玄関から少し日比谷よりのところで待ちかまえる荒川技術局長の手にわたった。荒川局長から、足立現業部部長にリレーされ、日比谷の第一生命会館地下の予備スタジオにおさまった。「正」盤に不測の事態が起っても、放送ができるように万全の態勢がとられている。

斜線で消された放送番組予定表

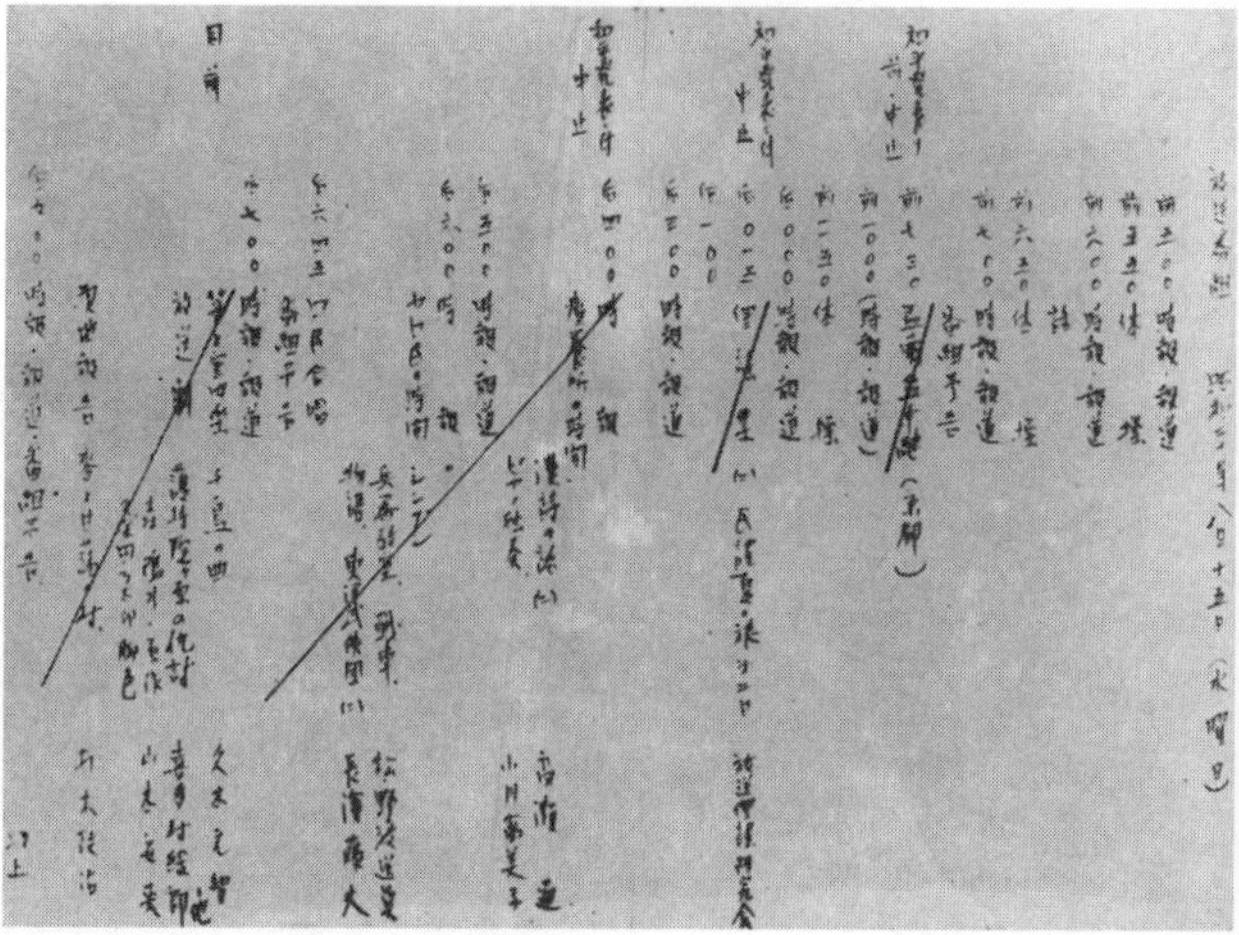

放送会館では玉音放送の準備がすすめられていた。前日まで十キロワットであった放送電力も、とくに六十キロワットに増力され、昼間送電を止められた地方にも、送電の指示がだされた。八月一日から、真空管の不足が原因で、全国の臨時放送所の七割は放送を停止していたのであるが、これもこの日は、特に放送を再開して待機していた。とにかく、日本人ひとりひとりに直接この放送を聞かせねばならないのである。この日の、その時間のために、あらゆる便宜がはかられ、その衝《しょう》に当る人びとは心をはずませながら待機の姿勢をつづけていた。

この日の放送番組予定表には、とり消しの斜線が何本もひかれている。午前七時三十分、京都からの盂蘭盆《うらぼん》中継は、和平発表を前に中止。午前零時十五分からの「民謡夏の旅・第二日」。和平発表につき中止……。天皇放送に関係のないすべての番組は消された。そして報道の時間に、正午から天皇放送がある旨がくり返しくり返し流されていた。

宮中、枢密顧問官控室に顔をだした迫水書記官長は、室の中央に平沼議長の顔を見出した。急に年をとったように、その顔はみえた。「閣下、ちょっとふけられたようですが、お体の具合はいかがですか」と書記官長がきくのに、議長はくったくなげに笑った。

「私は入歯をはずして枕もとにおいて寝る習慣なのだが、今朝襲撃されて避難するとき、入歯をそのままおいて来てしまった。顔が変ったのは、家が焼けて、入歯がなくなってしまったせいだよ」

誰もがあわただしく危険な時間をすごして、ここに達したのである。

天皇も、休息をとられぬままに、表御座所で、つぎつぎにもちこまれる終戦関係の書類を処理していた。木戸内府、内閣・宮内庁関係者の拝謁がつづいた。終戦を知った国民の動揺はどうか——天皇は新しい顔をみるたびに同じ質問をくり返した。決死の覚悟で和平を希求し、実現して、天皇はそれが国民にどうけいれられるかを心配するのである。天皇の心に、侍従たちは忘れていた涙をあらためてこぼすのであった。

午前十時三十分、大本営は発表した。開戦いらい八百四十六回目の最後の大本営発表であった。

「わが航空部隊は八月十三日午後、鹿島灘東方二十五浬《かいり》において航空母艦四隻を基幹とする敵機動部隊の一群を捕捉攻撃し、航空母艦一隻を大破炎上せしめたり」

国民のなかにはこの発表に奇異なものを感じたものも多かった。朝からラジオは「畏きあたりにおかせられましては、このたび詔書を渙発せられます……畏くも天皇陛下におかせられましては、本日正午おんみずから御放送あそばされます」と荘重な口調で、予告をいいつづけていたからである。終戦の噂はデマで、徹底抗戦を天皇が訴えるのであろうか、そう考えるものも多かった。

同じ十時三十分、徳川侍従は御文庫におもむいた。枢密院会議は三十分後に、御文庫会議室でひらかれる、その準備のためである。会議室のとなりに小さな準備室があり、そこにRCAの古いポータブルラジオをすえた。正午から放送される玉音を、天皇の耳に入れるために、侍従たちは特別の席をもうけ、ラジオの感度をあらかじめ調べることにした。アンテナをいっぱいにのばした。御文庫会議室は地下室であるが、これならきっとよく聞えるであろう。ラジオのそばに御座所もしつらえた。天皇はここでご自分の声をお聞きになる。十二時間前に録音された、日本の初の敗戦を告げる、あのご自分の声をお聞きになると侍従たちは思った。

準備はなった。あとはそのときがくればいい。ただ待つだけの時間がおとずれた。徳川侍従もそのときが近づいてくるのを待っていた。過ぎていく一秒が一秒とは思われなかった。なんども時計を見、そして止まっているのではないかとそのたびに耳をあて、時を刻む音をたしかめた。

日本中に待つだけの時間がおとずれた。児玉、厚木の両基地でも、搭乗員、整備員らがすべて集められ、正午の放送を待っていた。滑走路のコンクリートが照りつける陽光を反射して、むれかえるようである。児玉基地の野中少将は熊谷市が劫火《ごうか》につつまれるのを眼のあたりにして、自分たちの努力のなお足らざるに歯ぎしりし、それゆえに、今日の放送はいっそうの奮励努力を天皇がいわれるのであろうと考えていた。

小園司令の判断はちがっていた。彼は詔勅を聞き、その上で、自分たちがこれからやろうとしていることが違勅になるかならぬかを決しようと考えていた。彼は部下の集合の方を副長にまかせ、ひとり司令寝室のベッドの上にあぐらをかいて、その時がくるのを待っていた。徹底抗戦を企図するのも、決して一時の情に激してのものではない、と自分で自分にいいきかせるのである。地下防空指揮所はむし暑く、司令はなんども顔を拭って、そして宙をにらんでいた。

東部軍司令部参謀室の稲留参謀は、まだ電話の前にへばりついたままであった。警視庁から問いあわせがくる。「首相官邸の兵力はどれほどですか」。彼は元気に答える、「将校以下三十名であります」。内閣の山下参事官から報告が来る。「ご安心ください、録音盤はありました」。放送協会から催促がくる。「お願いした警備兵力がまだ着きませんが……」。先発させた一隊が、どうやら行きさきを間違えたようである。稲留参謀はすぐ善後策を講じた。「神野参謀、すぐ手配頼む」。この、ただ静かに待つべき時間に、いそがしく動いているのは、あるいは稲留参謀がいちばんであったかもしれない。

いや、いそがしく働いている軍人がもうひとりいた。近衛師団長副官川崎中尉は、森師団長と白石参謀の遺体をおさめる棺を、夜が明けると同時に探さねばならなかった。戦争末期の日本には、そして焦土と化した東京では棺をみつけることすらも容易なことではなかった。やっとみつけた棺に遺体をおさめ、司令部の一室にささやかな祭壇をしつらえた。尊い死を送るのに、飾るべき花もなかった。棺の上に軍服と軍帽をのせた。血の海となった師団長室を洗い清めながら、俺が身代りになればよかったかと、川崎中尉はつぶやいた。

鈴木首相はゆっくりとフロック・コートに着がえている。一《はじめ》秘書官が、私邸からのがれる大混乱の最中に、抜目なくもちだしてきたフロック・コートであった。二・二六事件当時、岡田啓介首相に侍していた体験がものをいった、とっさの機転である。必死にもちだしたフロック・コートで正装した首相は、やがて宮中に参内する。天皇に拝謁して、枢密院会議がはじめられるであろう。それから閣議、そして亡国の首相としての一日は終るのである。いや終らせねばならない。決意をひめた足どりで首相は車中の人となった。

十時五十五分、太平洋地区のアメリカ陸海軍全部隊は、米統合参謀本部よりの電報を受信した。

「日本軍にたいする攻撃行動をただちに中止せよ。ただし、哨戒索敵を持続し、防衛および保安にかんしては万全の処置を講じ、不慮の災害を防止せよ」

太平洋方面での戦闘は完全に終った。しかし、満州の広野では、優勢なソ連軍がいっそう強引な猛進撃をつづけていた。弱体の関東軍はいたるところで撃破され、また多くの無力な難民集団は惨烈きわまる決死の後退をつづけていた。

〃ただいまより重大な放送があります〃――和田放送員はいった

午前十一時――正午

十七人の男たちが真昼の地下壕においていった。御文庫の玄関さきから望岳台の下にむけて斜めに、よしずを敷いた階段を、一列にならんでおりていくのである。二十四時間前、同じ狭い、丸太がむきだしたままの地下道を二十三人の男たちが通っていった。あのときから正確に丸一日がたったのである。これらの男たちによってひらかれた終戦の幕が、いま十七人の老人たちの手によって閉じられようとするのである。殺戮《さつりく》が終った。悲憤慷慨、罵詈雑言、剣のきらめき、荒々しい吐息、それらがすべて終った――十五年にわたる凄惨な激闘のあとでは、それはいかにもあっけない終末のおとずれであった。非常時の感情は激しく短い。一瞬の光芒はたちまち厚い歴史のページのなかに消え去っていった。

議長平沼騏一郎、清水副議長、芳沢、三土、池田、奈良、小幡、深井、百武《ひやくたけ》、林、本庄、泉二、桜内、潮の各枢密顧問官と、政府側から、鈴木首相、東郷外相、村瀬法制局

長官の三人、あわせて十七人の長老たちは、かつての大本営会議室にきちんとならび、天皇の親臨を待った。十数時間前、閣議の席上で、さながら最後のはかない抵抗であるかのように阿南陸相が、「終戦詔書公布前に枢密院の議を経ねばならないのではないか」といった、その枢密院本会議がひらかれる。

形式的なものかもしれない。しかし、形式的なことをなんどでもくり返しおこなうことによって、日本の敗北の認識がさらに深められていくようであった。外は見わたすかぎり瓦礫が堆積した焼野原である。かつての住居のあとに掘立小屋をつくり、日本人は飢えた毎日を送っていた。塩を例にとっても、あと一か月もすれば牛馬に食わせることができなくなるほど、窮乏のはての敗戦であった。形式などにこだわることのない完全な敗北なのである。

十一時二十分、小出侍従の先導で天皇は議場に入った。同三十分、戸外の熱気と対照的にひんやりとする空気のなかで、会議がはじめられた。平沼議長が立って、うやうやしく一礼し、天皇にかわってお沙汰書を朗読した。

「朕は政府をして米英支ソのポツダム宣言を受諾することを通告せしめたり。これはあらかじめ枢密院に諮詢《しじゅん》すべき事項なるも、急を要するをもって、枢密院議長をして議に参ぜしむるにとどめたり。これを了承せよ」

平沼議長は読みおわってゆっくりと紙を巻いて、高くいただくようにした。各顧問官たちもそれにあわせて礼をし、そして彼らは椅子の音をさせて腰をかけた。たちまちに静けさがもどってきた。しわぶき一つなかった。それはちょうど池に投げられた石が水に没し、波紋が広がっていって、やがて消えたあとに静寂がもどったようであった。

「鈴木内閣総理大臣」と議長が指名した。フロック・コートの鈴木首相は深く息をして、背をすこし伸ばすようにして立上った。彼の役割はこれですべて終りになるはずであった……彼は口をひらいて「戦争終結の処置につきましては」と荘重な口調でいった。口調とまったく裏腹に、あい変らず首相は茫洋としていた。「処置」は人の力ではなく、時の流れによってつけられた、そういいたそうであった。

　椎崎中佐、畑中少佐の身の処置は彼ら自身がつけようとしていた。井田中佐がいった「真夏の夜の夢」は夜明けとともに終ったのである。日本の黎明は彼らを必要としなかった。オートバイに乗り、馬にまたがり、自分たちの意志を国民に知ってもらおうとしたあがきにも似た願いも、最後のビラの一枚を風に飛ばしたと同時に、大空に空しく消えた。彼らの手にのこるものはなにもなかった。自分たちの最後の態度をきめるときとなった。国家をふたたび戦争にむけようとする執拗な考えを棄てねばならなかった。祖国を、美しき君臣一如の日本精神を、屈辱から救おうと決心し、宮城に籠り、それからのち、軍の先頭に立って、最後の一兵までの戦いを戦うつもりであったが、それは新しい日本にうけいれられなかったのである。

平沼騏一郎枢密院議長

『国体護持ノタメ本十五日早暁ヲ期シテ蹶起セル吾等将兵ハ、全軍将兵並ヒニ国民各位ニ告ク。吾等ハ敵ノ謀略ニ対シ、天皇陛下ヲ奉シ国体ヲ護持セントス。成敗利鈍ハ吾等ノ関スルトコロニアラス。唯々純忠ノ大義ニ生キンノミ。

皇軍全将兵並ヒニ国民各位願ハクハ吾等蹶起ノ本義ヲ銘心セラレ、君側ノ奸ヲ除キ謀略ヲ破摧シ、最後ノ一人マテ国体ヲ守護センコトヲ』(原文のまま)

それはみずから書いた自分たちの墓碑銘でもあったろうか。

天皇が枢密院議場に姿をあらわしたのと同じ時刻、宮城前二重橋と坂下門との中間芝生で二人の将校は生命を絶った(53)。畑中少佐はうすく腹を切り森師団長を射ぬいたのと同じ拳銃で額の真中をぶちぬき、椎崎中佐は軍刀を腹部に突きさし、さらに拳銃で頭を射って倒れた。太陽の直射で、あたりはオレンジ色に彩られている。それは戦いの終りでもあり、彼らの長い一日の終りでもあった。

それよりすこし前、近衛師団司令部の師団長室で、もう一つの死があった。森師団長の遺体をおさめた棺の前で、古賀参謀が割腹自決をとげていたのである。その朝、田中軍司令官が宮内省の一室で、「散りぎわだけはいさぎよく散ろうじゃないか、それが日本陸軍の最後の姿だ」と古賀参謀をさとしたが、その言葉どおり十文字に腹を切り、いさぎよく若桜は散っていった。朝から古賀参謀の自決の意志に気づいた川崎副官らが、それとなく注意の眼を離さなかったのだが……。参謀は、一時間も二時間も正坐して頭をたれたまま棺の前を動かなかった。副官らはいそがしさにまぎれて、参謀のことを分秒忘れた。そのわずかな間隙をとらえた。物音に驚いて駆けこんだときには、すでに若い参謀の呼吸はなかったのである。師団長の霊をとむらうための線香の煙が、うつ伏した古賀参謀の遺体をもそっとつつんでいた。

十一時半、青年将校たちは自刃の道をえらび、佐々木大尉らはすでに鶴見の本部に引揚げている。もはや危機は遠く去っており、詔書放送の開始はあと三十分にせまっていた。放送局は東部軍、憲兵隊によってしっかりと警備されて、そのなかを録音盤は会長室から報道部長高橋武治の手によって運ばれてきた。木綿袋も新聞紙もとりはらわれ、それは紫の袱紗がかけられた桐の箱に収められていた。

和田信賢放送員

録音盤は使用される第八スタジオに入った。その広い部屋のなかには、宮内省の加藤総務局長、筧庶務課長、情報局の下村総裁、川本秘書官、加藤第一部長、山岸放送課長、放送協会の大橋会長らが、放送立会いとして待っていた。彼らは大部分が、銃剣と軍刀下の恐怖の夜を、まんじりともせずに狭い部屋ですごしたものばかりであった。そのときの汗にぐっしょりとなった下着をかえてきたが、いままた新しい別種類の汗でそれをよごしていた。

放送局警備に派遣された東部軍の参謀副長小沼《こぬま》治夫《はるお》少将が、立会いのため第八スタジオに姿を消したとき、事件が突発した。あっという間のできごとであった。スタジオの外の廊下に、その将校は憑《つ》かれたように眼を天井の一角にすえて立っていた。この将校の挙動に不審を感じたのは、東部軍参謀（通信主任）鈴木重豊《しげとよ》中佐がいちばんはじめである。不安感が強く働いて、そばによると、「いまから陛下の放送がはじまるのであるが、警備をいっそうきびしくするように」と鈴木参謀が、その将校に声をかけた。そのとたんであった、将校は軍刀の柄に手をかけると荒々しく叫んだ。

「終戦の放送をさせてたまるか。奴らをぜんぶ叩ッ斬ってやる」

そしてスタジオに乱入しようとした。鈴木参謀はとびかかった。彼の両腕を後ろからはがいじめにし、必死になって暴れる将校をおさえつけて、大声で憲兵を呼んだ。将校はなお抵抗をやめようとしなかった。

「いいか。不穏なことをさらにするようなら、斬りすててもいい」

わめきながら、その男は連行されていった。それは天皇放送直前の、瞬時にして終ったできごとであった。彼は二十人余の部下をひきいていたので、もしそれらがスタジオに乱入していたらと思うと、鈴木中佐は慄然とするものを感じた。(54)

外部と遮断されているために物音も怒声もとどかず、そうとも知らぬスタジオのなかの、アナウンス・テーブルには放送員和田信賢が蒼白い顔をキッと前にむけて坐っていた。そのむこう、ガラスごしの副調整室には木村報道部員、小島勇、春名静人の両技術部員らが、同じような緊張のもとに、咽喉をからからにからして時のきたるのを待っていた。

あと十五分にせまったとき、録音再生担当の春名技術部員が、録音盤の一枚目から二枚目へ移すときの、つなぎ目のテストをしていなかったことに気づいた。一枚目の終りが近いとき、二枚目の初めにも針が動いて、二つの盤の音が完全に合致調整されたとき一枚目から二枚目に引きつぐのである。録音再生にこのテストはしておかなければならないことであった。

しかし、天皇のお声をテストすることは許されるであろうか、不敬罪にならないであろうか、小島、春名らの技術部員は当然のことながら意識した。しかし、それをしておかないことには……。大橋会長、下村総裁らは、和田放送員の前にある小型スピーカーから、とつぜん、天皇のお声が流れたとき思わず顔色を変えた。そして、それがテストとわかったあとでも、ガラスごしに内部の技術部員たちをしばらくにらみつけていた。ともかくもテストは完全であったのである。

大日本帝国の最後は近づいていた。ほとんどすべての日本国民はラジオの前に集り、そのときのきたるのを待ちつづけた。真ッ赤な太陽は真上にあった。人々は仕事をやめ、日本中のそこかしこ

玉音放送の行なわれたNHK第八スタジオ

で数人ずつがひとかたまりに、黙ってならんで立ち、そしてあたりが急に静かになった。そしてしみじみと静けさを味わっていた。すべての日本人にとってそれが生きぬいてきた戦争の最後の日であった。

十一時五十五分、東部防衛司令部、横須賀鎮守府司令部の戦況発表をラジオは告げた。

「一、敵艦上機は三波にわかれ、二時間にわたり、主として飛行場、一部交通機関に対し攻撃を加えたり。二、十一時までに判明せる戦果、撃墜九機、撃破二機なり」

宮中、防空壕内の枢密院会議を一時中断し、首相と顧問官たちは細い回廊に一列にならんだ。天皇は、会議室のとなり控室の御座所にあって、小型ラジオを前にした。みずからの重大放送を聴こうというのである。

ラジオは最後の情報を流した。

「……目下、千葉、茨城の上空に敵機を認めず」

十一時五十九分をまわっていた。つづいて正午の時報がコツ、コツと刻みはじめた。

正午の時報、つづいて和田放送員の緊張した第一声が日本中の沈黙を破った。

「ただいまより重大なる放送があります。全国の聴取者のみなさまご起立願います」

日本人は立った。なかには立たないものもいた。朝日新聞柴田記者は、椅子を二つならべた簡易ベッドの上で、どろのように眠っていた。正午には起きるつもりであったが、疲労困憊《こんぱい》は彼を目覚めさせないであろう。

第八スタジオではしずしずと下村総裁が進みでて、マイクに最敬礼した。誰もそれがおかしいと思わなかった。いっしょに最敬礼をしたものも何人かあった。

「天皇陛下におかせられましては、全国民に対し、畏くもおんみずから大詔を宣《の》らせ給うことになりました。これより謹みて玉音をお送り申します」

つづいて「君が代」のレコードが流れた。那須兵務局長や荒尾軍事課長たちは陸軍省の、田中軍司令官や高嶋参謀長は東部軍司令部の、それぞれの席のそばに立って聞いていた。彼らは偉大な葬儀に列していた。

阿南陸相自刃、森師団長殉職により、全陸軍は喪に服したように、徹底抗戦の夢をすてた。将兵の心のうちにのこっていたあきらめきれないなにものかが断ちきられた。その死は無言の教示を垂れた。陸相の感じた「大罪」は、全陸軍のものであった。そして、椎崎、畑中、古賀ら青年将校の死が、一時の狷介《けんかい》な精神から発した暴挙、あるいは行動を反省する機会を、多くの将兵にあたえた。国体護持を完全ならしめるために本土決戦をとなえた全陸軍軍人は、その国体護持を完全ならしめるために、生きのびて国家再建に邁進《まいしん》すべきであろうと説く一連の運動が、そこに生れてきていた。

市ケ谷台上には、なお白日のもと機密書類を焼く煙が高く立昇っている。それは彼らの過去を葬っているにひとしかった。すべてが消えて空しくなっていくであろう。しかし、新しい日本国までが死んではならなかった。

「君が代」が終ると、天皇の声が聞えてきた。

「朕深ク世界ノ大勢ト帝国ノ現状トニ鑑ミ非常ノ措置ヲ以テ時局ヲ収拾セムト欲シ茲《ここ》ニ

忠良ナル爾臣民ニ告ク……」(55)

宮中、防空壕内の枢密顧問官たちは回廊にならんで、放送に耳を傾けていた。十七人の男たちは凝然《ぎょうぜん》とし、息を小さくした。洟《はな》をすすりあげる音、声をだすまいとしてかえって泣声となるもの、詔書がすすむにつれて戦争が終ったのだという実感が、ひしひしと彼らにせまってきた。やがて平沼枢相が長身の身体を二つに折って慟哭しはじめた。

天皇は、会議室のとなり控室の御座所にあって、椅子に坐ったままご自身のラジオの声に聴き入っていた。うつむいて、身体を固くして……。侍立する侍従たちがはっとするほどにその表情には力がなかった。

注(53) いくつかの記録には、畑中、椎崎の二人は、一応は憲兵隊に逮捕され、自決するということで釈放された、と書かれているが、当時憲兵隊にいた人たちの話ではそういう事実はないという。また井田正孝氏の手記には、「陸相の死を聞くや、畑中らも従容として死についた」とある。

(54) 近歩一連隊第一大隊第一中隊長小田敏生中尉がうけていた命令は、放送局を占領し放送を封止すべし、というものであった。それを忠実に守っていた小田中尉が、少数兵力を率いて血相をかえて到着した東部軍参謀によって、「その命令はニセ命令である。今後、東部軍命令に従え。天皇陛下の放送を全面的に援護せよ」の命をうけたのは、実に午前十一時半前後であったという(評論家高杉晋吾氏の調査による）。小田はただちに第八スタジオの富岡茂太少尉に伝令をとばした。まさに放送開始直前に放送阻止から放送援護へと百八十度任務が変ったのである。間一髪の命令変更が混乱を未然に救ったことになる。とすると、スタジオ入口で暴発しようとした将校が誰なのか、疑問は残るのだが……。

（55）　詔書の全文は左のとおりである。

「朕深ク世界ノ大勢ト帝国ノ現状トニ鑑ミ非常ノ措置ヲ以テ時局ヲ収拾セムト欲シ茲ニ忠良ナル爾臣民ニ告ク

朕ハ帝国政府ヲシテ米英支蘇四国ニ対シ其ノ共同宣言ヲ受諾スル旨通告セシメタリ

抑々《そもそも》帝国臣民ノ康寧ヲ図リ万邦共栄ノ楽ヲ偕《とも》ニスルハ皇祖皇宗ノ遺範ニシテ朕ノ拳々措カサル所曩《さき》ニ米英二国ニ宣戦セル所以モ亦実ニ帝国ノ自存ト東亜ノ安定トヲ庶幾スルニ出テ他国ノ主権ヲ排シ領土ヲ侵スカ如キハ固ヨリ朕カ志ニアラス然ルニ交戦已ニ四歳ヲ閲シ朕カ陸海将兵ノ勇戦朕カ百僚有司ノ励精朕カ一億衆庶ノ奉公各々最善ヲ尽セルニ拘ラス戦局必スシモ好転セス世界ノ大勢亦我ニ利アラス　加之《しかのみならず》敵ハ新ニ残虐ナル爆弾ヲ使用シテ頻ニ無辜《むこ》ヲ殺傷シ惨害ノ及フ所真ニ測ルヘカラサルニ至ル而モ尚交戦ヲ継続セムカ終ニ我カ民族ノ滅亡ヲ招来スルノミナラス延《ひい》テ人類ノ文明ヲモ破却スヘシ斯ノ如クムハ朕何ヲ以テカ億兆ノ赤子ヲ保シ皇祖皇宗ノ神霊ニ謝セムヤ是レ朕カ帝国政府ヲシテ共同宣言ニ応セシムルニ至レル所以ナリ

朕ハ帝国ト共ニ終始東亜ノ解放ニ協力セル諸盟邦ニ対シ遺憾ノ意ヲ表セサルヲ得ス

帝国臣民ニシテ戦陣ニ死シ職域ニ殉シ非命ニ斃レタル者及其ノ遺族ニ想ヲ致セハ五内為ニ裂ク且戦傷ヲ負ヒ災禍ヲ蒙リ家業ヲ失ヒタル者ノ厚生ニ至リテハ朕ノ深ク軫《しん》念《ねん》スル所ナリ惟フニ今後帝国ノ受クヘキ苦難ハ固ヨリ尋常ニアラス爾臣民ノ衷情モ朕善ク之ヲ知ル然レトモ朕ハ時運ノ趨ク所堪ヘ難キヲ堪ヘ忍ヒ難キヲ忍ヒ以テ万世ノ為ニ太平ヲ開カムト欲ス

朕ハ茲ニ国体ヲ護持シ得テ忠良ナル爾臣民ノ赤誠ニ信倚シ常ニ爾臣民ト共ニ在リ若シ夫レ情ノ激スル所濫ニ事端ヲ滋《しげ》クシ或ハ同胞排擠《はいせい》互ニ時局ヲ乱リ為ニ大道ヲ誤リ信義ヲ世界ニ失フカ如キハ朕最モ之ヲ戒ム宜シク挙国一家子孫相伝ヘ確《かた》ク神州ノ不滅ヲ信シ任重クシテ道遠キヲ念ヒ総力ヲ将来ノ建設ニ傾ケ道義ヲ篤クシ志操ヲ鞏《つよ》クシ誓テ国体ノ精華ヲ発揚シ世界ノ進運ニ後レサラムコトヲ期スヘシ爾臣民其レ克ク朕カ意ヲ体セヨ」

また、当日の放送順序を参考のために記しておく。

詔書のあと再び「君が代」は奏せられた。「君が代」が終ると、下村総裁は、「謹みて天皇陛下の玉音放送を終ります」と結んだ。

ついで、和田放送員は、

「畏くも天皇陛下に於かせられましては万世の為に太平を開かんと思召されきのふ政府をして米英支蘇四国に対しポツダム宣言を受諾する旨通告せしめられました。

畏くも天皇陛下におかせられましては同時に詔書を渙発あらせられ帝国が四ケ国の共同宣言を受諾するの已むなきに至つた所以を御宣示あらせられけふ正午畏き大御心より詔書を御放送あらせられました。この未曾有の御ことは拝察するだに畏き極みであり一億ひとしく感泣いたしました。我々臣民はただただ詔書の御旨を必謹誓つて国体の護持と民族の名誉保持のため滅私の奉公を誓ひ奉る次第でございます」

和田放送員の朗読は終った。ついで、和田は言葉をつづけて、「謹んで詔書を奉読いたします」と、改めて詔書を朗読し、それを終った。「謹んで詔書の奉読を終ります」

それにつづいて内閣告諭が和田によって朗読された。

「本日畏くも大詔を拝す、帝国は大東亜戦争に従ふこと実に四年に近く而も遂に聖慮を以て非常の措置に依り其の局を結ぶの他途なきに至る、臣子として恐懼謂《い》ふべき所を知らざるなり、顧みるに開戦以降遠く骨を異域に暴せるの将兵其の数を知らず、本土の被害、無辜の犠牲亦茲に極まる、思ふて此に至れば痛憤限りなし、然るに戦争の目的を実現するに由なく、戦勢亦必ずしも利あらず、遂に科学史上未曾有の破壊力を有する新爆弾の用ひらるるに至りて戦争の仕法を一変せしめ、次いでソ連邦は去る九日帝国に宣戦を布告し帝国は正に未曾有の難に逢著したり聖徳の宏大無辺なる世界の和平と臣民の康寧を冀《ねが》はせ給ひ、茲に畏くも大詔を渙発せらる

聖断既に下る、赤子の率由すべき方途は自ら明かなり

固より帝国の前途は之により一層の困難を加へさらに国民の忍苦を求むるに至るべし、然れども帝国は此の忍苦の結実に依りて国家の運命を将来に開拓せざるべからず本大臣は茲に万斛《ばんこく》の涙を呑み敢て此の難きを同胞に求めむと欲す

今や国民の斉しく嚮《むか》ふべき所は国体の護持にあり而して苟《いやし》くも既往に拘泥して同胞相猜し、内争以て他の乗ずる所となり或は情に激して軽挙妄動し信義を世界に失ふが如きことあるべからず、又特に戦死者、戦災者の遺族及び傷痍軍人の援護に付ては国民悉《ことごと》く力を効すべし

政府は国民と共に承詔必謹刻苦奮励常に大御心に帰一し奉り、必ず国威を恢弘し父祖の遺沢に応へむことを期す

尚此の際特に一言すべきは此の難局に処すべき官吏の任務なり、畏くも至尊は爾臣民の衷情は朕善く之を知ると宣はせ給ふ、官吏は宜しく、陛下の有司としてこの御仁慈の聖旨を奉行し堅確なる復興精神喚起の先達とならむことを期すべし

昭和二十年八月十四日

内閣総理大臣　男爵　鈴木貫太郎」

つづいて、和田放送員によって「聖断の経過」「交換外交文書の要旨」「ポツダム宣言の内容」「カイロ宣言の内容」「八月九日から十四日までの重要会議の開催経過」「受諾通告の経過」「平和再建の詔書渙発」が三十七分半にわたってつづけられて、放送は全部終了したのである。

エピローグ

「陛下の一言一句に思わず眼頭が熱くなった。戦争終結をよろこぶ涙ではない。敗戦の事実を悲しむ涙でもない。余りにも大きな日本の転換に遭遇《そうぐう》した感動が涙を誘った」

と、朝日新聞記者中村正吾はその著『永田町一番地』のなかに書いている。その日のこと、その日から今日までのこと、それは多くの日本人にとって、ここに書くまでもない生きている毎日であろう。この史上いちばんの長い一日を終ったとき、大日本帝国は〝歴史〟と化してしまった、と、そのことだけをはっきりと記しておこう。そして、ここでは歴史の最後の一ページで重要な役割を演じた人たちの、その後のエピソードをいくつかひろってみる。

〈阿南陸相の葉巻〉

十五日の朝、鈴木首相は大きな悲しみを感じながら陸相自刃の知らせをうけとめた。辞職という切り札も使わずに、ともについてきてくれた陸相の誠意に対する感謝の心もあった。午後最後の閣議がひらかれたときも、冒頭で、ぽっかりと一つだけあいた陸相の席をみながら、心からの哀悼の辞を首相はのべた。

「阿南陸相は忠実に政府の策に従われた。陸軍大臣が辞表を提出されたならば、わが内閣は即座に瓦解したであろう。阿南大将が辞職されなかったので、われわれはその主目標、つまり戦争終結の目的を達成することができた。わたしは、そのことを陸相に深く感謝しなくてはならない。阿南大将はまことに誠実な人で、世にも珍しい軍人だった。実に立派な大臣であった。わたしは、その死が痛恨に堪えない」

それほどまでにその死を悼《いた》んだ首相は、形見として貰った葉巻を吸う気にはとうていなれなかったのであろう。数か月後、陸相の命日にあたる日に供養として首相は葉巻をすべて焼いてしまった。

〈殴った兵と名刺〉

その夜は、侍従も兵隊も真ッ暗闇の中で真剣に対峙した。生命の安い時代であったから、侍従たちも殺されることにそれほど恐怖をもっていなかった。それが徳川侍従と兵隊の押問答につづく殴打騒動となったのであろう。

戦争も終って十五、六年たったとき、徳川侍従のもとに、佐野市出身の若林彦一郎なる人物がたずねてきた。土産ものをもってあのときの乱暴を詫びにきたのである。徳川侍従はかえって恐縮した。二人のあいだに語るべき特別の話はなかった。若林元軍曹は家宝の鏡をつぶしてつくったという茶釜をもってきたが、うけとった徳川侍従はその後も飾るでもなく、使うでもなく、いまもそのままにおいてある。

三井侍従は田中軍司令官と、吹上への道で出会ったときの喜びがあまりに大きかったため、そのときもらった大きな名刺を家宝として保存し、ときどきとりだしては、動乱のその夜のことを想いだすようすがとしているのである。

〈米内海相と詔書〉

偶然、詔書の文字は八月十五日にちなんだかのように八百十五字におさめられている。終戦後、米内元海相は毎日端坐してこの八百十五字を浄書するを日課とした。彼はそれを死ぬまでつづけ、でき上ったものを部下や知人に贈った。それを家宝としている人も多いようである。

〈佐々木大尉と学生たち〉

十五日夕刻、彼らは九段の憲兵隊本部へ全員で出頭した。しかし、敗戦による憲兵隊本部の状況は火事場のような混乱のなかにあった。若い憲兵中尉がでてきて、「諸君の精神は大いに共鳴した、とがめるところはないから帰ってくれ」と、逆になだめられるようにして追いはらわれた。

学生、兵隊は全員、憲兵隊本部の前で、「天皇陛下万歳」を叫んで解散した。その直前、警視庁から、「民間人だけちょっときてもらいたい。話をききたいから」との申入れがとどいていた。

学生たちは、「面白い話を大いに聞かせてやろう」と勇んででかけていった。そしてそのまま逮捕されてしまった。裁判の結果、五年の実刑を五人の学生はいいわたされた。敗戦の千葉刑務所で一年半を暮し、学生たちは出所してきたが、佐々木元大尉の姿は消えていた。大尉は時効を迎えるまで十四年間も地下に潜っていたという。

時効になって、佐々木元大尉は社会に復帰した。そのころは、鈴木首相、米内海相、東郷外相、平沼議長らは、すでにこの世の人ではなかった。そしてその足で、首相秘書だった鈴木一氏に襲撃事件のことであやまりにいったら、鈴木氏は、

「あんなことでもしなければ、腰ぬけのように思われたでしょう。まあ、いいじゃないですか」

といって慰めてくれた、という。

〈田中軍司令官の自刃〉

宮城、大宮御所、明治神宮など、田中軍司令官が生命を賭して守らねばならぬところが、つぎつぎと空襲で炎上していった。そのたびに軍司令官は進退伺いをだしていたが、かえって慰留のお言葉を天皇からもらった。大将としては天皇にささげる命がいくつあっても足りない思いでいっぱいであったのであろう。

八月十五日からの毎日は、大将には自決を思案する毎日であった。軍管区司令官としてその任務が終了する日こそ、そのときであるとかねてから決めていたのであろうが、混乱と騒動が続出し、その機会は容易におとずれなかった。しかし、二十四日午後、予科士官学校生徒が埼玉県川口の放送局を占領するという最後の事件が起き、これを大将は鎮圧すると、その夜十一時十分ころ従容として死についた。拳銃で心臓を射ぬいたのである。かけつけた塚本副官のしっかりして下さいという声に、万事よろしくたのむと二回くり返したという。

机の上には、杉山元帥、各軍司令官と直轄部隊長、高嶋参謀長、塚本副官、および家

族への五通の遺書がならべられてあった。自分ひとりが責任をとればいい、部下の自決をとどめたいという気持があったのであろう、遺書の中に「将兵一同に代り」という文句があった。

〈二つの基地〉

天皇放送後の前線基地はどこでも混沌たる状態におちいった。たとえば児玉基地では血気の搭乗員が終戦を肯《がえ》んぜず、魚雷を積んだままつぎつぎに発進しようとした。野中少将らは必死に説得したが、一を説得している間に、さっき納得したはずのものが飛びだそうとする。混乱はなお二、三日つづいてやがて収拾された。

厚木基地の叛乱は、実にマッカーサー元帥が進駐してくる前日までつづけられた。しかし一つ幸いしたことは、司令小園大佐が十六日夜から高熱を発し狂乱状態になり、このため隊員は動揺し、たてた作戦計画が実行できなくなったということである。しかし首領なくしても反抗はつづけられた。そして八月二十六日、彼らは可動飛行機を滑走路にならべいっせいに飛びたっていった。計画は霧消した。小園司令は、このとき、横須賀海軍病院の精神病棟の監禁室に横たわっていた。

〈青年将校たち〉

阿南陸相には強くとめられたが、井田中佐はやはり後を追って死ぬつもりであった。クーデターを策した陰謀者として、畑中、椎崎ら同志につづこうと思ったのである。十五日夜、ひさしぶりに家へ帰り、妻とはっきり別れを告げて、「明日の朝、死骸を引きとりにこい」といって陸軍省に戻った。

井田中佐が自決するということは荒尾軍事課長にはわかっていた。課長はもっとも崇敬する阿南陸相の遺志にそむくことを部下に許すわけにはいかないと思った。そこで、井田中佐に見張りをつけることにした。

井田中佐が死のうとしたとき、その見張りの酒井少佐がとびこんできて、「死ぬのなら私を殺してからにして下さい」といった。中佐は生きることも死ぬこともできず、絶望の涙を流した。見張りの少佐も同じであった。二人はにらみあったまま、まんじりともせず夜を明かした。

十六日朝、義父とともに妻が陸軍省に死骸をひきとりにきた。生きている井田中佐が姿をあらわしたとき、妻は、はじめて声をたてて泣いた。

八月十七日、水戸陸軍航空師団が上野の山にたて籠って叛乱の旗印を高くかかげた。このとき東部軍神野参謀とともに乗りこんでいき、帰順の説得をしようとし、叛乱軍林少尉の拳銃で撃たれて死んだ将校があった。彼こそ、司令部で田中軍司令官に逮捕された近衛師団石原参謀である。彼もまた死に場所をもとめつづけた軍人のひとりであった。

竹下中佐は十五日午後、宮城前で死んだ二人の将校の遺骸をひきとりにいった。十数時間ぶりにみる畑中少佐の死顔は実にやすらかであったという。軍服のポケットに遺書がしまわれていた。椎崎中佐のそれは、太い字で「死生通神」とのみ書かれていた。畑中少佐のは辞世の歌である。

今はただ思い残すことなかりけり
　暗雲去りし御世となりなば

夕刻から夜にかけて、官邸からはこばれてきた阿南陸相の遺骸と合わせて、陸軍省将校集会所で静かな通夜がいとなまれた。陸相夫人綾子は市ケ谷台上から見下ろした灯一つない東京の焼野原に、敗戦の悲しみをしみじみと感じた。

やがて、その丘から三筋の煙が夜空に立昇っていった。砲座に安置され、石油をかけられた陸相の棺は、帝国陸軍の最後を象徴するかのように、はかなく消えていく火花をいくつもあげていた。その前で、参謀総長梅津《うめづ》美治郎《よしじろう》大将が、眼を真ッ赤になきはらし、いつまでもいつまでも彫像のごとく動かずに立っていた。


〈航空士官学校〉


上原重太郎大尉の徹底抗戦のための戦いは八月十九日までつづけられた。彼の熱烈たる説得もあり、航空士官学校各中隊の区隊長の多くもまた同調するようになった。十五日天皇放送のはじまるころは、校内は一触即発ともいえる緊張状態で完全に張りつめていた。

事実、暴発した。正午の天皇放送を全員が講堂に集合して聞いたとき（上原大尉はその場にはいなかった）、第三中隊の区隊長本郷《ほんごう》英雄《ひでお》大尉、山村《やまむら》繁次《しげじ》大尉の二人がいきなり抜刀すると壇上に駈け上り、ラジオに斬りつけ、

「この放送は君側の奸のなせるにせものである。国体護持のため全員蹶起して宮城へ進

撃すべきだ」

と叫び、生徒はこれにたいし「やります」といっせいに応え大混乱におちいった。校長徳川好敏《とくがわよしとし》中将以下の教官団は、抜刀した区隊長、生徒らに追われ一室に軟禁された。つづいて上原大尉や本郷大尉に指揮された第三中隊の二百名の生徒は兵器庫をひらき完全武装し、トラック二台に分乗すると宮城にむかおうとした。しかし、豊岡憲兵分隊の分隊長柄沢勇太郎《からさわゆうたろう》中尉の機転もあり、上京は阻止された。そして完全武装のまま数時間を生徒たちは過ごしたが、この叛乱も時間の流れとともに終った。

上原大尉はその後も懸命に同志をもとめ、抗戦の意志をすてなかったが、こと志とちがい、また憲兵隊より森師団長斬殺の罪もあり出頭命令もとどき、生き恥をさらすより死をねがったのか、十九日午前二時、士官学校裏の航空神社の前で割腹、若い生命を絶った。享年二十四。同期生の荒武禎年《あらたけまさとし》大尉が介錯《かいしゃく》した。

〈窪田元少佐の戦後〉

陸相官邸を去ってからのちの窪田少佐の足どりは不明であるが、事成らずとなって、一度は自刃と決心して宮城前の芝生に坐ったという。あるいは最後のときはそこでと、椎崎中佐や畑中少佐とあらかじめ約してあったのかもしれない。このとき、徹底抗戦を訴える厚木航空隊機のビラを読んで気が変る。

それ以後のことは、秦郁彦氏が直接にインタビューして、窪田元少佐から聞いた回想がある。

「阿南さんが立ってくれたら全軍呼応したのにと残念です……ビラを読んで、畑中さんがやり残したことをやろう、と思い直し、近衛二連隊の独身隊舎にかくまってもらい、同志を集め、国体護持の近道はマッカーサーを生けどって人質にすることだと思いついて計画を練ったが、脱落者がどんどんふえて、一人だけになってしまった。稲葉中佐に『お前は執念深いなあ』と呆れられましたが。

そこへ後輩で予科士官学校区隊長の本田中尉が来たので、イチかバチかで川口放送所を占領して全国民に訴えようと考えたんです……」

この川口放送局の占領も、さきに記したように田中軍司令官の憲兵をひきつれての鎮圧で、あっけなく幕をとじた。窪田は憲兵に逮捕されたが間もなく釈放された。陸軍中央は敗戦時のさまざまな行動を犯罪と認めぬことにしたからである。

窪田少佐が森師団長斬殺に加わった事実が明るみにでたのは、戦後も三十年余がたってからであった。

〈最後の一ページ〉

竹下中佐は、窓外、焰々と夜空を焦がす荼毘《だび》の炎に、その横顔を照らされながら、七日いらいずっとつけてきた大本営機密戦争日記の最後のページにこう記した。（原文のまま）

「二十年八月十五日水曜

一、次官閣下以下ニ報告

二、十一時二十分、椎崎、畑中両君、宮城前（二重橋ト坂下門トノ中間芝生）ニテ自決、午後屍体ヲ引取リニ行ク

三、大臣、椎崎、畑中三神ノ荼毘、通夜

コレヲ以テ愛スル我カ国ノ降伏経緯ヲ一応擱筆《かくひつ》ス」

あとがき

ちょうど三十年前のいまごろ、毎朝四時に起きて原稿用紙をしこしことうめた。当時は月刊誌「文藝春秋」編集部次長の職にあったから、社務はかなりきびしかった。一日たりとも休むわけにはいかない、といって、刊行は七月下旬ときめられているからと、そんな無理をしたのである。毎朝机にむかっていると、日一日と、夜明けが早まってくるのがよくわかった。「外には、朝がそっと忍びよっているかのようであった。暗黒が濃灰に変り、さらに灰色から深い青色へと、空にはゆるやかな転換が行なわれている」（二七七頁）と、そんなふうに実感を本文中に書きいれたりした。わたくしはこの本をそのようにして一九六五年の夏に書きあげた。

当時はいろいろな事情から、大宅壮一編と当代一のジャーナリストの名を冠して刊行された。そのお蔭もあり、翌年に東宝の映画化もあり、多くの人によく読まれた。こんど決定版として再刊行するにさいし、社を退いてもの書きとして一本立ちした記念にと、亡き大宅先生の夫人大宅昌さんのお許しに甘えて、わたくし名儀に戻させていただいた。長いこと別れていた子供に「俺が親父なんだ」と名乗ったような酸っぱい気分を味わっている。

そんな感傷的なことではなく、最初の刊行が三十年前のことゆえ幾つかの誤りがあったことは否めない。不注意によるものもあるが、近衛師団長惨殺の実行者など、当時の情勢で差障りがあり隠蔽せざるをえなかったものもあった。それらをすべて正し、新しい事実も加えた決定版をだすにさいして、名儀者としての責任は明らかにしておかねばならないと思ったゆえもある。

この本は、その特長として直接に証言者にあたり、実地の踏査を重んじたことにある。三十年前にはまだそれが可能であった。もちろん当時刊行されていた幾つかの文献にあたったが、それらで定説になっているようなことでも一応は直接関係者の証言をとおして再確認し、疑いの残るものはとらなかった。そして今回知るかぎりの新事実を足したが、これで完璧になったかどうか、確信はない。歴史を正しく書くことの難しさは実感している。まして証言の喰い違う当事者の、生存している現代史を書くことにおいてをや、である。

三十年前の当時、無理にも回想談をお願いしご迷惑をおかけした人びとを、改めて記しておきたい。参考のために取材当時の現職もそのまま附記しておく。いまはほとんどの方が幽明境を異にしていることと思う。謹んでご冥福をお祈りする。

赤羽宏治郎（歌舞伎友の会）、麻生孝雄（佐世保重工ＫＫ顧問）、安倍源基、荒川大太郎（協和電設ＫＫ社長）、池田純久（東和ＫＫ顧問）、石川忠（宮内庁京都事務所長）、石渡荘太郎、板垣徹（厚生省援護局次長）、稲留勝彦（田安商店取締役）、稲葉正夫（防衛庁戦史室）、入江相政（侍従）、岩田正孝（旧姓井田・電通総務部長）、宇田道夫

（観光会社経営）、大橋八郎（前日本電電公社総裁）、大山量士（本名＝佐々木武雄、亜細亜友之会理事長）、岡部長章（鶴見女子大講師）、尾崎喜男（神中ダイカスト工業取締役）、筧素彦（全国市町村職員共済組合連合会事務局長）、加藤進、加藤祐三郎、川本信正（運動評論家）、木村竜蔵（NHK中央研究所教授）、小沼治夫（電通印刷所社長）、近藤泰吉（東海放送KK）、佐野小門太（第一法規KK顧問）、柴田敏夫（朝日新聞論説委員）、鈴木重豊（タカヤ電気KK取締役）、鈴木一（日本馬術連盟会長）、周藤二三男（関東電波監理局監理部長）、清家武夫、曾我音吉（日本ヘルメチックスKK取締役）、高嶋辰彦、高橋武治（ニッポン放送顧問）、竹下正彦（陸上自衛隊幹部学校長）、舘野守男（NHK放送世論調査所長）、塚本清（塚本総業社長）、塚本誠（電通社長室長）、徳川義寛（侍従）、戸田康英（東宮侍従長）、富岡定俊（史料調査会）、長友俊一（佐世保高工専門学校教授）、那須義雄（小松製作所）、灘尾弘吉（衆議院議員）、野中俊雄（富士市社会福祉協議会理事）、不破博（防衛庁戦史室）、山岸重孝（日本大洋海底電線KK取締役）、原百合子（現姓＝細田・主婦）、久富達夫、平井政夫（近畿大教授）、古川勇（現姓名＝山本啓四郎・海上自衛隊幕僚長副官）、保科善四郎（衆議院議員）、松本俊一（衆議院議員）、三井安彌、皆美貞作（書道教授）、美山要蔵（千鳥ケ淵墓苑理事）、保木玲子（主婦）、柳沢恭雄（日本電波ニュースKK社長）。

そして、この名簿をみながら思いだすことは、社のよき友の安藤満君が横浜警備隊関係者、竹中巳之君が宮内省の侍従関係のインタビューを受持ってくれたことである。軍部、政府、ＮＨＫなどはすべてわたくしが取材したが、両君の取材なくしてはこの本はできなかった。改めて心から有難うといいたい。それと締切りに間に合わなくなりそうになったとき、竹内修司君が大いに助けてくれたことも、感謝をもって想いだす。

一九九五年五月二十一日

半藤一利

参考文献

服部卓四郎『大東亜戦争全史』、外務省編『終戦史録』、ビュートー『終戦外史』、迫水久常『機関銃下の首相官邸』、加瀬俊一『ミズリー号への道程』、下村海南『終戦秘史』、塚本清『あゝ皇軍最後の日』、藤本弘道『陸軍最後の日』、竹下正彦「阿南大臣の自刃」、井田正孝「宮城事件」、岡部長章の手記、不破博「東部軍終戦史」、徳川義寛の手記、『鈴木貫太郎伝』、伊藤正徳『帝国陸軍の最後』、永松浅造『自決』、原四郎「終戦ごろの新聞」、安倍源基の手記、細川隆元「二つの詔勅」、『証言記録・太平洋戦争史』、高見順・徳川夢声・長与善郎の日記、小園安名「最後の対米抵抗者」、藤田尚徳『侍従長の回想』、高嶋辰彦「東部軍の最後と天皇」、東条勝子「戦後の道は遠かった」、丹羽文雄『日本敗れたり』、豊田副武「謬られた御前会議」、蓮沼蕃「戦慄の八・一四事件」、日本外交学会編『太平洋戦争終結論』、鈴木貫太郎「終戦の表情」。

＊今回の全改訂にさいして参考としたもの

秦郁彦『裕仁天皇五つの決断』（講談社）、飯尾憲士『自決』（集英社）、大井篤「終戦史資料」（未刊行）、防衛庁戦史室『大本営陸軍部〈10〉』（朝雲新聞社）、倉林和男「続・陸軍航空士官学校の史跡を追って」（「翼」三号・航空自衛隊連合幹部会機関誌）、高杉晋吾

「玉音放送を阻止せよを大逆転した兵士たち」（「週刊朝日」）、茶園義男「終戦詔書成立の真相」（「中央公論」）

行〕

規礼次郎　88
木彦一郎　276,277,350
公只一　42,92,97,98,103,288,308
田信賢　303, 335, 339, 340, 341, 342, 346, 347,348
刃進　254
刃多粮　230,285,286

ハルゼイ　180,305,306
春名静人　94,188,189,340,341
百武三郎　335
平井政夫　284
平泉澄　178
平沼騏一郎　28,50,112,305,330,335,336,
337,344,352
広瀬豊作　77
広幡忠隆　287
フォレスタル　34,35,53
深井英五　335
福田重夫　265
藤井恒男　187
藤井政美　118,146,168,191,205,206
藤田忠志　277
藤田尚徳　20,84,85,87,187,189,190,288,
296,310,317,318
古川勇　281
不破博　71,72,213,214,231,247,248,271,
285,286,320
保科善四郎　50
保科武子　256
細川護貞　18
本郷英雄　355,356
本庄繁　335
〔ま行〕
町村金五　107
松岡進次郎　187
マッカーサー　353,357
松阪広政　77,159,171
松谷誠　18
松本重治　18
松本俊一　15,18,64,65,153,165,182
三笠宮　38,106
水谷一生　156,208,209,210,214,215
溝口昌弘　156
三井安彌　188,232,235,237,238,260,298,
299,300,301,302,310,317,319,322,350
三土忠造　335
皆美貞作　231,282
宮川船夫　18
美山要蔵　326
村上清吾　94,188,189
村瀬直養　77,112,115,118,119,335
村中諭　264
明治天皇　30,58,74,75
毛利英菸兎　120
泉二新熊　335
森赳　71,72,133,134,135,155,156,168,1
176,177,191,200,201,202,203,204,2
207,208,210,212,214,215,217,231,2
247,249,258,259,281,283,285,311,3
338,343,356,357
森永武治　280,294,295,298,299,303,310
〔や・ら行〕
安井藤治　31,77
安岡正篤　61,79,110,119
保木玲子　279,280
柳沢恭雄　280,303
矢部謙次郎　81,82,83,99,188,197,219,2
242,243,251,260,310,314
山岸重孝　99,170,188,339
山口倉吉　265
山村繁次　355
芳沢謙吉　335
吉武信　69,128,224
吉積正雄　30,50,103
吉本重章　193
米内光政　23,24,25,28,31,46,59,70,73,
85,90,92,93,97,111,123,124,126,1
135,136,141,142,153,171,259,261,2
281,325,351
リーヒ　34
李王垠　38
李鍵公　38
リンカーン　318

66,67,69,70,72,73,74,78,81,82,83,84,85,86,92,93,94,95,96,100,101,103,109,110,115,119,121,127,130,131,132,133,135,139,141,146,147,148,149,152,154,155,156,158,163,166,167,172,173,177,178,180,183,186,187,188,189,190,192,195,196,198,205,208,211,215,216,217,228,229,233,238,240,241,252,254,256,260,261,262,265,273,276,279,280,287,288,289,290,298,299,300,301,302,309,310,311,312,313,314,315,317,318,321,325,330,331,332,333,336,338,340,341,342,343,344,346,347,349,351,352,353,355
肥原賢二　92,93,97
郷茂徳　15,16,18,21,23,24,28,31,33,39,46,59,64,70,126,141,142,146,147,182,183,309,335,352
条英機　33,137
川好敏　356
川夢声　52
川義寛　152, 153, 197, 198, 232, 237, 245, 255,256,257,263,273,274,275,276,277,281,287,317,331,350
田康英　59, 122, 139, 188, 197, 232, 235, 243,244,245,251,252,254,255,256,257,274,275,281,283,287,298,299,300,301,322
岡茂太　345
田健治　18
田副武　24,27,28,36,37,41,50,52,70
田貞次郎　77,79
ルーマン　20,21,33,34
行〕
井八重次　193
須寅彦　256,287
友俊一　94, 100, 104, 188, 189, 190, 196, 218,219
永野修身　50,51
中村袈裟男　278
中村正吾　349
中村俊久　148,172,237,238,260,275,281
長与善郎　314
那須義雄　288,289,292,293,343
奈良武次　335
成瀬辰美　283
西島実　303
額田坦　42
乃木希典　289
野田六郎　281
野中俊雄　195,332,353
〔は行〕
バーンズ　34,35,38
芳賀豊次郎　117,118,120,160,167,168,169,213,252,253,270,271,273,274,286,301
蓮沼蕃　20, 58, 84, 85, 87, 92, 106, 107, 132, 133,134,148,155,237,238,301,311
長谷部忠　128
秦郁彦　221,356
畑俊六　40,50,51,92,96,97,136,137,144
畑中健二　42, 47, 51, 68, 86, 88, 95, 104, 106, 113,114,115,116,117,118,120,146,150,156,161,166,167,168,169,170,173,174,175,176,177,178,179,191,201,202,203,204,205,206,209,210,211,212,217,224,225,226,227,232,233,239,240,241,252,253,257,258,259,260,267,268,270,272,273,274,283,284,285,295,296,301,303,304,305,320,325,337,338,343,344,353,354,356,357,358
林三郎　163,187
林頼三郎　335
原四郎　223
原百合子　291,292
原田督　199,200
ハリマン　35

佐藤嘉衛門　120
佐藤好弘　117,206
佐野恵作　140,141,144,152,153,159
佐野小門太　141,144,152,154,159
佐野幹雄　118
椎崎二郎　47,88,95,104,113,146,150,156,166,173,174,175,176,179,191,200,209,210,211,212,217,232,241,260,270,273,303,325,337,338,343,344,353,354,356,358
志賀直哉　87
重光葵　18
柴田敏夫　69,70,127,129,158,160,199,224,342
渋沢信一　15
島貫重節　176
清水澄　335
下村宏　69,70,73,76,81,83,85,88,92,126,135,142,143,160,170,171,180,187,189,190,198,217,218,219,232,233,234,236,240,260,324,339,341,342,346
白井正辰　172
白石通教　144,145,146,161,200,201,209,210,225,249,333
菅原英雄　150
杉山元　40,50,51,92,96,97,134,352
鈴木貫太郎　17,18,19,21,22,23,24,25,26,27,31,36,37,38,41,42,44,45,46,48,50,51,52,53,56,57,61,73,76,77,87,88,112,121,123,132,136,140,142,154,155,165,168,169,171,183,186,198,263,264,290,291,307,309,316,320,325,333,335,337,348,349,351
鈴木重豊　340
鈴木たか　48,49
鈴木孝雄　307,320,323
鈴木武　291
鈴木達治　282
鈴木一　77,130,155,291,307,309,321,33
352
スチムソン　34
周藤二三男　169
清家武夫　148,149,172,237,238,275,281
曾我音吉　118,157,158,168,213

〔た行〕

ダーウィン　318
高木惣吉　18
高嶋辰彦　105,134,208,214,215,216,23
231,246,247,271,272,273,285,296,34
352
高杉晋吾　344
高橋武治　99,280,339
高松宮　38
高見順　52,313
竹下正彦　37,47,51,53,54,59,60,61,62,6
64,98,102,103,163,169,172,178,20
202,203,204,212,224,225,226,227,22
232,233,257,258,259,260,266,267,26
269,270,289,290,293,294,307,308,30
354,357
竹田宮　38
館野守男　284,285,304,307,312,313
田中静壹　99,104,105,106,134,135,21
230,271,281,285,286,287,296,301,30
303,310,311,312,316,317,320,338,34
350,352,354,357
田畑喜代子　182
玉虫一雄　94,100,104,188,189
秩父宮　32,35
茶園義男　159
塚本清　104,106,285,352
塚本誠　130,131,231,323,325
寺内寿一　125
天皇　15,16,20,21,22,24,26,27,28,29,31,3
33,34,35,36,37,38,40,41,43,47,49,5
51,52,53,55,56,57,58,60,62,63,64,6

田啓介　88,262,333
田忠彦　76,79
部長章　319,320,328
村寧次　125
本季正　32,165
崎喜男　264,265,278,291,292,318
田敏生　222,344,345
幡酉吉　335
行〕
素彦　83,188,189,190,196,197,198,218,219,233,319,320,328,339
瀬俊一　18
瀬俊一　32,165
藤進　83,126,140,233,234,236,328,339
藤祐三郎　99,188,190,339
岡嶋　134
陽宮　38
沢勇太郎　356
口　144
崎嘉信　201,333,338
島吾郎　264
田瑞穂　119
辺虎四郎　26,70,97
辺正三　98
本信正　70,135,136,170,171,172,188,189,217,218,220,309,310,324,339
院宮　38
畠暢男　117,254,275
戸幸一　18,21,46,50,72,81,84,85,88,92,106,107,121,122,152,155,156,157,237,243,244,245,246,254,255,261,262,300,311,317,318,330
原通雄　60,61,110,111,119
木正成　96
邇宮　38
邇宮絢子女王　82
邇宮多嘉王　82
野利秋　225
窪田兼三　146,150,166,191,201,205,209,212,225,233,258,259,356,357
熊川厳　94
グルー　34
小磯国昭　33
小出英経　336
皇太后　188
皇后　96,152,298
古賀秀正　95,118,146,148,149,156,175,191,211,213,214,230,232,241,242,252,253,254,260,271,273,279,296,311,338,339,343
小島勇　340,341
小園安名　87,150,172,192,318,332,353
小沼治夫　339
近衛文麿　18,88,121,122,123,155,156,157,262
小林堯太　45,46
小林四男治　326
小日山直登　77,79,180
小山唯雄　254,287
近藤泰吉　94,188
〔さ行〕
西郷隆盛　225,288
酒井鎬次　18
桜井兵五郎　77
桜内幸雄　335
迫水久常　19,22,23,27,31,36,48,49,50,60,61,77,78,110,111,112,119,123,126,129,136,154,159,184,198,199,265,277,278,323,328,330
迫水久良　277,278
左近司政三　73,76,324,325,
佐々木武雄　192,193,195,199,200,263,264,265,277,278,282,290,291,296,305,318,339,351
佐藤朝生　153,154,165,182,278
佐藤裕雄　42

主要人名索引

〔あ行〕

赤羽宏治郎　277,278
朝倉正憲　280
麻生孝雄　326
阿南綾子　266,326,355
阿南惟晟　229,267,289
阿南惟敬　266
阿南惟正　266
阿南惟幾　23,24,25,26,28,30,31,32,35,37,39,40,42,44,45,46,47,48,49,52,55,59,61,65,66,67,70,76,85,86,91,92,93,97,98,101,104,109,110,111,112,116,119,123,124,125,129,136,137,140,141,144,145,153,159,162,164,171,183,186,187,203,225,228,252,257,259,261,262,266,270,273,292,321,336,343,349,350,353,354,355,357
安倍源基　77,78,79
天野正一　288
荒尾興功　47,48,49,91,92,98,120,139,144,146,161,162,163,164,165,195,200,288,289,343,354
荒川大太郎　81,83,94,99,188,189,196,197,219,233,314,328
荒武禎年　356
安東義良　15,193
飯尾憲士　221
飯村穣　134
猪喰清一　245,261
生田武夫　222,279
池田成彬　335
池田純久　50,77,93,98,277
石井孝一　264
石川誠司　254,274,288
石川忠　233,234,245,261,317,322
石黒忠篤　77,79,80,140
石田乙五郎　130
石原貞吉　95, 146, 148, 149, 156, 191, 21
232,248,260,286,287,296,354
石渡荘太郎　187,188,190,217,222,231,23
234,236,245,246,254,261,300,311,31
318
井田正孝　47,67,90,91,98,103,108,109,11
113,114,115,116,117,120,131,161,17
176,177,178,179,181,191,200,201,20
205,206,207,208,209,210,212,214,21
216,217,230,232,239,240,241,260,26
268,270,282,289,290,293,294,325,33
344,353,354
板垣徹　216,230,231,247,248,271
伊藤述史　18
稲留勝彦　230,231,296,320,332,333
稲葉正夫　47,53,357
入江相政　84, 132, 180, 187, 190, 196, 25
256,257,287,299,303
上田雅紹　264
上原重太郎　118,146,150,168,191,205,20
212,225,233,266,283,355,356
宇垣纏　181
潮恵之輔　335
梅津美治郎　23, 24, 27, 28, 36, 41, 48, 49, 5
51,52,70,74,92,97,355
浴宗輔　172
大江　182
大金益次郎　140,141,233,235,239,243
大城戸三治　289
太田耕造　25,26,73,77,79,111
大西滝治郎　17,63
大橋八郎　80, 81, 83, 99, 170, 180, 188, 21
232,233,280,295,310,314,339,341

単行本　一九九五年六月　文藝春秋刊

文春文庫

日本《にほん》のいちばん長《なが》い日《ひ》　決定版《けつていばん》

定価はカバーに表示してあります

2006年7月10日　第1刷
2023年6月30日　第37刷

著　者　半藤《はんどう》一《かず》利《とし》
発行者　大沼貴之
発行所　株式会社　文藝春秋

東京都千代田区紀尾井町 3-23　〒102-8008
TEL　03・3265・1211㈹
文藝春秋ホームページ　http://www.bunshun.co.jp

落丁、乱丁本は、お手数ですが小社製作部宛お送り下さい。送料小社負担でお取替致します。

印刷・凸版印刷　製本・加藤製本

Printed in Japan
ISBN978-4-16-748315-9

江藤　淳
閉された言語空間
占領軍の検閲と戦後日本
アメリカは日本の検閲をいかに準備し実行したか。眼に見える戦争は終ったが、アメリカの眼に見えない戦争、日本の思想と文化の殲滅戦が始った。一次史料による秘匿された検閲の全貌。
え-2-8

加藤陽子
とめられなかった戦争
なぜ戦争の拡大をとめることができなかったのか、なぜ一年早く戦争をやめることができなかったのか——繰り返された問いを、当代随一の歴史学者がわかりやすく読み解く。
か-74-1

小泉信三
海軍主計大尉小泉信吉
一九四二年南方洋上で戦死した長男を偲んで、戦時下とは思えぬ精神の自由さと強い愛国心とによって執筆された感動的な記録。ここに温かい家庭の父としての小泉信三の姿が見える。
こ-10-1

高木俊朗
インパール
太平洋戦争で最も無謀だったインパール作戦の実相とは。徒に死んでいった人間の無念。本書が、敗戦後、部下に責任転嫁、事実を歪曲した軍司令官・牟田口廉也批判の口火を切った。
た-2-11

高木俊朗
抗命
インパール2
コヒマ攻略を命じられた烈第三十一師団長・佐藤幸徳中将は、将兵の生命こそ至上であるとして、軍上層部の無謀な命令に従わず、師団長を解任される。「インパール」第二弾。
た-2-12

高木俊朗
全滅・憤死
インパール3
インパール盆地の湿地帯に投入された戦車支隊の悲劇を描く「全滅」。〝祭〟第十五師団長と参謀長の痛憤を描く「憤死」。戦記文学の名著、新装版刊行にあたり、二作を一冊に。
た-2-13

「特攻　最後のインタビュー」制作委員会
特攻　最後のインタビュー
多くの〝神話〟と〝誤解〟を生んだ特攻。特攻に生き残った者たちが証言するその真実とは。航空特攻から人間機雷、海上挺進特攻まで網羅する貴重な証言集。写真・図版多数。
と-27-2

（　）内は解説者。品切の節はご容赦下さい。

辺見じゅん
収容所《ラーゲリ》から来た遺書
戦後十二年目にシベリア帰還者から遺族に届いた六通の遺書。その背後に驚くべき事実が隠されていた！　大宅賞と講談社ノンフィクション賞のダブル受賞に輝いた感動の書。（吉岡　忍）
へ-1-1

保阪正康
瀬島龍三　参謀の昭和史
太平洋戦争中は大本営作戦参謀、戦後は総合商社のビジネス参謀、中曾根行革では総理の政治参謀。激動の昭和時代を常に背後からリードしてきた実力者の六十数年の軌跡を検証する。
ほ-4-3

堀　栄三
大本営参謀の情報戦記　情報なき国家の悲劇
太平洋戦争中は大本営情報参謀として米軍の作戦を次々と予測的中させて名を馳せ、戦後は自衛隊情報室長を務めた著者が稀有な体験を回顧し、情報に疎い組織の欠陥を衝く。（保阪正康）
ほ-7-1

松本清張
日本の黒い霧　（上下）
占領下の日本で次々に起きた怪事件。権力による圧迫で真相は封印されたが、その裏には米国・GHQによる恐るべき謀略があった。一大論議を呼んだ衝撃のノンフィクション。（半藤一利）
ま-1-97

松本清張
昭和史発掘　全九巻
厖大な未発表資料と綿密な取材で、昭和の日本を揺るがした諸事件の真相を明らかにした記念碑的作品。「芥川龍之介の死」「五・一五事件」「天皇機関説」から、「二・二六事件」の全貌まで。
ま-1-99

山本七平
一下級将校の見た帝国陸軍
「帝国陸軍」とは何だったのか。すべてが規則ずくめで大官僚機構ともいえる日本軍隊を、北部ルソンで野砲連隊本部の少尉として惨烈な体験をした著者が、徹底的に分析追究した力作。
や-9-5

吉村　昭
海軍乙事件
昭和十九年、フィリピン海域で連合艦隊司令長官、参謀長らの乗った飛行艇が遭難した。敵ゲリラの捕虜となった参謀長が所持していた機密書類の行方は？　戦史の謎に挑む。（森　史朗）
よ-1-45

吉村 昭
殉国
陸軍二等兵比嘉真一

「郷土を渡すな。全員死ぬのだ」太平洋戦争末期、陸軍二等兵として祖国の防衛戦に参加した比嘉真一。十四歳の少年兵の体験を通し、沖縄戦の凄まじい実相を描いた長篇。（森 史朗）

よ-1-56

半藤一利・宮崎 駿
半藤一利と宮崎駿の 腰ぬけ愛国談義

最後の長編作品『風立ちぬ』を作り終え、引退を決めた宮崎駿が敬愛する半藤一利にだけ語った7時間強。ふたりの昭和史観や漱石愛、日本のこれから……。完全収録した文庫オリジナル。

G-3-2

イアン・トール（村上和久 訳）
太平洋の試練
真珠湾からミッドウェイまで（上下）

ミッドウェイで日本空母四隻が沈み、太平洋戦争の風向きは変わった——。米国の若き海軍史家が、〝日本が戦争に勝っていた百八十日間〟を、日米双方の視点から描く。米主要紙絶賛！

ト-5-1

イアン・トール（村上和久 訳）
太平洋の試練
ガダルカナルからサイパン陥落まで（上下）

海軍と海兵隊の縄張り争い。キングとマッカーサーの足の引っ張りあい。ミッドウェイ後のガダルカナルからサイパン陥落まで。米国側から初めて描かれる日米両軍の激闘とは——。

ト-5-3

アンネ・フランク（深町眞理子 訳）
アンネの日記
増補新訂版

オリジナル、発表用の二つの日記に父親が削った部分を再現した〝完全版〟に、一九九八年に新たに発見された親への思いを綴った五ページを追加。アンネをより身近に感じる〝決定版〟。

フ-1-4

アンネ・フランク（中川李枝子 訳）
酒井駒子 絵
アンネの童話

アンネは童話とエッセイを隠れ家で書き遺していた。「パウラの飛行機旅行」など、どの話にも胸の奥から噴出したキラリと光るものがある。新装版では酒井駒子の絵を追加。（小川洋子）

フ-1-5

高木俊朗
陸軍特別攻撃隊
（全三冊）

陸軍特別攻撃隊の真実の姿を、隊員・指導者らへの膨大な取材と、手紙・日記等を通じて描き尽くした記念碑的作品。特攻隊を知るために必読の決定版。菊池寛賞受賞作。（鴻上尚史）

歴-2-31

（　）内は解説者。品切の節はご容赦下さい。

寺崎英成　マリコ・テラサキ・ミラー　編著
昭和天皇独白録
雑誌文藝春秋が発掘、掲載して内外に一大反響をまきおこした昭和天皇最後の第一級資料ついに文庫化。天皇が自ら語った昭和史の瞬間。（解説座談会／伊藤隆・児島襄・秦郁彦・半藤一利）
て-4-1

友納尚子
皇后雅子さま物語
令和の皇后となられた雅子さま。ご成婚時の輝くような笑顔はなぜ失われたのか。お世継ぎ問題と適応障害の真相は。痛みを知るからこそ強く歩まれる、その半生を徹底取材した決定版。
と-22-2

渡邊満子
上皇后陛下美智子さま 心のかけ橋
なぜ他の誰でもなく美智子さまが、皇后という「使命」を生きてくださったのか。初めて明かされる「御心の軌跡」。皇室取材二十五年の映像プロデューサーが綴る珠玉の秘話が満載。
わ-23-1

美智子
橋をかける
子供時代の読書の思い出
美智子さまが自らの少女時代の読書について語られた講演を、ご成婚50周年、文春文庫創刊35周年記念の特装版として刊行。本を読む喜びを語り、子供たちに希望と平和を願う祈りの本。
特-1-1

江藤　淳
新編　天皇とその時代
日本人にとって天皇とは何か。戦後民主主義のなか、国民統合の象徴たらんと努めてきた昭和天皇の姿を、畏敬と感動を込めて語る。新編では次代の皇室への直言を加えた。（平山周吉）
歴-2-35

佐野恵作（梶田明宏　編）
昭和天皇の横顔
宮内省幹部として「終戦の詔書」を浄書し、その夜の「宮城事件」を経験した著者による、終戦前後の宮中の貴重な記録と、昭和天皇ご一家の素顔。初の文庫化。（梶田明宏）
歴-2-39

E・G・ヴァイニング（小泉一郎　訳）
皇太子の窓
戦後まもなく、当時の皇太子の英語家庭教師となったヴァイニング夫人が、ともに過ごした日々を瑞々しく綴った回想録。敗戦後の日本の風景も浮かび上がる。（保阪正康）
雑-3-14

阿川佐和子
強父論
94歳で大往生、破天荒な父がアガワを泣かした34の言葉。故人をまったく讃えない前代未聞の追悼に爆笑するうち、なぜか胸が熱くなる。ベストセラー『聞く力』の内幕です。（倉本　聰）
あ-23-25

青木新門
納棺夫日記　増補改訂版
〈納棺夫〉とは、永らく冠婚葬祭会社で死者を棺に納める仕事に従事した著者の造語である。「生」と「死」を静かに語る、読み継がれるべき刮目の書。（序文／吉村　昭・解説／高　史明）
あ-28-1

秋元良平　写真・石黒謙吾　文
盲導犬クイールの一生
盲導犬クイールの生まれた瞬間から温かな夫婦のもとで息を引き取るまでをモノクロームの優しい写真と文章で綴った感動の記録。映画化、ドラマ化もされ大反響を呼んだ。（多和田　悟）
あ-69-1

相澤冬樹
メディアの闇
「安倍官邸VS.ＮＨＫ」森友取材全真相
森友事件のスクープ記者はなぜＮＨＫを退職したのか。官邸からの圧力、歪められる報道。自殺した近畿財務局職員の手記公開へとつながった実録。文庫化にあたり大幅加筆。（田村秀男）
あ-86-1

石井妙子
日本の血脈
『文藝春秋』連載時から大きな反響を呼んだノンフィクション。政財界、芸能界、皇室など、注目の人士の家系をたどり、末裔ですら知りえなかった過去を掘り起こす。文庫オリジナル版。
い-88-1

生島　淳
奇跡のチーム
ラグビー日本代表、南アフリカに勝つ
二〇一五年九月、日本ラグビーの歴史を変えたＷ杯南アフリカ戦勝利に至る、エディー・ジョーンズＨＣと日本代表チームの闘いの全記録。『エディー・ウォーズ』を改題。（畠山健介）
い-98-2

植村直己
極北に駆ける
南極大陸横断をめざす植村直己。極地訓練のために過ごした地球最北端に住むイヌイットとの一年間の生活、彼らとの友情、そして大氷原三〇〇〇キロ単独犬ぞり走破の記録！（大島育雄）
う-1-7

（　）内は解説者。品切の節はご容赦下さい。

上野正彦
死体は語る
もの言わぬ死体は、決して嘘を言わない——。変死体を扱って三十余年の元監察医が綴る、数々のミステリアスな事件の真相。ドラマ化もされた法医学入門の大ベストセラー。（夏樹静子）
う-12-1

上野正彦
死体は語る2
上野博士の法医学ノート
「砂を吸い込んだ溺死体」は何がおかしい？　首吊り自殺と見せかけた他殺方法とは？　二万体を超す検死実績を持つ監察医が導き出した、死者の声無き声を聴く「上野法医学」決定版。
う-12-2

上原善広
日本の路地を旅する
中上健次はそこを「路地」と呼んだ。自身の出身地から中上健次の故郷まで日本全国五百以上の被差別部落を訪ね歩いた十三年間の記録。大宅壮一ノンフィクション賞受賞。（西村賢太）
う-29-1

内田洋子
モンテレッジォ　小さな村の旅する本屋の物語
何世紀にも亘りその村の人達は本を籠一杯担ぎ、国中を売って歩く行商で生計を立ててきた——本を読むこと売ることの原点を思い出させてくれると絶賛された、奇跡のノンフィクション。
う-30-3

上橋菜穂子・津田篤太郎
ほの暗い永久《とわ》から出でて
生と死を巡る対話
母の肺癌判明を機に出会った世界的物語作家と聖路加国際病院の気鋭の医師が、文学から医学の未来まで語り合う往復書簡。未曾有のコロナ禍という難局に向き合う思いを綴る新章増補版。
う-38-1

江藤　淳
閉された言語空間
占領軍の検閲と戦後日本
アメリカは日本の検閲をいかに準備し実行したか。眼に見える戦争は終ったが、アメリカの眼に見えない戦争、日本の思想と文化の殲滅戦が始った。一次史料による秘匿された検閲の全貌。
え-2-8

榎本まみ
督促ＯＬ　修行日記
日本一ツライ職場・督促コールセンターに勤める新卒の気弱なＯＬが、トホホな毎日を送りながらも、独自に編み出したノウハウで年間二千億円の債権を回収するまでの実録。（佐藤　優）
え-14-1

榎本まみ
督促ＯＬ　奮闘日記
ちょっとためになるお金の話
督促ＯＬという日本一辛い仕事をバネにし人間力・仕事力を磨くべく奮闘する著者が、借金についての基本的なノウハウを伝授。お役立ち情報、業界裏話的爆笑４コマ満載！　（横山光昭）
え-14-2

奥野修司
ナツコ　沖縄密貿易の女王
米軍占領下の沖縄は、密貿易と闇商売が横行する不思議な自由を謳歌していた。そこに君臨した謎の女性、ナツコ。誰もがナツコに憧れていた。大宅賞に輝く力作。　（与那原　恵）
お-28-2

奥野修司
心にナイフをしのばせて
息子を同級生に殺害された家族は地獄の苦しみの人生を過ごしていた。しかし、医療少年院を出て、「更生」した犯人の少年は弁護士となって世の中で活躍。被害者へ補償もせずに。（大澤孝征）
お-28-3

沖浦和光《かずてる》
幻の漂泊民・サンカ
近代文明社会に背をむけ〈管理〉〈所有〉〈定住〉とは無縁の「山の民・サンカ」はいかに発生し、日本史の地底に消えていったか。積年の虚構を解体し実像に迫る白熱の民俗誌！　（佐藤健二）
お-34-1

小川三夫・塩野米松　聞き書き
棟梁
技を伝え、人を育てる
法隆寺最後の宮大工の後を継ぎ、共同生活と徒弟制度で多くの弟子を育て上げてきた鵤《いかるが》工舎の小川三夫棟梁。後世に語り伝える技と心。数々の金言と共に、全てを語り尽くした一冊。
お-55-1

小野一光
新版　家族喰い
尼崎連続変死事件の真相
63歳の女が、養子、内縁、監禁でファミリーを縛り上げ、死者11人となった尼崎連続変死事件。その全貌を描く傑作ノンフィクション！　新章「その後の『家族喰い』」収録。　（永瀬隼介）
お-71-1

小野一光
連続殺人犯
人は人を何故殺すのか？　面会室で、現場で、凶悪殺人犯10人に問い続けた衝撃作。『家族喰い』角田美代子ファミリーのその後、〝後妻業〟筧千佐子との面会など大幅増補。　（重松　清）
お-71-2

（　）内は解説者。品切の節はご容赦下さい。

大竹昭子
須賀敦子の旅路
ミラノ・ヴェネツィア・ローマ、そして東京
旅するように生きた須賀敦子の足跡を生前親交の深かった著者がたどり、その作品の核心に迫る。そして、初めて解き明かされる作家・須賀敦子を育んだ「空白の20年」。（福岡伸一）
お-74-1

大杉　漣
現場者《げんばもん》
300の顔をもつ男
若き日に全てをかけた劇団・転形劇場の解散から、ピンク映画で初めて知った映像の世界、北野武監督との出会いまで――。現場で生ききった唯一無二の俳優の軌跡がここに。（大杉弘美）
お-75-1

小田貴月《たか》
高倉健、その愛。
孤高の映画俳優・高倉健が最後に愛した女性であり、養女でもある著者が、二人で過ごした最後の17年の日々を綴った手記。出逢いから撮影秘話まで……初めて明かされる素顔とは。
お-79-1

角幡唯介
極夜行
太陽の昇らない冬の北極を旅するという未知の冒険。極寒の闇の中でおきたことはすべてが想定外だった。犬一匹と橇を引き、4カ月ぶりに太陽を見たとき、何を感じたのか。（山極壽一）
か-67-3

梯　久美子
愛の顚末《てんまつ》
恋と死と文学と
三角関係、ストーカー、死の床の愛、夫婦の葛藤――小林多喜二、近松秋江、三浦綾子、中島敦、原民喜、中城ふみ子、寺田寅彦など、激しすぎる十二人の作家を深掘りする。（永田和宏）
か-68-2

春日太一
あかんやつら
東映京都撮影所血風録
型破りな錦之助の時代劇から、警察もヤクザも巻き込んだ『仁義なき戦い』撮影まで。熱き映画馬鹿たちを活写し、東映の伝説秘話を取材したノンフィクション。（水道橋博士）
か-71-1

春日太一
仲代達矢が語る日本映画黄金時代
完全版
80歳を超えてなお活躍する役者・仲代達矢。岡本喜八、黒澤明ら名監督との出会いから夏目雅子、勝新太郎ら伝説の俳優との仕事、現在の映画界に至るまで語り尽くした濃密な一冊。
か-71-3

川村元気
仕事。
山田洋次、沢木耕太郎、杉本博司、倉本聰、秋元康、宮崎駿、糸井重里、篠山紀信、谷川俊太郎、鈴木敏夫、横尾忠則、坂本龍一――12人の巨匠に学ぶ、仕事で人生を面白くする力。

か-75-2

川村元気
理系。
世界を救うのは理系だ。川村元気が最先端の理系人15人と語った未来のサバイブ術！　これから、世界は、人間は、どう変わるのか？　危機の先にある、大きなチャンスをどう摑むのか？

か-75-4

海部陽介
日本人はどこから来たのか？
遠く長い旅の末、人類は海を渡って日本列島にやって来た。徹底的な遺跡データ収集とDNA解析、そして古代の丸木舟を再現した航海実験から、明らかになる日本人の足跡、最新研究。

か-77-1

河合香織
選べなかった命
出生前診断の誤診で生まれた子
その女性は出生前診断で「異常なし」と診断されて子供を産んだが、実は誤診でダウン症児だと告げられる。三カ月半後、乳児は亡くなった。女性は医師を提訴するが――。　（梯　久美子）
か-83-1

木村盛武
慟哭の谷
北海道三毛別・史上最悪のヒグマ襲撃事件
大正四年、北海道苫前村の開拓地に突如現れた巨大なヒグマは次々と住民たちを襲う。生存者による貴重な証言で史上最悪の獣害事件の全貌を描く戦慄のノンフィクション！　（増田俊也）
き-40-1

清原和博
清原和博　告白
栄光と転落。薬物依存、鬱病との闘いの日々。怪物の名をほしいままにした甲子園の英雄はなぜ覚醒剤という悪魔の手に堕ちたのか。執行猶予中1年間に亘り全てを明かした魂の「告白」。

き-48-1

倉嶋　厚
やまない雨はない
妻の死、うつ病、それから…

伴侶の死に生きる気力をなくした私は、マンションの屋上から飛び下り自殺をはかった……。精神科に入院、ようやく回復するまでの嵐の日々を、元NHKお天気キャスターが率直に綴る。

く-23-1